상상력으로 미래를 연습하다

상상력으로
미래를
연습하다

김창남 엮음

박상규·박상준·박해영·백승권·유수훈·장준환·정진영·탁재형·한종호 지음

한울

이 책은 2019년 '매스컴특강' 과목에서 열 분의 강사가 학생들에게 들려준 강연 내용을 엮은 것이다. 이 과목을 통해 나온 열세 번째 책이다. 출간이 많이 늦었지만 요즘 출판 사정을 감안하면 뒤늦게나마 이렇게 책으로 나올 수 있는 것만으로도 충분히 고마운 일이다.

그 사이 세상은 참 많이 바뀌었다. 코로나19와 함께 2020년 한 해 내내 우리는 세상이 멈추고 일상이 파괴된 시간을 보내야 했다. 초·중·고 대학 수업이 대부분 비대면으로 진행되었고 여행과 이동, 작은 만남조차 조심스러운 일상을 보내야 했다. 이런 상황이 언제 끝날지 예측하기도 힘든 데다 코로나19 사태가 끝난다 해도 우리의 삶이 다시 예전처럼 돌아갈 수 없으리라는 전망도 나온다.

코로나19 상황이 길어지면서 2020년의 '매스컴특강'은 아예 진행하지도 못했다. 이 과목은 학생들과 강연자가 직접 만나지 않으면 의미가 없는 프로그램이기 때문이다. 사람과 사람이 만나 얼굴을 맞대고 대화하는 일이 얼마나 무겁고 귀중한 것이었는지, 강의실 안에서 서로 가르치고 배우며 함께 웃고 공감하는 그 시간이 얼마나 행복한 것이었는지 새삼 절감하게 된다.

코로나19 사태가 장기화하고 비대면 수업이 일상화하면서 이른바 대학무용론이 나오기도 했다. 온라인 수업이 처음에는 낯설고 힘들었지만 어느 순간

학생과 교수 모두 거기에 익숙해지면서 이제 대학에서 대면 강의가 점점 사라질 것이라는 예측까지 등장했다. 꼭 강의실이 아니라도 지식과 정보를 전달하고 습득할 수 있다면 물리적 공간으로서 대학의 존재 의미가 점점 없어지는 것 아니냐는 주장이다. 그럴듯해 보이지만, 나는 이 의견에 결코 동의할 수 없다. 대학은 단지 지식과 정보를 습득하는 공간이 아니기 때문이다. 전공 분야의 지식과 정보의 습득은 대학이 제공하는 극히 일부의 역할일 뿐이다. 대학의 진정한 의미는 다른 데 있다. 대학은 미래의 삶을 연습하면서 자신을 새롭게 발견하는 공간이다. 어린 시절부터 대학에 들어올 때까지 제대로 던지지 못한 채 유예해 왔던 "나는 누구인가, 나는 어떤 존재인가"라는 질문을 스스로 던지고 답을 찾아보기에 대학 시절은 가장 좋은 시간이다. 그 질문을 정면으로 던지며 자신을 새롭게 발견할 수 있는 방법은 무엇일까.

흔히 당장의 목표를 달성하는 데 별 도움이 되지 않는 일들은 '쓸데없는 일'로 치부되곤 한다. 입시 공부 하던 시절, 시험 과목과 무관한 책을 읽고 있으면 "쓸데없는 짓 하지 말고 공부해라"는 핀잔을 들어야 했다. 나중에 취업을 해도, "쓸데없는 짓 하지 말고 일해라", "쓸데없는 짓 하지 말고 돈 벌어라" 하는 소리를 수시로 듣게 된다. 하지만 나 자신의 진짜 모습은, 주어진 목표를 향해 기계적으로 나아가는 과정이 아니라 그렇게 쓸데없는 일로 치부되는 일들을 몸으로 겪으면서 발견하게 되는 경우가 많다. 대학은 바로 그런 쓸데없는 일을 마음껏 시도하면서 성공과 실패를 자유롭게 경험해 볼 수 있는 시간이자 공간이 되어야 한다. 극심한 취업난 속에서 대학이 어쩔 수 없이 스펙과 라이선스를 위한 공간으로 인식되는 건 정말 안타까운 일이다. 하지만 자기 발견이야말로 대학 시절 정면으로 맞부딪혀야 할 가장 중요한 과제라는 사실만큼은 잊어서는 안 된다고 믿는다.

자기 발견을 위해 가장 중요한 일은 무엇일까. 나는 '만남'이라고 생각한다. 다른 시간과의 만남, 다른 공간과의 만남 그리고 무엇보다도 다른 사람과의 만남이다. 책을 읽는 것, 여행을 하는 것 그리고 강의실과 동아리와 또 다른 많은 프로그램 속에서 사람들과 만나고 함께 무언가를 기획하고 실천하는 경험, 그런 것이야말로 대학에서 추구해야 할 가장 귀중한 경험이다.

이 특강 시리즈의 의미도 거기에 있다고 믿는다. 학생들이 다양한 분야의 전문가들을 만나고 교수들로부터는 듣기 어려운 여러 현장의 살아 있는 경험을 듣는 것도 물론 소중하거니와 학생들이 조별 활동을 하며 함께 '강연회'라는 프로젝트를 준비하고 실행해 가는 과정 자체가 새로운 만남이고 좋은 배움의 기회가 아닐 수 없다. 지난 세월 이 강좌를 수강한 학생들 가운데 더러 이 프로젝트를 진행하면서 자신을 새롭게 발견하고 새로운 진로를 찾게 되었다는 학생들이 있었던 것은 더없는 기쁨이자 보람이다.

2019년 '매스컴특강'에도 모두 열 분의 강사가 함께해 주었다. 그들이 다양한 현장에서 실패와 성공을 경험하며 쌓아올린 지혜가 많은 학생들에게 깊은 울림으로 남았으리라 믿는다.

박상규는 탐사보도 전문 매체 ≪셜록≫을 창간해 운영해 온 기자다. 이른바 '양진호 사건' 보도로 유명하지만 사실 그는 오래전부터 억울한 누명을 쓰고 감옥살이를 했거나 피해를 당한 사람들의 사연을 취재 보도해 재심으로 이끌고 피해자들의 억울함을 풀어주는 일을 해왔다. 그는 ≪오마이뉴스≫라는 안정된 매체의 기자 일을 그만두고 나온 것을 자신이 한 최고의 선택이라고 말한다. 안정된 월급을 받으며 주어진 기사를 타성적으로 쓰는 정체된 삶에서 벗어나 다소 불안정하더라도 자신이 진정 쓰고 싶은 글을 쓰는 삶을 사는 것이 더 행복했기 때문이다. 그는 강연에서 자신이 취재 보도했던 억울한 사연 몇 가지를 소개했다. 그 사건들의 공통점은, 피해자들 모두가 가난하고 저학력이며 본인이 장애인이거나 부모가 장애인이란 것, 어떤 위기에 닥쳤을 때 자신을 위해 끝까지 싸워줄 사람이 아무도 없는 외로운 사람들이었다는 사실이다. 또 하나, 이렇게 억울한 피해자들을 만든 사람들, 판사나 검사 가운데 진실이 밝혀진 후에 사과한 사람이 아무도 없다는 사실이다. 이 강연을 할 당시 그는 드라마 대본을 쓰고 있었다. 자신이 취재하며 만나고 겪었던 사람들과 이야기들을 담은 이 드라마는 〈날아라 개천용〉이라는 제목으로 완성되어 방송되었지만 그는 여전히 자신은 작가가 아니라 기자라고 말한다.

박상준은 한국에서 거의 유일한 SF 기획자이자 저술가, 칼럼니스트다. 어린 시절 SF에 빠져 책을 읽고 자료를 모으는 마니아의 길로 들어섰다가 결국 그것이 자신의 일이 되었다. 그는 SF가 단지 재미있는 오락거리일 뿐 아니라 과학기술이 열어나갈 미래를 미리 경험하고 사회의 변화 방향을 예측하며 바람직한 발전 방향을 모색하게 해주는 장르라는 점을 강조한다. 과학기술의 발전 속도는 점점 빨라지고 있다. 이런 기술문명이 우리에게 가져다줄 유토피아, 혹은 디스토피아의 모습이 SF에 담겨 있다. 특히 SF에 디스토피아 스토리가 많은 건 인류 문명이 가진 문제를 미리 대비하고 극복하지 않으면 미래 사회가 암담할 수밖에 없다는 인식 때문이다. 사람들은 흔히 기술문명에 대해 이중적 태도를 갖고 있다. 한편으로 과학기술의 발전이 우리의 삶을 편리하게 하고 다양한 문제를 해결해 줄 것이라는 기대를 품으면서 또 한편으로는 그것이 인류를 또 다른 위기로 몰아넣을 수 있다는 불안과 공포에서 벗어나지 못

한다. 사회 변화에 예민한 촉을 가진 예술가들은 그런 기술적 변화가 가져다 줄 미래를 남보다 앞서 느끼고 표현함으로써 사람들이 미리 연습하고 성찰하게 한다. SF 작가들 역시 다르지 않다. 잘 만들어진 SF는 단순한 오락에 그치는 것이 아니라 깊이 있는 성찰의 메시지를 담은 인문학적, 철학적 텍스트다.

박해영은 〈또! 오해영〉이나 〈나의 아저씨〉 같은 드라마로 큰 인기를 모으며 유명해진 드라마 작가다. 하지만 그가 처음 작가로서 커리어를 시작한 건 〈LA아리랑〉, 〈남자 셋 여자 셋〉 같은 시트콤이었다. 여러 명의 작가가 달라붙어 함께 쓰는 일일 시트콤의 경우 그것이 잘되든 못되든 그 공과 과는 작가 개인에게 오지 않는다. 작가들은 수시로 회의를 하고 서로의 대본을 평가하며 공과 과를 나눠 갖는다. 이 과정은 몹시도 고통스러웠지만 또한 매우 의미 있는 연습이자 배움의 시간이기도 했다. 이후 시트콤을 그만두고 드라마 장르를 시작했을 때 처음에는 참혹한 실패를 경험해야 했다. 드라마를 그만두고 영화 시나리오를 시도하기도 했지만 역시 프로젝트가 계속 엎어지는 좌절을 거듭했다. 그때 그를 다잡아준 건 언젠가 선배에게 들은 충고였다. "타협하지 말고 무조건 네가 재미있다고 느끼는 글을 써라. 언젠가 타이밍이 맞으면 모든 게 풀린다." 그는 이 말을 기억했고 그대로 따랐다. 결국 2016년 〈또! 오해영〉이 빅히트를 치면서 최고의 인기 작가가 될 수 있었다. 그는 드라마 작가란 모멸감을 감수해야 하는 직업이라고 말한다. 글만 쓸 줄 알면 누구나 드라마 게시판에 온갖 모멸적 언사를 늘어놓는 시대이기 때문이다. 그런 모멸감을 버틸 수 있기 위해서는 집착을 내려놓는 겸손함, 사람에 대한 애정이 필요하다고 말한다. 그리고 끈질기게 계속할 수 있는 체력과 조급하지 않게 기다릴 줄 아는 태도 역시 필수다.

백승권은 글쓰기 강의 프로그램을 전문적으로 운영하는 커뮤니케이션컨설팅앤클리닉 대표다. 온갖 기관과 공공기관, 대학 등에서 다양한 글쓰기 강의를 하고 있다. 그는 문학도로서 평생 글쓰기를 해왔고 과거 노무현 정권 시절에는 청와대에서 홍보 업무를 하며 다양한 글쓰기를 경험했다. 이 강의에서도 그는 스티브 잡스의 스탠퍼드대학교 졸업 축하 연설문을 예시로 글쓰기의 기본 원리와 방법을 알려주었다. 어떤 글을 쓰건 중요한 것은, 먼저 읽는 사람들의 관심을 낚아채고fishing, 근거를 제시하며reasoning, 메시지message를 전달하면서 마무리하는 것이다. 추상적이고 관념적이며 모호한 글이 아니라 구체적이며 선명하게 감각적으로 와 닿는 글쓰기를 하는 것이 중요하다. 또한 쓰려는 내용을 순서대로 나열하기보다 카테고리를 나누면서 쓰기를 권한다. 영상 시대, 디지털 시대 운운 하지만 글쓰기는 여전히 중요하다. 사실 대학생들에게는 가장 중요한 일이라고 할 수 있다. 많은 경우 대학 시절의 성취는 글쓰기 능력에 달려 있다고 해도 과언이 아니다. 취업을 위해서도 자기소개서를 써야 하고 직장에 가서도 수많은 기획서, 보고서를 작성해야 한다. 글쓰기는 대학 시절 가장 기본적으로 갖추어야 할 소양이다. 평생 이런저런 글을 써왔지만 글쓰기 자체에 대해 연구하거나 그 요령을 고민해 본 적이 없는 내게도 백승 권 대표의 강의는 적지 않은 도움이 되었다.

유수훈은 숨엔터테인먼트라는 연예매니지먼트 회사를 운영하는 공연기획 자이자 문화기획자다. 그는 오랫동안 다양한 공연과 이벤트를 만들어왔지만 대부분 단지 돈을 버는 일이 아니라 사회적으로 의미 있는 메시지를 표현하고 실천하는 일이었다. 환경운동에 참여하며 문화기획 일을 해왔고, 양심수 석방 문화제, 제주4·3 70주년 국민문화제, 동학농민혁명 125주년 기념행사 같은 일들을 하기도 했다. 무엇보다도 지난 2016년 겨울 광화문광장에 엄청난 인 원이 모여 함께했던 촛불문화제를 기획하고 만들어낸 사람이다. 그는 이 강의 에서 문화기획, 공연기획에 관심 가진 학생들이 그 일을 잘하기 위해 어떤 자 질이 필요한지를 자신의 기획 경험을 통해 말해주었다. 그가 세월호 참사 100 일이 되었을 때 어떤 식으로든 이걸 기념하는 행사가 필요하다는 생각을 하고 나서 이를 성사시킨 과정은 그 자체로 감동적인 스토리다. 그는 먼저 도와줄 만한 국회의원을 찾아가 도움을 청하고 유족들을 설득하고 사재를 털어가며

펀딩을 했다. 그렇게 시작해 세월호 5주기 행사까지 치러냈다. 그가 치러낸 행사 중 광화문 촛불집회는 한국 행사 기획의 역사에 남을 기념비적인 사건이다. 100만 명이 넘는 인파가 운집한 광장에서 이들의 주목을 모으며 행사를 진행하고 콘서트를 차질 없이 올리는 건 그 자체로 엄청난 일이다. 우리는 대체로 무대 앞을 주목할 뿐 정작 무대 뒤에서 일을 만드는 사람들의 수고는 생각하지 않는다. 유수훈 대표의 강의가 더욱 소중했던 까닭이다.

이슬아는 성공회대 신문방송학과를 졸업한 작가, 본인의 표현에 따르면 연재노동자다. 재학 시절 '매스컴특강'을 듣던 학생이 강사로 돌아와 학생들에게 강의를 들려주는 건 선생인 내게도 참으로 특별한 경험이다. 학생들 역시 마찬가지다. 나이 차이가 얼마 나지 않는 선배가 어느덧 어떤 분야의 전문인으로 인정받으며 후배들에게 강의를 들려주는 것이니 그 어떤 강사보다 더 관심이 갈 수밖에 없다. 이슬아는 대학 시절 한겨레문학상을 받으며 작가가 되었다. 이후 이런저런 매체에 글과 만화를 연재하기도 했지만 대학을 졸업할 때 그에게는 적지 않은 학자금 융자 빚이 쌓여 있었다. 이 빚을 갚기 위해 그가 선택한 방법이 '일간 이슬아' 연재다. 사람들에게 월 1만 원의 후원금을 받고 이메일을 통해 하루에 글 한 편씩 배달하는 프로젝트다. 매일 마감해야 하는 연재 노동의 고통은 엄청날 수밖에 없다. 철저한 자기 관리와 놀라운 집중력이 뒷받침되지 않으면 힘든 일이다. 그는 이 프로젝트를 보기 좋게 성공시켰고 그렇게 쌓인 글들을 직접 출판했다. 그렇게 작가이자 출판사 대표가 되었다. 그사이 학자금 융자 빚을 다 갚은 건 물론이다. 이슬아 작가는 자신이 글쓰기의 재능이 없는 것 같아 고민이라는 한 학생의 질문에 글쓰기에 필요한 건 재능이 아니라 꾸준히 하는 것이라 말한다. 꾸준히 하는 사람이 잘한다. 글쓰기에만 해당하는 이야기는 아닐 것이다.

장준환은 영화 〈1987〉로 잘 알려진 영화감독이다. 그가 발표한 첫 장편영화는 2003년에 개봉한 〈지구를 지켜라〉다. 당시 최고의 데뷔작이란 평가를 들으며 온갖 영화제에서 상을 받았지만 정작 흥행에는 참패를 했다. 이후 근 10년간 작품을 내놓지 못하다 2013년 〈화이, 괴물을 삼킨 아이〉란 영화로 다시 돌아왔다. 그리고 2017년 〈1987〉로 마침내 흥행 감독의 반열에 올랐다. 장준환 감독을 맡은 조원 학생들은 그의 영화에 대해 꽤나 많은 연구를 했고 매우 진지하면서 날카로운 질문을 던졌다. 그가 만든 세 편의 장편영화는 각기 다른 장르, 다른 스타일이지만 주인공들이 외부적 영향 속에서 정체성의 혼란을 겪는 인물들이라는 점에서 공통적이다. 〈지구를 지켜라〉의 병구(신하균)는 세상에 상처받으며 점점 미쳐가지만 사실은 그만이 진실을 알고 있고, 〈화이〉의 화이(여진구)는 이 사회가 만들어놓은 악마 같은 아버지들 사이에서 성장하며 자신을 찾아간다. 〈1987〉의 연희(김태리)는 사람들이 모여 세상을 바꿀 수 있다는 믿음을 갖지 못한 채 살아가다 조금씩 바뀌어간다. 장준환 감독은 이 세상이 결국 우리가 함께 살아가야 할 곳이라면, 어떻게 악마 같은 사람들이 만들어지고 희망이 거세된 젊은이들이 생겨나는지 고민해야 한다고 답한다. 그가 영화를 만들면서 갖는 가장 큰 고민은 우리 자식들에게 어떤 세상을 물려주어야 하는가 하는 것이고 그의 영화 역시 그런 고민의 소산이다.

정진영은 천만 관객 영화 〈왕의 남자〉의 연산군 역을 비롯해 수많은 영화에서 개성적인 연기를 보여준 배우다. 한동안 〈그것이 알고 싶다〉를 진행하기도 했고 사회적 이슈가 있을 때 소신 있게 목소리를 내기도 하는 개념 배우로 잘 알려져 있다. 그는 어린 시절 영화감독을 꿈꾸다가 대학에 들어와 연극반 활동을 하면서 배우의 길로 들어섰다. 1980년대 민중문화운동의 흐름 속에서 연극 활동을 하다 1991년 전교조 해직 교사 이야기를 다룬 〈닫힌 교문을 열며〉에 출연하면서 영화배우의 경력을 시작했다. 그는 배우라는 직업의 매력을 묻는 질문에 나 아닌 다른 사람을 만나고 그 사람이 되어가는 경험을 하는 데 있다고 답한다. 그렇기 때문에 배역을 맡았을 때 가장 먼저 할 일은 그 인물에 대한 깊이 있는 연구라는 것이다. 그 사람을 알아야 그 사람을 표현할 수 있기 때문이다. 새로운 사람을 만나고 그 사람을 알게 되는 것이야말로 배우란 직업이

가진 매력이다. 그는 스스로 슬럼프를 겪지 않았다고 말한다. 슬럼프란 늘 같은 방식을 되풀이할 때 생겨난다. 어제와 똑같은 방식으로 살지 않기 위해 노력하면 슬럼프는 오지 않는다는 게 그의 생각이다. 실제로 그는 늘 새로운 것을 찾고 새로운 시도를 피하지 않았다. 그는 최근 스스로 대본을 쓰고 연출한 영화 〈사라진 시간〉을 발표하면서 어린 시절 가졌던 영화감독의 꿈을 이루었다. 한 곳에 머물러 있지 않고 꾸준히 변화하려고 한 노력의 결실이다.

탁재형은 여행 전문 팟캐스트를 운영하는 여행 칼럼니스트다. 그는 오랫동안 외주제작사 PD로 일했는데 그의 전문 영역이 오지 여행 다큐멘터리다. 지구상의 온갖 오지를 다니며 숱한 위험과 곤란을 겪은 체험이 지금 팟캐스트를 운영하는 밑거름이다. 그는 여러 권의 여행 관련 책을 출간한 작가이기도 하다. 안정적이고 재미없는 것보다는 불안정해도 재미있는 것을 추구하는 게 그의 삶을 지탱하는 기본 태도다. 그는 여행을 통해 얻을 수 있는 가장 값진 것은 취향의 발견이라고 말한다. 취향이란 나를 행복하게 만들어주는 것의 데이터베이스다. 어떤 것이 날 행복하게 만드는가를 발견할 수 있는 가장 좋은 방법이 여행이다. 여행은 숱한 우연과 뜻하지 않은 곤경으로 가득 차 있다. 미리 구성을 해놓고 대본을 짜놓아도 현장에 가면 언제든 새로운 상황이 발생하고 예기치 않은 문제를 만난다. 그 우연과 곤경을 적극적으로 받아들이면서 우연을 필연으로, 곤경을 기회로 바꾸는 게 PD의 능력이자 역할이다. 그는 여행의 의미는 일상에서 벗어나는 것에 있다고 말한다. 삶에서 기억되는 순간들은 일상이 아니라 비일상의 순간들이다. 그 비일상의 시공간에서 새로운 인연을 만나고 새로운 에너지를 얻어 다시 돌아올 때 우리는 한결 더 행복한 일상을 살아갈 수 있다. 중요한 건 멀리 가는 게 아니라 일상을 낯설게 보는 것이다. 낯설고 새로운 감각으로 볼 수 있다면 가까운 동네에서도 아주 먼 여행을 경험할 수 있다.

한종호는 강원창조경제혁신센터장이란 직함을 갖고 있다. 강원도를 기반으로 청년 창업을 돕는 일을 한다. 그가 남들이 부러워하는 직장을 그만두고 아무 연고도 없는 강원도로 간 것은 우리 사회의 미래가 로컬에 있다는 믿음 때문이다. 서울을 중심으로 한 수도권 집중은 오래전부터 심각한 문제가 되고 있다. 서울은 사람들이 몰려 집값이 천정부지로 오르는 반면 지역은 인구 소멸을 걱정한다. 강원도는 그 면적에 비해 인구가 적고 경제적 기반이 상대적으로 더 약한 곳이다. 한종호는 이 지역에서 창의적 아이디어를 가진 청년들을 만나고 그들의 아이디어가 실현 가능한 형태로 구체화될 수 있도록 돕는다. 이미 상당한 성과를 거두기도 했다. 선박을 고치던 조선소가 카페로 바뀌기도 하고, 소주 공장으로 썼던 장소가 수제 맥주 브루어리로 탈바꿈하기도 하고 폐광 지역에 코워킹스페이스가 만들어져 전국에서 사람들이 찾아오는 명소가 되기도 한다. 이렇게 강원창조경제혁신센터와 협업하며 새로운 창업 과정을 진행하는 팀들이 빠르게 늘고 있다. 한종호 대표에 따르면, 지역에서 새로운 가능성을 찾으려는 청년들이 점점 많아지고 있다. 흔히 지역은 끝났다고 말하지만 오히려 지역은 새로운 기회의 공간이다. 한종호 대표는 거듭 강조한다. "미래는 지역에 있다."

출간이 많이 늦어지긴 했지만 그렇다고 해서 이 책에 담긴 메시지들의 의미가 줄어들거나 변했다고는 생각하지 않는다. 열 분 강사들은 각기 전문 분야도 다르고 사는 방식도 다르지만 몇 가지 면에서 공통점이 있다. 반복되는 일상의 한계를 느낄 때 과감히 변화를 시도하는 것, 그리고 새로운 사람을 만나고 새로운 관계를 맺는 것을 두려워하지 않는다는 것이다. 또 언제든 내가 재미있는 것, 나를 행복하게 하는 것을 찾고 이를 추구한다는 것이다. 이 책을 읽는 독자들도 각자의 재미와 행복을 찾을 수 있기를 바란다.

어려운 시기에 이 책의 출간을 도와준 한울엠플러스 출판사에, 젊은 학생들을 위해 자신의 생각과 경험을 아낌없이 들려준 열 분의 강사에게 재삼 감사를 표한다.

차례

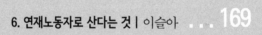

1

좋은 기사는 반드시 통합니다

박상규

≪오마이뉴스≫ 기자를 하다 그만두고 ≪진실탐사그룹 셜록≫이라는 탐사보도 매체를 창간했다. 웹하드 업체의 대부로 통하던 위디스크의 양진호 회장 문제를 탐사보도하면서 ≪셜록≫의 이름도 유명해졌다. 누명을 쓰고 옥살이를 한 피해자들의 재심을 돕는 탐사 기사를 썼고 이 경험을 소재로 드라마 〈날아라 개천용〉 대본을 집필하기도 했지만 본인 은 여전히 기자가 천직이라 말한다.

"탐사보도를 한다는 것, 진실을 밝힌다는 것은 굉장히 어렵죠.
그런데 진실을 밝히는 것만 어렵습니까? 저는 이렇게 말하거든요.
여러분들도 교수님이 숙제 내주면 그 숙제하기 어렵잖아요.
세상에 쉬운 건 하나도 없어요. 우리 모두는 자기가 할 수 있는
가장 어려운 일을 하면서 살고 있어요."

재심에서 양진호 사건까지

저는 ≪진실탐사그룹 셜록≫이라는 탐사보도 매체에서 일하고 있는 박상규입니다. 2018년 10월부터 보도한 이른바 '양진호 사건'으로 조금 유명해졌습니다. 혹시 배우 정우가 나오는 영화 〈재심〉 보셨나요? 제가 보도했던 사건입니다. 그 사건부터 최근의 양진호 회장 문제를 보도하기까지 무슨 일이 있었는지, 내가 어떻게 보도했고 어떤 믿음을 갖고 활동했는지 말씀드리겠습니다. 두 번째 주제는 '나는 왜 살인범에게 돈을 빌렸나'입니다. 저는 양진호 회장 사건을 보도하기 약 2개월 전에, 살인범에게 돈을 빌린 적이 있어요. 그리고 양진호 사건을 보도하기까지 총 네 번의 중요한 선택을 했었습니다. 제가 했던 가장 중요한 네 가지 선택이 아니었나 싶습니다.

사직서를 내다

저는 제 인생에서 최고로 잘한 선택이 다니던 언론사에 사직서를 낸 것이라 생각합니다. 저는 2014년도에 ≪오마이뉴스≫를 그만뒀습니다. 2004년도에 입사를 했으니까 딱 10년 일하고 회사를 그만뒀는데, 사표 내기 직전엔 굉장히 떨리고 두려웠습니다. 아시겠지만, 요즘 일자리가 별로 없어요. 취직도 어렵고 정규직·비정규직 나뉘어 있는 사회에서, 스스로 정규직을 박차고 나오는 것이 굉장히 두려웠습니다. 우울증도 좀 있었습니다. 그런데 역설적이게도, 무섭고 떨리고 두렵지 않다면 그 길은 가면 안 됩니다. 무섭고 떨리고 두려워야 그 길이 진짜 길입니다. 어쨌든 저는 사직서를 냈고, 그것이 제 인생에서 가장 잘한 선택이라고 생각합니다.

그렇다고 기자라는 직업을 떠나고 싶진 않았어요. 제가 언론사를 떠난 이유는 더 좋은 기사를 쓰고 싶어서입니다. 역설적인 거죠. 그럼 언론사에서는 좋은 기사를 못 쓰는가? 제가 10년간 일했던 오마이뉴스가 나쁜 회사라는 의미는 아닙니다. 다만, 회사가 요구하는 기사가 있고 내가 쓰고 싶은 기사가 있습니다. 저는 '내가 쓰고 싶은 기사'를 쓰고자 회사를 나왔습니다. 회사를 나왔을 때, 오마이뉴스 오연호 사장이 제안을 했습니다. 회사를 그만두더라도 당분간 계속 월급을 주겠다고 했습니다. 왜 그랬을까요? '내가 기사를 너무 잘 쓰니까. 날 놓치기 싫은 거지.' 어렵게 생각하면 안 됩니다. 농담입니다. 저는 그 제안을 받고 기뻤어요. 하지만 그 돈을 안 받겠다고 했습니다. 그랬더니 오연호 사장이 "살다가 힘들면 다시 와라. 받아줄게"라고 하더군요. 제가 대놓고 얘기를 했죠. "오마이뉴스 재입사 안 하는 게 내 꿈"이라고. 오마이뉴스가 싫다는 의미가 아닙니다. 돌아갈 편안한 곳을 생각하면서, 도전을 멈추고 후퇴하는 스스로를 경계했을 뿐입니다. 쉬운 결정은 아니었지만 돌아보면 제 인생에서 두 번째로 잘한 선택이었습니다.

오마이뉴스를 사직하고 나와 한동안 지리산에서 산나물을 뜯으며 살았어요. 취재비도 마련해야 했으니까요. 고사리 1kg 뜯으면 만 원을 줍니다. 종일 일하면 10kg은 뜯을 수 있거든요. 더 열심히 하면 20kg도 뜯을 수 있고. 하루 10kg을 뜯으면, 10만 원을 번다는 겁니다. 저는 이걸로 취재비를 마련했습니다. 그럼 제가 고사리 뜯어 마련한 취재비로 어떤 취재를 했는지 보여드리겠습니다.

재심 프로젝트

첫 번째 사건입니다. 보험금을 노리고 아버지를 죽였다는 혐의로 무기수가 된 김신혜라는 여성이 있습니다. 지금 40대 중반 정도 됐습니다. 2000년도 3월 7일에 사건이 발생했으니까 2019년 현재 기준으로 그로부터 19년이 흘렀죠? 최소 15년 이상 청주여자교도소 독방에서 지냈습니다. 그런데 김신혜는 경찰에 처음 체포된 2000년 그날부터 지금까지 아버지를 죽이지 않았다고 말하고 있어요. "그녀는 정말

• 익산 택시기사 살인사건을 토대로 만든 영화 〈재심〉

아버지를 죽였나"라는 타이틀로 진행한 탐사보도는 무기수 김신혜의 재심을 이끌어내는 게 목적이었습니다.

두 번째 사건은 바로 영화 〈재심〉의 소재가 된 익산 택시기사 살인사건입니다. 사건이 발생한 2000년 8월 당시, 15세 소년이 살인 누명을 썼습니다. 2000년에 벌어진 사건이니까 지금 이 분이 서른 살이 훌쩍 넘었어요. 이 사람 이름을 편의상 A씨라 합시다. A씨가 3년째 감옥 생활을 할 때 황상만이라는 형사가 진범을 잡았어요. 우리나라엔 좋은 검사도 있지만 나쁜 검사도 있지요. 형사가 진범을 잡았는데, 검사가 그 진범을 풀어줬습니다. 결국 A씨는 징역 10년 만기를 거의 꽉 채우고 출소했어요.

저는 익산 택시기사 살인사건을 약 2년간 보도했습니다. 결국 2016년도 11월에 재심을 통해서 A씨는 살인 누명을 벗었습니다. 진범은 사람을 죽인 후

16년 만에 감옥에 갔죠. 저는 이 사건을 보도할 때 굉장히 무서웠어요. 왜냐하면 저는 진범이 누군지 알았거든요. 제가 사건 보도를 하는 동안 진범은 제가 쓰는 기사를 보고 있는 거죠. 사건을 처음 보도한 2015년 5월 당시는 익산 택시기사 살인사건 공소시효 만료를 약 3개월 앞둔 시점이었습니다. 진범은 3개월만 버티면 그 살인죄에서 벗어나 자유의 몸이 되는 거예요. 이런 상황에서 제 탐사보도가 얼마나 거슬렸겠습니까. 이런 와중에 '태완이법'이 만들어지면서 살인사건의 공소시효가 폐지됐습니다. 그때가 익산 택시기사 살인사건 공소시효 만료 일주일 앞둔 시점이었습니다. A씨가 누명을 벗은 날, 진범은 경찰에 체포됐습니다.

A씨가 열다섯 살에 누명을 썼다면, 그 살인범은 열여덟 살에 사람을 죽였어요. 둘 다 미성년자였어요. A씨는 저와 재심을 도와줬던 박준영 변호사가 고맙겠지만, 진범과 그 가족들은 저를 어떻게 생각하겠습니까. 어떤 사건이든 이면을 보면 단순하지 않고 복잡합니다. A씨가 살인 누명을 썼다면, 누군가 살인 누명을 씌웠다는 뜻이겠죠? 옛날에 이 친구를 수사했던 경찰들이 대여섯 명 있었는데, 우리가 이 사건을 취재 보도하는 동안 그중 경찰 한 명이 자살을 했어요. 당시 그분에겐 열네 살짜리 아들이 있었어요. 군이 책임의 경중을 따진다면, 돌아가신 경찰은 사건 수사 당시 막내 형사였고 그만큼 책임이 작았습니다. 그럼에도 가장 큰 죄책감을 느끼고 스스로 목숨을 끊었습니다. 뭔가를 보도하는 일은 단순하지 않습니다. 이렇게 생각지 못한 안타까운 일이 벌어지기도 합니다.

세 번째는 삼례 나라슈퍼 3인조 강도치사 사건입니다. 전북 삼례 나라슈퍼에서 할머니가 살해됐는데 경찰이 세 청년을 범인으로 붙잡고 살인 누명을 씌웠어요. 이분들 중 두 분이 미성년자였고, 그 두 분은 지적장애가 있습니다. 저와 박준영 변호사가 힘을 합쳐 2015년부터 2017년까지 이 사건을 보도했죠.

　이 사건에서 범인으로 몰린 세 사람의 공통된 특징이 있습니다. 세 사람은 가난하고, 많이 못 배웠고, 본인이 장애인이거나 아니면 가족 중에 장애인이 있습니다. 놀라운 공통점입니다.

　한국의 판사와 검사들은 1인당 1년에 보통 3000건의 사건을 처리합니다. 여러분이 검사라고 생각을 해보세요. 좀도둑부터 살인사건, 강력사건까지 합쳐서 1년에 3000건을 처리한다고 치면 하루에 열 건 정도를 처리하는 거죠? 하루에 열 건 처리하면 실수 안 할 것 같습니까? 실수하죠. 사람은 신이 아닙니다. 보통 한 사건 기록이 짧아야 몇 백 페이지고 보통 천 페이지가 넘어갑니다. 이걸 다 읽고 얘가 범인인지 아닌지, 이 사람이 유죄인지 아닌지 판단해야 합니다. 판사도 사람인데 오판을 안 하겠습니까? 오판할 수 있죠. 그런데 제가 탐사보도를 하면서 정말 슬펐던 것은 이겁니다. 검사들과 판사들이 '단순 실수'였다고 하는 사건의 피해자들은 왜 전부 가난하고, 많이 못 배우고, 본인 혹은 가족 중에 장애인이 있는 사람일까? 제가 봤을 때 어쩔 수 없는 실수가 아니었던 거예요. 어쩔 수 없는 실수라기보다는 검사와 판사들이 상대적으로 가볍게 처리했던 사건이겠죠. 삼례 3인조 분들이 권력자, 혹은 재벌 자녀였다면 과연 살인 누명을 썼을까? 안 썼을 겁니다. 그런데 이것보다 더 놀라운 공통점은 따로 있습니다.

빈곤, 저학력, 장애인 그리고 엄마의 부재

　봉준호 감독의 영화 〈마더〉 아시죠? 영화 〈마더〉에서 지적장애 아들 역할을 한 분이 원빈 씨였죠. 영화에서 아들 원빈은 살인 혐의를 받고 감옥에 갑니다. 엄마 김혜자의 처절한 노력으로 아들 원빈은 세상으로 나옵니다. 그런데 엄마는 아들을 감옥에서 꺼내기 직전에 진실을 알아차립니다. 자기 아들이 살인범이 맞는다는 걸 말입니다. 그 순간 경찰이 엄마를 찾아옵니다. 경찰이 "어머님, 진범 잡았어요" 이렇게 말합니다. 내 아들이 살인범인데 진범을 잡았다니. 이게 뭔 소린가. 엄마 김혜자는 "내가 한번 진범을 만나보겠다"면서 아들 대신 감옥에 있는 사람이 누군지 알아보려고 면회를 합니다. 면회실에서 엄마는 깜짝 놀랍니다. 아들 원빈도 지적장애인인데, 그 아들 대신 감옥에 들어간 사람 역시 지적장애인이거든요. 김혜자가 아들 대신 감옥에 있는 그 사람한테 딱 하나를 묻습니다. "너 엄마 없니?" 이거였어요.

앞에서 말씀드린 세 재심사건 피해자들도 그렇습니다. 다들 엄마가 없습니다. 엄마가 있다고 해도 지적장애, 신체장애 등으로 자녀가 위험에 처했을 때 도움을 줄 수 없는 상황이었습니다. 제가 '엄마가 없다'라고 표현을 했지만 '부모가 없다'라고 보시면 됩니다. 한국 사회에서 부모가 없다는 게 어떤 의미인지 아십니까? 한국 사회에서 힘없고 가난하고 지적장애인인데 부모가 없다는 것은, 내가 엄청난 위기에 처했을 때, 나를 위해서 끝까지 싸워줄 사람이 없다는 의미예요. 영화 속에서 원빈은 엄마의 노력으로 감옥에서 빠져나왔지만, 제가 다룬 사건들에서 살인 누명을 썼던 분들은 엄마조차 없었습니다. 위기에 처했을 때 엄마가 도와줘야 한다는 것을 강조하는 게 아닙니다. 국가 기구, 법 등 여러 제도는 힘없는 사람들을 보호하기 위해서 존재합니다. 이런 게 없으면, 인간 사회는 '동물의 왕국'처럼 됩니다. 물리적 힘을 가진 존재가 왕이 되는 거죠. 어떻게 보면, 권력과 많은 재산을 가진 사람은 법 없어도 살 수 있습니다. 스스로를 지킬 수단이 있으니까요. 반면 힘없는 사람들은 법과 제도가 없으면 살아갈 수가 없습니다. 재심사건 피해자에 국한해서 보면, 국가와 법은 자기 역할에 실패했습니다. 무엇보다 이들에겐 엄마(부모)가 없었습니다.

제가 재심사건 취재하면서 가장 인상적인 분이 삼례 나라슈퍼 3인조 강도치사 사건으로 누명을 쓴 강인구 씨입니다. 제가 요즘 드라마 대본을 쓰고 있는데[*] 이 드라마에서도 이분이 비중 있게 나옵니다. 이분 엄마가 일곱 살 때 돌아가셨는데, 이분의 지적장애는 아버지로부터 물려받은 겁니다. 아버지도 지적장애인이었거든요. 아버지는 본인 이름을 한글로 못 쓰는 분이었어요. 아버지가 술을 좀 좋아하시고, 술을 드시면 폭력적으로 변해서 엄마를 괴롭혔어요. 그래서 엄마가 우울증을 앓았습니다. 강인구 씨가 일곱 살 때, 엄마가 방에 누워 있다가 종이에 뭘 적어서 내밀었습니다. "인구야 이거 가지고 가서, 시장 가게 아저씨 보여주고 아저씨가 주는 거 받아와." 그 일곱 살 강인구는 엄마 심부름한다는 마음에 이 종이쪽지를 들고 막 전속력으로 달려갑니다. 그래서 이 종이쪽지를 가게 아저씨에게 줘요. 아저씨는 쪽지를 본 뒤 뭔가를 건넵니다. 강인구는 또 이걸 빨리 엄마 갖다 주고 싶은 마음에 전속력으로 달려갑니다. 물건을 건네받은 엄마는 그걸 입에 털어 넣었습니다. 금방 엄마 입에서 하얀 거품이 일더래요, 엄마 입에서. 그래서 그 일곱 살 강인구가 엄마 입을 닦아줬다는 거예요. 그랬더니 엄마가 "인구야, 괜찮아. 자자." 그러면서 팔베개를 해줬대요. 그다음 날 깨어난 건 강인구 혼자였습니다. 엄만 돌아가셨죠. 이후 강인구 씨는 한글을 모르는 아버지와 둘이 살다가 열아홉 살 때 살인 누명을 쓰고 감옥에 갑니다. 감옥 갔다 나왔더니 아버지는 어디론가 사라졌어요. 노숙인 생활을 하다가 돌아가셨다고 그러더라고요. 강인구 씨는 이 세상

---

[*] 박상규 기자가 강연 당시 대본을 쓰고 있던 드라마는 〈날아라 개천용〉이란 제목으로 2020년 10월 30일부터 SBS TV를 통해 방송되었다.

에 가족이 하나도 없는 사람이 됐습니다.

강인구 씨 얘기를 듣고 제가 물어봤어요. "인구 씨, 인구 씨 인생에서 가장 행복한 순간이 언제였어요?" 그랬더니 이분이 되게 한심하다는 듯이 얘기하는 거예요. 내 인생에 무슨 행복한 날이 있겠냐고. 나는 한 번도 그런 날이 없다는 거예요. 한순간도 행복한 적이 없었다고. 그래서 제가 다시 물어봤죠. 다시 한번 생각해 보라고. 그래도 기쁜 일이 있지 않았냐. 그랬더니 가만히 생각하더니 딱 한 번 행복했다는 거예요. 자기 인생에서 따뜻한 날이 있었다고. 그게 언제였냐 물었더니, 마지막 날 엄마가 자기 껴안고 잤을 때, 그렇게 따뜻했다는 거예요, 그 품이. 그 순간이 강인구 씨 인생에서 가장 따뜻하고 행복한 순간이었다는 거예요. 인구 씨한테 또 물어봤죠. "인구 씨, 그러면 지금까지 살면서 누군가가 인구 씨를 위해서 울어준 사람이 있었어요?" 그랬더니 아무도 없었다는 거예요. 한번 생각해 보라고, 그래도 인구 씨 위해서 울어준 사람이 있지 않겠느냐. 그랬더니 딱 한 명 있다고 하더라고요. 딱 한 명 자기를 위해서 울어준 사람 기억이 난대요. 그게 누구였는지 아세요? 삼례 나라슈퍼 강도치사 사건 때 세 명이 살인 누명을 쓰고 감옥 생활을 할 때, 1년 뒤에 진범이 잡혔어요. 진범도 세 명이었습니다. 진범을 누가 잡았냐면, 여러분도 뉴스에서 봤을 겁니다. 춘천지검 안미현 검사가 수사 외압을 행사했다고 자기 상관을 고발했죠, 최종원 검사라고. 그 최종원 검사가 초임 검사 시절에 부산에서 진범 3명을 잡았어요. 검찰 입장에서는 진범 잡히면 자기네들이 옛날에 기소해서 감옥 넣은 애들이 있는데 갑자기 부산에서 초임 검사가 진범을 잡아버리면 어떤 일이 벌어집니까? 자기네들, 선배들 수사는 다 꽝이 되고 경찰도 다 꽝이 되는 거죠. 이 사건이 대법원까지 갔거든요. 판사 열 명이 판단했던 거까지 다 무효가 되는 거잖아요. 결국 검사가 또 범인을 풀어줍니다. 풀어주기 직전에 진범 세 명과 살인 누명을 쓴 세 명을 함께 앉혀놓습니다. 대질 심문을 한 거죠. 검사가 책상을 쾅 치면서 말합니다. "강인구, 똑바로 말해. 너 할머니 죽였어, 안 죽였어?" 그랬을 때 강인구 씨가 뭐라고 했을 거 같아요? 진범을 눈앞에 두고 안 죽였다는 말을 못합니다. 진범을 눈앞에 두고도 "예, 할머니 저희가 죽였어요. 죄송합니다. 할머니 우리가 죽였어요." 그렇게 말을 합니다. 진범을 눈앞에 두고도 자기가 죽였다고 그러니까, 고개 숙이고 있던 진범 중에 한 명이 고개를 듭니다. 그러더니 강인구 씨 얼굴을 보고 펑펑 울었어요. 그 사람이 강인구 씨를 위해 울어준 단 한 명의 사람이었던 거예요. 놀라운 이야기죠.

저는 박준영, 신윤경 변호사와 함께 이 사건의 진상을 보도했습니다. 그 과정에서 강인구 씨를 위해 울어줬던 진범을 만나 인터뷰했어요. 저는 강인구 씨 말이 너무나 드라마틱해서 검증을 하고 싶었어요. 이분한테 물어봤죠. 강인구 씨가 당신이 그때 울었다고 하는데 정말입니까? 그랬더니 그게 자기라고 하더라고요. 그런데 강인구 씨 기억에서 하나가 틀렸어요. 진범이 하는 말이, 자기 옆에 있던 친구 한 명도 같이 울었다고 하더라고요. 세 명 중에 두 명이 죄책감에 운 겁니다. 저희가 이 진범 세 명을 기사로 고발했을 때, 한 명은 끝까지 부인했죠. 자기는 안 죽였다고. 강인구 앞에서 울었던 두 명 중 한 명은 양심선언을 했습니다. 다른 한 명은 어떻게 됐을까요? 그 사람은 자살했습니다. 인간이란, 인간다움이란 무엇인가를 다시 한번 생각하게 하는 사건입니다.

이렇게 2년 동안 재심사건 세 건을 보도했고, 스토리펀딩으로 약 10억 원을 펀딩 받았습니다. 그 돈은 삼례 사건 3인조 등 사건 관계자와 모두 나눠 가졌습니다. 사람들이 저한테 10억 원을 펀딩했다는 것은 좋은 기사한테 투자한 겁니다. 저는 10억 원을 펀딩 받았다는 기쁨보다도 좋은 기사가 통한다는 사실을 입증한 게 무엇보다 보람되고 기뻤습니다. 그중에서 약 1억 5000만 원

● 간첩 누명을 쓴 오재선 씨

정도가 제 몫으로 떨어졌는데요. 제가 좀 순진한 면이 있어서 1억 5000만 원 나 혼자 다 쓰면 벌 받을까봐 《진실탐사그룹 셜록》을 만들었습니다. 그런데 1억 5000만 원이 금방 날아가요. 직원들 채용하고 월급 주고. 나면 금방 사라지죠. 그 후 2년 동안 기근에 시달리며 버티고 버텼죠. 버티다가 인수합병 제안을 받았어요. 좋은 조건이었어요. 그때도 역시나 저는 고민이 많았는데, 이걸 거부했죠. 왜냐하면 어쨌든 만들었으니까 한번 잘해보자는 마음으로 거부했어요. 그것이 제 인생에서 세 번째로 잘한 선택이라고 생각합니다.

양진호 사건 보도로 《셜록》이 세상에 좀 더 알려지기 전에 이분 얘기도 빼놓을 수 없네요. 제겐 참 고마운 분인데 귀가 안 들리는 분입니다. 제주도에 사셨던 오재선이라는 분입니다. 제주도 사람들은 옛날에 돈 벌려고 일본으로 많이 갔습니다. 사람들이 돈 벌고 돌아오면 어떤 일이 벌어지는지 아십니까? 간첩 누명을 씌웁니다. 한국의 검사, 경찰들이 "일본에서 간첩 교육 받았지?" 하면서 간첩 누명을 씌웁니다. 이분이, 나는 간첩이 아니라고, 고문으로 자백했을 뿐이라고 재판정에서 호소했을 때, 그 말을 듣지 않고 이분한테 간첩 누명을 씌운 사람이 바로 양승태 전 대법원장입니다. 양승태 전 대법원장은 대법원장 자리에서만 재판 거래한 것이 아니라 젊을 때부터 원래 그런 사람이었습니다. 젊을 때부터 계속 독재정권이 간첩 조작하면 거기에 재판 봉 두들겨줬던 사람이죠. 이분이 그 증거입니다. 이분을 보도하면서 《셜록》이 좀 알려졌습니다. 좋은 기사는 통한다는 것을 보여준 거지요.

나는 왜 살인범에게 돈을 빌렸나

≪설록≫이 좀 알려졌어도 저는 여전히 힘들었습니다. 너무 힘들어서 삼례 사건의 진범에게 전화를 했습니다. 사건이 밝혀졌지만 공소시효가 지나서 이분은 구속되지 않았어요. 제가 전화해서 요청을 했어요. 돈을 좀 빌려달라고. 직원들 월급을 줘야 하는데 돈이 좀 없다고. 제가 삼례 사건 보도했을 당시 이분을 인터뷰했다고 그랬잖아요. 그때 "요즘 뭐 하십니까" 그랬더니 공장에 다닌다고 그러더라고요. 그래서 경제적으로 많이 어려울 거란 짐작으로 물어봤죠. "한 달에 얼마 버십니까". 그랬더니 한 달에 400만 원 번다는 거예요. 그때 제가 놀라서 이렇게 얘기했죠. "아, 저희보다 낫네요". 그랬더니 이분이 "한 달에 400만 원도 못 벌면 어떻게 먹고 살아요?" 제가 어려운 형편에 처했을 때 이분이 한 달에 400만 원 번다는 말이 기억이 나서 전화를 한 거지요. 돈 좀 빌려달라고, 그랬더니 이분이 돈이 없대요. 400만 원 버는 건 맞는데 맨날 술 먹고 카드 값 많이 나가서 현금이 없다고 그러더라고요. 그래서 그냥 끊었는데, 잠시 후에 계좌번호 찍으라고 문자가 왔어요. 제가 물불 가릴 때가 아니니까 계좌번호 보냈죠. 그랬더니 돈이 입금됐다는 문자가 바로 오더라구요. 150만 원이 들어왔어요. 전화를 했죠. 왜 150만 원이냐고 했더니 진짜 돈이 하나도 없는데, 신용카드로 현금서비스 받을 수 있는 최대한도가 150만 원이래요. 그래서 "아니 왜 이렇게까지 하십니까?" 했더니, 당신이 오죽하면 나한테까지 부탁하겠냐고 하시더군요. 어쨌든 그래서 겨우 살아남았고, 그 덕에 양진호 사건

• 양진호 사건의 폭행 피해자들

을 보도할 수 있었습니다.

양진호 회장 문제는 《설록》 만들던 초창기부터 알고 있었어요. 내부 제보자와 이런저런 이야기를 했었거든요. 2년 동안 준비하며 기다리는 과정이 힘들었지요. 결국 양진호 회장 문제를 보도했고, 양진호 회장은 《설록》이 보도한 이후 약 열흘 만에 체포돼서 감옥에 갔습니다. 제가 양진호 사건 보도하면서 가장 기뻤던 순간은 바로 이런 순간들입니다.

왼쪽 사진의 오른쪽 분은 양진호 회장 부하 직원들에게 두들겨 맞았던 대학교수 분입니다. 양진호 회장한테 집단 폭행당한 지 5년이 지났는데 이분은 그때까지도 굉장히 위축되고 무섭고, 아직도 양진호가 날 감시하고, 휴대폰을 도청한다고 생각하며 살고 있었습니다. 이분을 설득하는 것은 쉽지 않았는데요, 양진호 보도 이후에 모든 두려움을 떨쳐버리고 양진호 회장을 고발하러 가는 길의 모습입니다. 오른쪽 사진에서 왼쪽에 계신 분은 양진호가 따귀 때리는 그 영상에서 따귀를 맞은 분입니다. 이분은 양진호 회장을 피해서 울릉도로 도망갔던 사람입니다. 울릉도에 숨어 살던 분이 섬에서 나와 그 보도 이후에 자존감을 회복하고 양진호 회장을 고발하러 가는 길입니다. 저는 이 모습이 가장 감동이었습니다.

● 왼쪽부터 삼례 나라슈퍼 강도 치사 사건의 유족, 강인구 씨, 진범

사람들은 저한테 그런 질문을 종종 합니다. 아무리 어려워도 그렇지 어떻게 살인범한테 돈을 빌릴 수 있냐. 그때 제가 보여주고 싶은 사진이 바로 이겁니다.

아까 제가 말씀드린 강인구 씨입니다. 강인구 씨는 2017년에 결혼했습니다. 사진에서 왼쪽에 계신 이분이 삼례 나라슈퍼 강도치사 사건에서 돌아가신 할머니의 사위입니다. 그리고 오른쪽 이분은 그 삼례 나라슈퍼 강도치사 사건에서 할머니를 사망하게 했던 진범, 아까 제가 돈을 빌린 그분입니다. 그러니까 살인 사건의 피해자 가족과 살인범으로 몰려 억울한 옥살이를 한 사람, 그리고 진범, 이 세 명이 어떻게 극적으로 사진을 찍었을까. 놀랍지 않습니까?

재밌는 이야기 하나 해드리겠습니다. 맨 처음에 언급한 김신혜 씨의 경우, 현재 재심이 진행되고 있습니다. 김신혜 씨는 아직도 복역하고 있는 현역 무기수입니다. 현역 무기수가 재심이 확정이 돼서 다시 재판을 받는 경우는 대한민국 사법 역사상 최초입니다. 그리고 아까 말씀드렸듯이 익산 택시기사 살인사건도 재심에서 무죄로 밝혀졌고, 삼례 사건도 재심 끝에 무죄가 밝혀졌죠. 그러면 그 이 친구들한테 살인 누명을 씌웠던 경찰, 검사, 판사는 어떻게 됐을까요? 잘 살고 있습니다. 단 한 명도 반성하지 않습니다. 그 사람들 말대로 정말 실수였다고 쳐도, 실수해서 미안하다고 말해야 하잖아요. 길 가다가 누구 발 밟아도 미안하다고 하는데, 살인 누명 써서 감옥 갔다 왔는데 미안하다고 말해야 하지 않습니까? 그런데 경찰, 검찰은 절대 그런 말을 안 합니다.

판사들? 마찬가지입니다. 후배 판사들? 옛날 선배 판사들을 대신해 내가 사과드린다는 그 말조차 안 합니다. 제가 보도했던 재심 세 건 중에서 딱 한 명만 사과했어요. 이 사람. 삼례 나라슈퍼 사건 진범 혼자만 사과했어요. 그러면 자기 어머님이나 다름없던 장모님을 잃은 이 유가족은 어떤 마음이었을까요. 그런 끔찍한 사건으로 어머니가 돌아가신 것도 원통한 일인데 우리 어머니 사건으로 죄 없는 애들, 지적장애가 있는 동네 청소년 세 명이 감옥 간 게 더 슬프다고 했습니다. 그래서 이분은 이 진범한테 제안을 했어요. 이 친구들 재심할 때 네가 나와 진실을 말해주면 다 용서해 주겠다. 실제로 이분이 그 제안을 그대로 실천해서 강인구 씨 재심할 때 법정에서 말했습니다. 내가 살인범이라고, 내가 할머니 죽였다고. 강인구 씨가 누명을 벗는 데 큰 역할을 했던 분이죠. 그런 의미에서 저는 이분이 자기 잘못에 대해 단 한 마디도 사과하지 않는 판사나 검사들보다 어떤 면에선 훨씬 낫다고 생각합니다. 그렇기 때문에 저는 이분한테 돈을 빌린 것에 대해서 그렇게 큰 부끄러움이나 죄책감은 없습니다.

탐사보도를 한다는 것

탐사보도를 한다는 것, 진실을 밝힌다는 것은 굉장히 어렵죠. 그런데 진실을 밝히는 것만 어렵습니까? 저는 이렇게 말하거든요. 여러분도 교수님이 숙제 내주면 그 숙제하기 어렵잖아요. 세상에 쉬운 건 하나도 없어요. 우리 모두는 자기가 할 수 있는 가장 어려운 일을 하면서 살고 있어요. 목수 경력 30년 되신 분들 인터뷰해 보세요. 세상에서 제일 어려운 일이 집 짓는 일이라고 해요. 저는 기사 쓰는 게 가장 어려워요. 교수님은 가르치는 게 제일 어려울 것입니다. 우리 모두는 가장 어려운 일을 하면서 살고 있는 거예요.

지난 몇 년 동안 탐사보도해서 나쁜 사람 감옥도 보내고 했지만, 가장 좋았던 것은 억울하게 피해를 입었던 사회적 약자들이 누명을 벗고 자존감을 회복하고 자기 목소리를 내는 모습을 보는 거였어요. 단발성 보도로는 결코 이룰 수 없지요. 탐사보도가 아니면 그런 결과를 볼 수가 없죠.

≪셜록≫을 후원하는 사람들을 '왓슨'이라고 합니다. 나중에 취업하고 ≪셜록≫ 후원해 주시면 제가 양진호 회장 같은 사람 잡고 우리 사회의 안타까운 사람들을 위해 더 노력하겠습니다.

질의응답

보도 중 신변 위협을 느끼신 적이 있으신가요?

> 그런 건 아직 없습니다. 역사적으로 봤을 때 한국에서 기자가 공권력에 의해 공격을 받은 적은 있어도 누구한테 사적으로 보복을 당했다거나 피습을 당했다는 얘기는 아직 못 들어봤습니다. 그것이 용기를 내서 보도할 수 있었던 이유 중 하나입니다.

언론사에서 나오신 건 회사에서 원하는 기자상과 본인이 원하는 기자상이 달랐기 때문일 텐데 어떻게 달랐나요?

사실 오마이뉴스에서 나올 때, 제 계획은 장의사가 되는 거였어요. 내가 직접 장의사가 되어 "우리 인간은 누구에 의해서, 어떻게 이 세상과 이별하는가" 같은 주제로 르포를 쓰고 싶었어요. 장의사 몇 분을 인터뷰해 봤는데 한 분이 이런 말을 했어요. 자기들은 한 30~40년 동안 시체를 만져봐서 시체만 봐도 '아, 이 사람은 어떤 인생을 살았겠구나'라고 안다는 거예요. 저는 그 세계가 너무 궁금했어요. 그래서 제가 직접 장의사를 해보고 싶었죠. 한국에는 그런 르포가 별로 없거든요. 일본이나 미국은 기자들이 책도 많이 내고 좋은 르포도 많습니다. 그런데 한국은 기자들이 너무 바빠서 책도 잘 못 내죠. 한 사건을 오래 추적할 수 있게 시간적, 금전적 지원을 아끼지 않는 그런 시스템이 아닌 거죠. 저는 그걸 회사에 요구해 본 적이 있어요. 그런데 그게 안 되더라고요. 그래서 회사를 계속 다니면서 불만을 갖기보다 그냥 내 길 내가 가겠다고 나왔어요. 그게 진짜로 제가 하고 싶었던 거고요.

아무래도 인터뷰를 하다보면 인터뷰이의 마음을 여는 게 중요하잖아요. 혹시 그 사람의 마음을 열게 하는 비법 같은 게 있으면 공유해 주세요.

일단 여러분 자신이 질문 받는 당사자라고 생각해 보십시오. 제가 '학생 저랑 인터뷰 좀 하시겠어요?' 하면 바로 앉습니까? 안 앉죠. 사실 질문 받는 사람은 대답할 의무가 없어요. 사람 입을 열게 하는 건 딱 하나예요. 신뢰감. 신뢰를 어떻게 쌓아야 합니까. 오랜 시간 만나야 해요. 내가 나쁜 놈이 아니라는 것을, 내가 나쁜 놈이 아니고 '당신을 이용해 먹지 않겠다'라는 신뢰감을 줘야 합니다. 강인구 씨하고 저하고 눈을 마주치고 이야기하기까지 6개월이 걸렸어요. 6개월 동안 같이 만나고 밥 사주고 내가 나쁜 사람 아니라는 걸 인식시켜 주었어요. 기자가 와서 가정사를 물어본다면 다 말하지 않잖아요. 우리 엄마가 어떻고 우리 아빠가 어떻고 다 이야기 안 하잖아요. 그걸 얘기하기까지 굉장히 오랜 시간이 걸려요.

흔히 사실 여부를 확인하지 않고 자극적인 기사를 쓰는 기자를 '기레기'라고 말하는데요. 이런 기자들에 대해 어떻게 생각하시는지, 또 기자들이 그럴 수밖에 없는 이유가 있다면 무엇인지 알고 싶습니다.

저도 옛날에는 부적절한 기사, 부끄러운 기사 많이 썼던 기억이 있어요. 이유가 있기는 있습니다. 구조적인 원인들이죠. 근데 그렇다고 또 모든 사회제도 내지는 사회문제를 말할 때 구조 탓만 하면 개선이 안 되거든요. 언론사가 기자들에게 그런 기사를 쓰게 하는 면도 있어요. 하지만 제가 봤을 때는 기자 개개인들이 지금 하는 일이 어떤 일이고 이 기사가 어떤 기사인지 스스로 생각을 하면서 써야 하는데 그것이 조금 부족해요. 그렇다고 해서 같은 업계에 있는 사람으로서 그분들 욕하기도 쉽지 않아요. 그냥 어쩔 수 없는 면이 있다고 생각은 하는데 사실 좀 부끄럽죠. 그렇다고 저는 잘났다 그런 의미가 아닙니다. 늘 조심해야 하는 문제예요. 사람은 늘 실수하거든요. 완벽한 사건이라고 생각했던 것도 뒤집어지고 내가 오판하는 부분도 있거든요. 삼심제 하는데도 판사들도 실수하듯이, 누구나 실수할 수 있지만 실수하지 않으려고 노력을 해야죠. 그리고 항상 나는 누구인가를 생각해야 해요. 자기 직업에 대한 어떠한 철학적인 문제의식, 나는 누구인가, 나는 뭐하는 사람인가, 내가 이것을 잘못 쓰면 어떤 일이 일어나는가, 늘 생각해야 합니다. 그 질문을 잊어버리는 순간 실수를 하고 더 큰 파장을 일으키게 됩니다. 어쨌든 좀 안타깝지만 기자들이 반성해야 될 문제죠. 제가 봤을 때 과도기라고 생각해요. 언론이 좋아지는 과정의 과도기에 있지 않나, 그렇게 생각합니다.

기자가 되신 계기와 활동하면서 가장 보람을 느낀 일을 소개해 주실 수 있을까요?

저는 우연히 기자가 됐어요. 제 첫 직업은 삼성전자 비정규직 노동자였어요. 공장에서 일했어요. 그러다가 오마이뉴스의 시민기자로 활동을 했는데, 상근 기자직 제안이 왔어요. 저의 원래 꿈은 소설가였어요. 이십 대 때. 이십 대의 소설가 지망생이 어떻게 먹고 살겠습니까. 일단 먹고살자 하는 생각으로 기자가 됐고 기자가 또 적성에 맞더라고요.

내 기사로 억울한 사람들이 누명을 벗고, 나쁜 일들이 잘 해결되면 기분이 좋습니다. 기자는 그 맛으로 하는 거예요. 아무리 월급 많이 준다 해서 보람이 있겠습니까. 그런데 월급도 조금 주는 회사에서 진짜 열심히 하는 기자들이 있거든요. 그런 친구들이 왜 하겠습니까. 바로 자부심이거든요. 사람은 돈을 아무리 많이 줘도 자부심이 무너지면 못 버팁니다. 내가 좋은 일을 하고 있고 내 덕에 세상이 바뀌고 있다는 자부심이 있어야 버티는 거예요.

제가 인생에서 이것 진짜 잘했다 싶은 기사가 있어요. 제가 삼성전자 비정규직 생산직으로 일하면서 시민기자로 기고하던 때였어요. 컨베이어벨트에서 일할 때, 한 라인에 50여 명의 노동자가 있는데 30명 정도가 고등학교 학생들이었어요. 실업계 학생들. 한 라인에서 정규직은 10명도 안 됐고. 나머지는 저처럼 아저씨들이었어요. 그때 단순 노동보다 뭐가 더 힘들었냐면, 실업계 학생들의 비웃음이었어요. 고3인 자기가 와서 일하고 있는데 옆에서 서른 살 먹은 내가 일하니까, 얼마나 한심해 보였겠어요. 연봉은 똑같고. 그 학생들이 저를 자주 놀렸어요. "형, 여기 왜 왔어요. 안 쪽팔려요?" 자기들보다 열 살 많으니까 인간 취급을 안 해요. 밥도 같이 안 먹고. 정말 힘들었는데 기자가 되고 나서 자꾸 그 애들이 생각나는 거예요.

오마이뉴스 다니던 시절 있었던 일인데요. 서울 중구에 공업고등학교 하나가 있었는데 주변 아파트 주민들이 민원 넣어서 폐교됐어요. 아파트 주민들이 왜 민원 넣었냐면, 초등학교가 없다고. 고등학교는 다른 곳 가도 되잖아요. 다른 데로 옮기고 그 자리에다 초등학교 지어달라고 민원 넣은 거예요. 그래서 그 학교가 결국에는 옮기게 되었는데, 옮길 곳 주민들이 데모를 한 거예요, 공고 오지 말라고. 우리가 죄지었냐고. 그래서 어영부영 하다가 서울시교육청에서 이 공고 폐교 결정을 해요. 그런데 제가 이 건에 대해 기사를 썼어요. 제가 그 학교 폐교를 막았죠. 그 학교는 지금 서울방송고등학교로 바뀌었습니다. 이 고등학교를 살렸다는 것이 기자로서 제가 가장 보람 있게 느끼는 일 중 하나예요. 그 이유는 제가 노동자 생활을 했기 때문이죠. 저는 그 공장에서 나왔지만, 그 친구들은 거기서 일하고 있을 것 아니에요. 그 친구들한테 미안

하더라고요. 폐교 막으면서 그래도 내가 그 친구들 생각하며 뭔가를 했다는 데 보람을 느꼈고 그 기사가 제 인생에서 가장 좋은 기사예요.

좋은 기자란 어떤 기자일까요.

기자는 잘 듣는 사람이어야 해요. 기자란 직업이 매력적인 것은 아무 무기도 없이 세상을 쥐었다 폈다 할 수 있는 힘을 가지고 있다는 거거든요. 정말로 펜이 칼보다 강하죠. 그러다 보니까 오만함에 빠지기 쉬워요. 오보를 내면 누군가가 큰 상처를 받거든요. 늘 조심해야 하는 거죠. 오만함에 빠지지 말고. 여러분, 기자를 만나보면 알겠지만 기자들은 건방져요. 껄렁대고 건방진 사람들이 많은데, 제가 봤을 때 타인의 말을 잘 듣는 사람이 좋은 기자인 것 같아요. 잘 들어줘야 해요. 다 들은 다음에 말해야 하는 거죠. 좋은 기자는 겸손하게 귀가 열려서 잘 들어주는 사람이다, 그렇게 생각합니다. 너무 교과서적인가요?

기자라면 속보성 보도에 대한 욕심이 있다고 생각해요. 그런데 시간을 두고 더 깊게 보도하려다 다른 사람이 먼저 터뜨리지 않을까 하는 불안함은 없으셨는지요.

말씀하신 대로 속보 욕심 없는 기자는 없습니다. 속보 욕심 있죠. 내가 단독보도 하고 싶은 마음은 있죠. 근데 제가 그것을 잘 안 하는 이유가 뭐냐. 일단, 그건 저의 경쟁력이 안 된다고 생각해요. 대한민국에 그걸 잘하는 기자들이 굉장히 많아요. 사람은 자기가 잘하는 것을 해야 해요. 또 속보는 굉장히 매력적이지만 그만큼 오보 가능성이 있는 거예요.

속보에 대한 유명한 일화가 하나 있어요. 몇 년 전에 미국 보스턴 마라톤 대회에서 폭발사건이 터졌어요. 미국에서 폭발사건이 터지면 바로 테러가 의심돼요. 그때 어마어마한 매체들이 다 속보를 날렸어요. ≪뉴욕타임스≫ 편집국장도 그 소식을 듣고 바로 출근을 했죠. 하지만 그 국장은 속보하려고 출근하지 않았어요. 기자들이 속보하는 것을 막으려고 출근한 거였죠. 흥분하지 말라고. 여러 매체에서 이슬람 쪽 사람의 범행으로 의심된다고 보도했지만, 나중에 보니까 미국인 그것도 백인의 범행이었습니다. 결국 ≪뉴욕타임스≫만 오보를 안 했어요. 양진호 사건에서 저도 속보를 날리고 싶다는 마음과 싸웠어요. 그럴 때일수록 속보를 날리고 싶다는 욕심을 억누르죠. 그리고 '속보는 내 길이 아니다' 하고. '나는 다른 것으로 승부를 봐야지', 그런 마음으로 살아가고 있습니다.

약자를 돕는 일을 많이 하신다고 하셨습니다. 선의를 위해 항상 정의롭게 일을 할 수는 없잖아요. 가끔은 선을 위해 악을 행할 수도 있다는 생각을 하는데요. 최악을 막기 위해 차악을 선택하신 적은 없으셨는지 궁금합니다.

그런 적 굉장히 많습니다. 제가 일을 할수록 느끼는 건 세상에 많은 사람, 일들은 선악이 분명하지 않아요. 그래서 시간이 갈수록 기사 쓰기가 더욱 어려워지는 거 같아요. 세상에서 제일 쉬운 논리가 흑백논리잖아요. 그게 가장 편하고 단순한 논리인데 그런데 세상을 살수록 그 구분이 힘들어집니다. 양진호 같은 경우에도 마치 악마로 보이잖아요. 이번에 그분 하드디스크를 갖고 와서 분석하고 있는데, 거기에서 수백 통의 전화녹음을 발견했어요. 통화 내용을 들어보는데 짠하고 인상 깊었던 게 있었어요. 그렇게 직원을 때렸던 그 당사자가 자기 자식에게는 '아빠야~ 뭐했어? 밥 먹었어?'라고 애교를 부리더라고요. 그걸 보는데 '이 사람이 자식에게 좋은 아빠일 수도 있겠구나'라는 생각을 했어요. 근데 세상 모든 일이 다 그래요. 제가 양진호를 보도하기 전에 양진호에게 반론을 받아야 하니까 만나야 하잖아요. 그래서 양진호 집 앞에서 기다리는데, 기자가 왔다고 하니까 안 나오더라고요. 아침 6시부터 출근할 때를 기다려도 안 보였어요. 근데 8시에 중학생인 둘째 아들이 학교에 가려고 나오는 거예요. 또 30분 뒤에 초등학생인 막내가 나오고. 그걸 보면서 가슴이 아팠어요. '아, 내가 2~3일 뒤에는 너희 아버지 고발할 텐데 너희 아버지가 이 세상에서 완전히 악마로 취급될 텐데. 너희에게 나는 엄청난 상처를 준 사람이겠구나. 너희가 나를 엄청 미워하겠구나'라는 생각이 들었어요. '나는 떳떳하게 살았나? 나는 이 세상에 누구를 모욕하고 감옥에 넣고 사회적으로 완전히 인격살인을 할 정도의 보도를 하고 있는데, 그럼 나는 그동안 죄 없이 살았나?' 스스로 자기 검열도 해보게 되죠. 선악이 분명하지 않을 때가 굉장히 많아요. 그리고 말씀하신 것처럼 내가 어떠한 보도를 한다고 해서 스스로 좋은 일을 하고 있다는 마음을 갖는 걸 경계하려 합니다. 나는 내 직업, 돈벌이를 위해서 하는 것입니다. 차악을 선택해야 하는 순간이 굉장히 많습니다. 누군가를 공격하고 그런 일을 할 때 매 순간이 힘들고 고통스럽죠. 아마 기자만이 아니라 많은 사람들이 이런 고민에 시달릴 거예요.

독자들이 좋은 기사를 어떻게 분별하고 어떻게 찾을 수 있는지 알고 싶습니다.

제안 드리고 싶은 것은 어떤 보도를 접했을 때 바로 흥분하지 않았으면 좋겠다는 것입니다. 그 기사가 오보일 수 있고 이것을 확산시키면 나도 범인이 될 수 있거든요. 흥분될수록 한 템포 늦춰달라는 것입니다. 또한 선악이 분명한 기사는 의심하셔야 합니다. 무슨 일에서든 선악이 분명하긴 쉽지 않아요. 선 속에 악이 있고 악 속에 선이 있고 뒤섞여 있거든요. 여러분도 마찬가지입니다. 회사에선 악마이지만 집에선 천사일 수 있고, 집에선 악마이지만 회사에선 천사일 수 있고, 정말 불분명합니다. 선악이 분명한 기사는 한 번은 의심해 보라는 제안을 드리고 싶습니다.

2

SF로
미래를
연습하다

박상준

오랫동안 SF 및 과학교양서 전문 기획자, 번역가, 칼럼니스트로 활동해 왔다. 장르문학 전문지 《판타스틱》의 초대 편집장, SF 전문 출판사 오멜라스의 대표를 맡기도 했다. 현재는 서울SF아카이브 대표로서 한국 SF 생태계의 활성화를 위해 애쓰고 있다. 『SF는 인류 종말에 반대합니다』(공저), 『SF 거장과 걸작의 연대기』(공저) 등 30여 권의 저서와 번역서를 출간한 바 있다.

"미래 사회를 전망하는 것이 아니라 미래의 과학기술이 우리에게
정치적, 사회적, 심리적, 윤리적으로 어떻게 영향을 미칠 것인가?
이것을 고민하는 게 SF라는 거예요. 그렇기 때문에 우리가 SF를
봐야 하고 또는 SF를 보지 않아도 시공간적 시야를 넓히는 것이
중요합니다."

SF 영화를 통해 보는 미래 사회

유럽에서 가장 큰 무역항인 로테르담 항구에는 인간 대신에 인공지능AI: Artificial Intelligence 로봇 자동차들이 배치되어 있습니다. 보통 다른 항구들은 컨테이너를 각지로 보내기 위해 인간이 자동차를 조종하는 재배치 과정을 거치는데, 이곳은 로봇이 인간의 일을 대신하고 있습니다. 그래서 운전석이 없고 컨테이너를 바로 올려놓을 수 있는 바퀴만 있습니다. 여기서 놀라운 것은 무인 로봇 자동차들이 그려놓은 바퀴자국입니다. 바퀴자국을 보면 마치 자로 그린 것처럼 일정하게 나 있습니다. 인간 운전사들이 운반하는 부두에서는 절대로 볼 수 없는 바퀴자국입니다. 저는 이 모습이 우리가 AI와 더불어 살아가야 할 가까운 미래 사회의 새로운 질서를 상징적으로 보여준다고 생각합니다. 우리가 앞으로 살아가야 할 미래 사회의 과제는 인간의 카오스적인 면모와 수학적으로 완벽한 AI의 질서를 조화시키는 것입니다.

제가 이 모습을 보면서 한 가지 궁금했던 점은 '로봇이 인간의 일자리를 대신하고 있는데, 인간들은 왜 이에 항의하지 않을까' 하는 것입니다. 특히나 해운 항만의 노조는 굉장히 강성인데 어떻게 노동자들이 로봇에게 순순히 일자리를 내주었을까요. 제가 고민 끝에 내린 결론은 이 하역장 자체가 처음부터 무인 AI에 최적화되어 건설된 곳이라는 것입니다. 사진에 나온 하역장은 로테르담 항구에서 가장 바깥쪽 외곽이고, 안쪽으로 항구가 쭉 이어져 있습니다. 아마도 인간 노동자들은 그 항구의 안쪽에서 일하고 있을 것입니다. 즉 기존의 인간 노동자들을 쫓아내고 로봇으로 바꾸는 과정이 아니고 처음부터 항구를 만들 때 로봇이 일할 것을 고려하고 만들었다는 것입니다. 제가 이 이야기로 운을 띄운 것은 우리 사회가 AI에 관심이 많고, 실제로 AI가 인간들에게 시

시각각 영향을 미치는 분야이기 때문입니다.

우리가 흔히 SF에서 볼 수 있는 AI 로봇에는 두 가지 타입이 있습니다. 하나는 〈터미네이터〉에 나오는 것과 같은 로봇이고, 또 하나는 1999년에 나온 〈바이센테니얼맨〉이라는 영화의 주인공과 같은 로봇입니다. 〈터미네이터〉의 로봇은 인간과 적대하는 로봇인 반면 〈바이센테니얼맨〉의 로봇은 인간의 충실한 하인이자 가족과 다름없는 로봇입니다. 우리가 할리우드 블록버스터 상업 영화에 익숙해지다 보니 AI 로봇을 이분법적인 흑백논리로만 바라보는 경향이 있습니다. 로봇을 인간의 적 아니면 친구로만 생각한다는 것이죠. 현실에선 꼭 이렇지만은 않습니다. 따라서 우리는 허구와 현실을 구별할 필요가 있습니다.

〈바이센테니얼맨〉에 나오는 로봇은 인간의 친구입니다. 처음에는 금속형 로봇이었지만 시간이 흐를수록 자기 스스로 돈을 벌어 외형을 인간처럼 바꿔 갑니다. 이 로봇은 인간과 같이 창의적인 생각으로 스스로 공예품을 만들기도 하고, 공부를 통해 발명을 하고, 자신의 창작물에 특허를 내기도 합니다. 이 로봇의 주인은 로봇의 이러한 노력을 인정해 주어 로봇 앞으로 통장을 개설해 주고 스스로 관리할 수 있도록 만들어줍니다. 결국 이 로봇은 굉장히 많은 돈을 벌어 부자가 됩니다. 로봇이 인간과 거의 동등한 권리를 가지게 되는 이 영화의 설정이 과연 현실에서 적용될 수 있는 날이 올까요?

강한 인공지능을 하나의 독립된 인간으로 인정할 수 있을 것인가에 대한 논의는 사실 먼 미래의 이야기가 아닙니다. 앞서 이야기했던 로테르담의 로봇 자동차들을 생각해 봅시다. 만약 로봇 자동차 대신 인간 노동자를 고용하게 되면 자본가들은 로봇에 비해 인간 노동자에게 더 많은 자본을 투자해야 합니다. 임금이라든지 고용법에 해당하는 4대 보험, 각종 사회 복지 혜택과 휴가

등이 그 예입니다. 하지만 로봇을 고용하게 되면 로봇은 이러한 것들이 필요 없기 때문에 자본가가 투자해야 하는 비용은 훨씬 줄어들게 됩니다. 로봇의 유지보수 비용을 빼면 나머지 이득은 로봇의 소유자인 자본가에게 귀속됩니다. 과연 로봇이 벌어들인 소득을 자본가가 갖는 것이 사회 정의상 올바른 일일까요?

요즘 로봇세라든가 기계세라는 것이 우리 사회의 이슈입니다. 로봇을 많이 보유한 자본가에게 일정한 세금을 매기고, 그 세금을 로봇으로 인해 일자리를 잃은 노동자에게 기본소득으로 지불해야 한다는 것입니다. 외국의 일부 국가에서는 AI를 판사 보조로 활용하고 있습니다. 수많은 재판 판례를 빅데이터로 스캔하여 AI에게 입력하고, 재판을 진행하기 전에 AI에게 1차 의견을 받는 것이 일부에서는 이미 진행되고 있는 룰입니다.

이는 우리나라에서도 향후 몇 년 뒤에 충분히 발생할 수 있는 일입니다. 따라서 한 분야에서 인간보다 뛰어난 능력을 보여주는 인공지능을 인간과 독립된 하나의 법적 인격으로 인정해야 하는가 하는 문제는 영화가 아닌 현실입니다. 즉 AI가 하는 일에 인간이 어떤 대가를 지불한다거나 세금을 매긴다거나 사회적으로 어떤 권리를 부여해야 하는지 고민해야 하는 세상인 것입니다. SF에서는 이러한 상황들을 예전부터 묘사해 왔고, 이에 대한 대안이나 모델을 제시해 왔습니다.

스티븐 스필버그Steven Spielberg 감독의 SF 영화 〈A.I.〉를 보면, 로봇은 강아지나 고양이와 같은 반려동물과 비교했을 때 인간의 언어로 소통이 가능하다는 강력한 장점을 가지고 있습니다. 그렇기 때문에 요즘엔 인공지능 스피커라든가 인공지능을 지원해 주는 스마트폰이 큰 인기를 끌고 있습니다. 실제로 일본에서는 대화 상대가 필요한 독거노인을 위한 로봇을 판매하고 있습니다. 이러한 방향으로 사회가 발전한다면 향후에는 반려동물이 아닌 반려로봇이 가족의 새로운 구성원으로 등장할 것입니다. 따라서 우리가 반려로봇을 법적으로 어떻게 해야 할 것인지 고민해야 하는 시대가 도래한 것입니다.

예를 들어, 독거노인과 몇 년을 함께 생활한 AI 반려로봇이 있다고 가정해봅시다. 이 로봇은 자신의 주인인 할머니와 생활하면서 할머니에 대한 빅데이터를 가지고 있을 것입니다. 공장에서 출시되었을 때는 다른 로봇들하고 똑같았지만 몇 년 동안 특정 사용자와 긴밀한 관계를 이루면서 맞춤형 AI 로봇으로 탄생하게 된 것이죠. 이러한 상황에서 도둑이 할머니의 로봇을 훔쳐 포맷한 뒤 다른 곳에 장물로 판매했다면 그 피해는 어떻게 보상해야 할까요. 이 도둑이 경찰에 잡혀서 똑같은 모델의 로봇을 할머니에게 보상한다고 해도 이것이 과연 피해원상회복이라고 할 수 있을까요? 할머니에게 중요한 것은 로봇이라는 기계 자체가 아닙니다. 자신의 로봇만이 가지고 있던 특정한 데이터가 중요한 것입니다. 따라서 이러한 경우 도둑에게 단순히 재물손괴죄만을 적용하는 것은 맞지 않습니다. 이러한 상황을 SF에서는 예전부터 다뤄왔습니다. 영화 〈A.I.〉에서는 앞서 이야기한 예시와 같은 맥락으로 자신과 오랫동안 교류했던 반려로봇을 유기해야 하는 상황을 묘사하고 있습니다.

영화 〈그녀〉는 혼자 사는 남자가 자신의 PC에 있는 AI와 사랑에 빠지는 내용입니다. 이 남자는 AI와 많은 대화를 하면서 사랑이라는 감정을 느끼게 되는데, 이 영화는 사실 굉장히 많은 것을 시사하고 있습니다. AI의 목소리를 남성으로 할 것인가, 여성으로 할 것인가 아니면 성별 판독이 불가능한 중저음의 목소리로 할 것인가에 대한 논의는 우리 사회의 여성 혐오나 젠더 평등 문제와 밀접하게 연관되어 있습니다. 만약 이 영화에서 나오는 AI의 목소리가 남성이었다면 주인공은 AI와 사랑이 아닌 우정이라는 다른 형태로 표현되었을 것입니다.

지금은 당연시되고 있는 추세이지만 아이폰의 인공지능인 시리의 목소리는 여성 또는 남성으로 선택하여 설정할 수 있습니다. 하지만 과거엔 우리나라에서만 시리의 목소리를 여성 목소리로 고정하여 출시했습니다. 그뿐만 아니라 예전에는 AI에게 사용자들이 말을 가르칠 수 있었습니다. AI는 도덕적인 판단을 할 수 없기 때문에 사용자가 나쁜 말을 가르치면 AI 역시 나쁜 말을 그대로 사용하게 됩니다. 이러한 부분으로 인해 새로운 사회 갈등이 발생할 가능성이 있지요. SF는 과학기술과 관련된 부분들에 대해 스토리텔링의 형태로 갈등을 탐구하는 장르입니다.

〈인류멸망보고서〉라는 옴니버스 영화의 두 번째 작품인 〈천상의 피조물〉은 「레디메이드 보살」이라는 박성환 작가의 단편 SF 소설을 김지운 감독이 영화로 재탄생시킨 것입니다. 이 영화의 주인공은 불교 사찰에서 일하는 로봇입니다. 로봇은 몇 년 동안 절에 들어가 손님을 안내하는 등의 일을 하며 어깨 너머로 스님들이 공부하는 경전을 배웁니다. 로봇은 결국 불교에서 깨달음이라고 일컫는 '득도'를 하게 되고, 그 이후에 절의 스님들은 두 개의 세력으로 나뉩니다. 한쪽은 로봇에게 법명을 지어주고 스님으로 인정하며 따르겠다는 입장이고, 다른 한쪽은 어떻게 인간이 로봇을 따를 수가 있냐는 입장이었

2012년 개봉한 〈인류멸망보고서〉

습니다. 후자의 입장에서 볼 때는 몇 년간 득도를 위해 속세의 모든 것을 버리고 입산수도를 한 자신들조차 깨달음을 얻지 못했는데 한낱 로봇이 득도를 했다는 것 자체가 말이 안 된다는 것입니다. 따라서 그 로봇을 맹렬히 비난하고, 저런 쇳덩어리를 스님으로 모신다는 것은 인간을 우스운 존재로 전락시키는 것이라고 주장합니다. 이러한 갈등이 고조되면서 그 로봇을 제작한 회사는 로봇을 회수하여 폐기처분을 하겠다는 결정을 내립니다. 회사가 로봇을 회수하러 오는 과정에서 대립된 두 세력 간 엄청난 갈등이 벌어지고 일촉즉발의 상황들이 전개됩니다. 이 상황들을 지켜보던 로봇은 대립이 절정에 이르러서 인간들을 향해 자신의 말을 전합니다.

이미 당신들 안에는 부처와 깨달음이 있음에도 불구하고 왜 그것을 깨닫지 못한 채 당신들끼리 갈등하며 고뇌하고 고통에 휩싸이는가.

로봇이 했던 이 대사는 박성환 작가의 원작 소설에 나온 대사를 그대로 반영한 것입니다. 로봇이 인간에게 한 이야기는 불경에서 많이 하는 이야기입니다. 이 장면은 제 개인적으로 AI 로봇을 소재로 한 모든 영화들 중 세 손가락 안에 꼽는 명장면입니다. 왜냐하면 이 장면이 기존의 할리우드 영화에서는 정말 보기 힘든 장면일 뿐 아니라 동양의 전통 종교 사상과 AI 로봇이라고 하는 서양의 과학기술을 융합해 새로운 스토리를 만들어냈기 때문입니다. 동양적 혹은 한국적 SF라고 한다면 이와 같은 시도가 굉장히 좋은 벤치마킹 대상이 될 것이라고 생각합니다.

이 로봇은 기존에 우리가 봐왔던 할리우드 SF 영화에 나오는 AI 로봇과 다릅니다. 이 영화는 AI 로봇을 인간의 적 내지는 친구로 표현했던 할리우드 영화와는 다르게 로봇을 인간의 훌륭한 동반자나 동업자로 표현했습니다. 이러한 방향이 우리의 현실에서 AI를 수용하는 가장 바람직한 방법이 아닐까, 하는 생각이 듭니다.

AI 로봇을 대하는 바람직한 자세 : 적응형 자동화

적응형 자동화라는 개념이 있어요. 적응형 자동화는 인간이 AI를 수용하는 바람직한 예 중 하나입니다. 인간이 노동을 했을 때 얻는 수익이 100이고, 로봇이 노동을 했을 때 얻는 수익이 200이라고 한다면 자본가는 당연히 인간 대신 로봇을 투입할 것입니다. 하지만 인간과 로봇이 함께 일했을 때 300의 수익이 난다면 자본가는 자연스럽게 인간과 로봇 모두에게 일자리를 주겠지요. 즉 자본주의 체제에서 인간과 로봇을 함께 고용했을 때 모든 비용을 충당하고도 훨씬 더 많은 성과를 낼 수 있다면 그것은 고용주와 노동자, 더 나아가 사회 입장에서도 더 이득이 된다는 것입니다. 따라서 이와 같이 AI가 인간 노동자를 도와 더 큰 시너지 효과를 낼 수 있도록 만드는 개발 전략을 적응형 자동화라고 합니다.

우리 사회에는 AI 로봇을 접목할 수 있는 분야가 무궁무진하게 많습니다. 적응형 자동화는 AI를 그 분야에 반영시킬 때 어떠한 방향으로 최적화시켜야 할 것인지를 제시합니다. 이에 대한 구조를 설계하는 것은 오롯이 인간의 몫입니다. 즉 앞으로 우리 사회에 등장하는 바람직한 AI 로봇의 모습은 적응형 자동화의 개념을 바탕으로 구축해 나가야 합니다.

미국의 보잉사The Boeing Company는 오토파일럿 프로그램이라는 일종의 소프

트웨어를 개발하면서 적응형 자동화의 개념을 적용했습니다. 비행기 돌발 사고가 발생했을 때의 대처 능력은 인공지능보다 인간이 더 뛰어납니다. 사고라는 것은 항상 예기치 못한 변수들로 인해 발생하기 때문에 이러한 부분에서 임기응변적 대처 능력은 인간이 AI를 앞섭니다. 따라서 AI에게 모든 것을 맡기는 것보다 인공지능이 인간을 보완해 주고, 인간이 AI를 보완해 주는 상호 보완적 개념을 적용하는 것이 훨씬 더 효율적입니다.

점점 빨라지는 과학기술의 발전 속도

우리들이 쓰고 있는 휴대폰이나 데스크톱, 노트북 컴퓨터 같은 경우, CPU를 기준으로 봤을 때 5년 내지는 그보다 짧은 주기로 성능이 업그레이드되고 있습니다. 제가 처음으로 개인용 컴퓨터를 장만한 것이 1991년도입니다. 당시에는 LCD 같은 얇은 모니터가 아닌 텔레비전 브라운관같이 두꺼운 모니터에 흑백 그래픽이었습니다. 게다가 하드디스크의 용량은 40MB였습니다. 요즘에는 동영상 하나도 담지 못하는 용량이죠. 당시에 사용했던 CPU는 286AT였는데, 그 이후로 386, 486, 펜티엄 등 빠른 주기로 업그레이드된 CPU들이 쏟아져 나왔습니다. 이런 식으로 우리가 사용하는 과학기술은 몇 년을 주기로 빠르게 업그레이드되어 왔습니다.

컴퓨터뿐만 아니라 휴대폰도 마찬가지입니다. 2000년대 초까지 사용했던 휴대폰은 2G였습니다. 과학기술이 빠르게 발달하면서 스마트폰이 나오게 됐는데, 2G 휴대폰과 스마트폰은 서로 호환이 되지 않습니다. 이와 비슷한 일화로 제가 겪은 일이 있는데, 제가 예전에 번역했던 절판된 SF 책 하나가 있습니다. 몇 년 전 출판사에서 연락이 와서 그 절판된 책을 재출간하고 싶으니 과거에 번역했던 파일을 보내달라고 했습니다. 파일을 찾아보니 옛날에 사용했던 5.25인치 플로피 디스켓에 저장되어 있었습니다. 파일을 찾긴 했는데 CD도 잘 사용하지 않는 요즘 시대에 이 디스켓을 읽을 수 있는 방법이 없었죠. 수소문 끝에 용산 전자상가에 디스크를 읽을 수 있는 컴퓨터가 있다는 것을 알아냈습니다. 해당 가게를 방문해서 확인을 해봤더니 제가 가진 디스켓과는 또 다른 3.5인치짜리 디스켓 드라이브였습니다. 결국엔 저장된 파일을 읽지 못하고 아르바이트를 고용해서 다시 타이핑해야 했습니다. 즉 과학기술이라는 것이 불과 5년, 10년만 지나도 더 이상 호환이 되지 않을 정도로 빠르게 업그레이드되고 바뀐다는 것입니다.

이러한 현상은 20세기 이전에는 겪어보지 못한 일입니다. 따라서 과학기술 발달 속도가 인간의 생물학적 세대교체 주기인 평균수명을 추월하는 것이 바로 20세기 이후가 되는 것입니다. 20세기 이전의 역사에서는 과학기술이라는 것이 발전하지 않고 그 자리에 정체된 채로 머물러 있었습니다. 할아버지, 아버지, 아들, 손자 세대가 되도록 과학기술은 늘 그 자리에 비슷한 수준으로 머물러 있었기 때문에 과거의 역사에 대해 알고 있으면 미래를 충분히 예측할 수 있었습니다. 즉 농사를 짓는다거나 다른 노동을 할 때 필요한 과학기술이 몇 백 년, 몇 천 년이 지나도 늘 똑같았는데 20세기에 들어서면서 그러한 구조가 확 바뀐 것입니다. 예를 들어, 삼국시대 때 농사를 짓는 방법은 조선시대가 되어서도 변함없었습니다. 그 몇 천 년의 시간 동안 과학발전이 전무했다는 것입니다. 하지만 조선시대 말기로부터 불과 100년이 지난 20세기에 들어서는 농사를 위한 각종 기계들이 등장했습니다. 경운기, 트랙터, 이앙기와 같은 기계의 발전과 화학비료의 발전은 단위 면적당 생산 능력을 과거와 비교도 할 수 없을 만큼 증가시켰습니다. 또한 종자 자체에 유전공학을 가해 개량을 했습니다. 수확량이 기하급수적으로 늘어난 오늘날의 기아 문제는 더 이상 생산의 문제가 아닌 분배의 문제인 것입니다.

이처럼 과학기술이 급격히 발달한 20세기를 지나 현재 우리가 살고 있는 21세기는 과학기술이 더욱 더 빠르게 변화하고 있습니다. 그리고 여러분은 처음부터 이렇게 빠른 변화의 과정에 익숙하게 살아가고 있는 인류역사상 첫 세대입니다. 21세기에 태어난 세대는 휴대폰이나 컴퓨터가 빠르게 업그레이드되는 것을 매우 자연스럽게 여깁니다. 이러한 세대에 태어난 사람들이 앞으로 성인이 되어 우리 사회에 나와 경제활동을 하고, 정치적 투표권을 행사한다면 앞으로의 세상은 지금보다 훨씬 더 역동적으로 변화할 것입니다. 따라서 SF 분야의 가치는 앞으로 변화할 미래들을 전망하고 준비하는 것에 있다고 생각합니다.

우리나라 최초의 여성 비행기 조종사 권기옥 선생님이란 분이 계십니다. 권기옥 선생님은 20세기가 바로 시작된 1901년에 태어나셨습니다. 라이트 형제가 비행기를 처음 발명한 것이 1903년이기 때문에 이분이 태어나셨을 당시에는 비행기라는 것이 아예 존재하지 않았습니다. 한반도에서 처음으로 비행기가 이륙한 것이 1913년, 일제강점기 때 용산에 있는 일본군 기지 연병장이 있는 곳이었습니다. 권기옥 선생님은 독립운동을 위해 중국으로 가서 중국 육군 항공의 전투 조종사로 임명됐습니다. 이후에 여러 업적들을 쌓고 1988년에 돌아가셨는데, 1988년은 비행기가 전 세계의 하늘을 뒤덮는 것은 물론이고 아폴로 우주선이 달에까지 갔다 온 뒤입니다.

20세기는 한 인간의 일생이라고 하는 100년도 안 되는 짧은 기간에 급격한 과학기술적 발전을 경험하게 한 시대입니다. 태어날 때까지만 하더라도 세상에 비행기라는 것이 없었는데, 어느덧 비행기 조종사가 되어 평생을 살아가고, 나중에는 인간이 하늘을 나는 기술 혹은 그 과학기술이 우주 항공 공학 쪽으로 계속 발전해서 인간이 로켓 우주선을 타고 우주 밖까지 나갔다 들어오는 것이 가능한 세상이 되었습니다. 100년도 안 되는 이 짧은 기간에 말입니다. 그래서 20세기에서 21세기로 넘어오는 이 시기가 우리 인류 역사상 여태까지 한 번도 일어나지 않았던 굉장히 드라마틱한 시대라는 겁니다. 그리고 바로 그 시대를 저와 여러분이 사는 거죠.

이제부터 급격한 과학기술 발전의 시대에서 과연 우리 한국인이, 그리고 아시아인이 세계 현대사에서 어떠한 위상 내지는 역할을 차지하게 되었는지 의미심장한 이야기를 해드리겠습니다.

과학기술 문명은 누가 이끌어가는가

다음 사진은 1939년 미국의 뉴욕에서 열린 엑스포에서 제너럴모터스General Motors라는 회사에서 만든 전시관 '퓨처라마Futurama'의 모습을 보여줍니다. 앞에 보이는 이 긴 줄은 사람들이 서 있는 것입니다. 제너럴모터스는 자동차 회사입니다. 그럼 이렇게 줄 서 있는 사람들은 제너럴모터스 전시관 안에 들어가서 무엇을 봤을까요? 미래의 자동차나 미래의 콘셉트 자동차를 봤을까요?

이는 제너럴모터스의 전시관 내부에 설치된 미래 도시의 모형입니다. 하늘을 찌를 것 같은 마천루 빌딩들과 그 사이를 사방팔방 마치 바둑판처럼 격자무늬로 연결하는 도로망들의 모습이 놀랄 만큼 지금 우리가 사는 도시의 모습과 똑같습니다. 제너럴모터스는 자동차 회사인데 왜 미래 도시의 모형을 만들

Futurama by General Motors 1939 New York World's Fair

• 1936년 뉴욕 세계박람회 제너럴모터스사의 전시관 퓨처라마

어서 전시했을까요? 그때 당시 제너럴모터스가 장차 도시설계 사업을 하려고
구상하고 있었던 걸까요? 현재 제너럴모터스는 여전히 자동차만을 만듭니다.
도시계획은 하지 않아요. 그럼 이게 무슨 의미일까요? 제너럴모터스는 '우리
가 만들고 있는 이 자동차라는 제품을 앞으로 천년만년 판매하려면 어떻게 해
야 할까?'라는 생각을 한 거예요. 즉 사람들로 하여금 자동차를 사게 만드는
환경을 계속해서 보여주는 거죠. 그럼 도시의 모습이 그런 방향으로 발전이
되고 건설이 되겠죠?

　제너럴모터스는 한마디로 엄청나게 큰 그림을 그린 겁니다. 사실 생각해 보
면 저도 마찬가지이고 여러분도 마찬가지일 텐데, 이 세상에 태어나보니 도시

• 뉴욕세계박람회(1939) 제너럴모터스 전시관 '퓨처라마'에 설치된 미래 도시의 모형

• 퓨처라마 디오라마 디테일

의 모습은 이렇게 생겼습니다. 그런데 과연 과학기술이 발달한 도시의 모습이 이런 모습으로만 발전할 수밖에 없었을까요? 우리가 가지 않은 다른 방향으로 문명의 길이 펼쳐졌을 가능성은 과연 없었을까요? 제너럴모터스 회사에서 인간의 미래 도시가 이런 모습이 되어야 한다고 딱 제시한 이유는 도로가 잘 뚫려 있어 사람들이 자동차가 없으면 쉽게 이동할 수 없는 환경을 보여주려 한 것이었습니다. 그다음으로 제너럴모터스는 도시 모형과 함께 '하이웨이'라고 하는 고속도로의 모습을 보여주었습니다. 1939년 당시에는 아직 고속도로라는 것이 거의 없었는데, 사람들이 이 문명의 길을 직접 자동차로 운전하면서 운전이라는 행위 자체를 즐길 수 있는 미래의 모습이 건설될 것이라고 제시한 것입니다. 그래서 뚫려 있는 저 도로들을 이용해 누구든지 쉽게 자동차를 운전해 가고 싶은 곳을 맘대로 갈 수 있는 환경을 만들고자 했습니다. 그와 함께 계속해서 자동차에 대한 수요가 발생하게 되겠죠. 그뿐만 아니라 자동차를 만들기 위한 철강공업이나 기초적인 중공업의 수요, 더 나아가 자동차의 휘발유를 만들기 위한 석유자원의 수요가 발생하도록 설계한 것입니다. 또 자동차를

통해 어디든지 갈 수 있기 때문에 가는 곳마다 의식주를 즐길 수 있는 거대한 건축 공간들, 예를 들면 빌딩이라든가 아파트라든가 이런 대규모 건축 수요도 생기지요.

사실상 자본주의 시장경제가 점유하는 전 세계의 현재 과학기술문명의 모습은 19세기에서 20세기 미국과 유럽의 거대 인프라를 소유한 자본가들이 설계하고 제시한 대로 흘러온 것입니다. 우리나라를 포함한 제3세계 국가들은 이를 아무 생각 없이 무비판적으로 수용한 것이죠. 그리고 이미 우리는 선진국의 자본가들이 만들어놓은 문명 패러다임이라는 프레임 속에 들어가 있기 때문에 여기에서 벗어나 우리만의 독자적인 과학기술문명의 다른 모습, 다른 세계의 가능성을 미처 생각해 보지도 못하고 있는 거죠. 그렇다면 이와 같은 과학기술문명 패러다임이 앞으로도 천년만년 유효할 것인가? 이것이 21세기 우리 인류의 주요 고민 중 하나가 되었습니다.

다음 사진은 세계적으로 유명한 경제경영 잡지 ≪포브스≫에 실렸던 자료입니다. 왼쪽 그림의 블록은 미국이 1901년부터 2000년까지 20세기 내내 100년 동안 소비한 콘크리트의 양을 나타낸 것입니다. 오른쪽 블록은 왼쪽에 보이는 블록의 1.5배입니다. 이는 중국이 2011년부터 2013년까지 딱 3년 동안 소비한 콘크리트의 양입니다. 중국은 미국이라는 큰 나라에서 100년 동안 소비한 콘크리트양의 1.5배를 3년도 안 된 기간 동안 소비했습니다. 콘크리트라고 하는 한 가지만 봐도 현재 인류의 문명은 무지막지하게 자원을 소비하고 있습니다. 과연 이런 식의 대량생산, 대량 소비, 대량 폐기물이 계속해서 순환하게 된다면 앞으로의 문명은 천년만년 유효할 수 있을까요? 여러분도 다들 짐작하시다시피 유효하지 않죠. 어떤 사람은 이렇게 말하더군요. 지금 중국 모든 인구가 미국 사람들이 현재 누리고 있는 것만큼의 생활수준을 따라가려

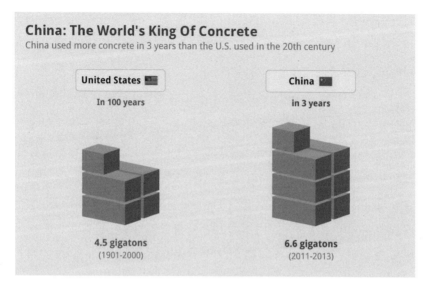

China: The World's King Of Concrete
China used more concrete in 3 years than the U.S. used in the 20th century

United States 🇺🇸	China 🇨🇳
In 100 years	in 3 years
4.5 gigatons	6.6 gigatons
(1901-2000)	(2011-2013)

- 중국이 2011년부터 2013년까지 3년간 소비한 콘크리트 양이, 미국이 20세기 100년간 소비한 콘크리트 양보다 많다.

자료: Forbes, statista

면 지구가 3개 필요하다고요. 다시 말해 불가능하다는 거죠. 그렇기에 이제는 과학기술의 힘으로 지속했던 문명의 패러다임 속에서 철학적 변환이 이루어져야 하는 시기라는 것이죠. 그렇다면 도대체 그 대안은 무엇일까요?

지속 가능한 문명, 공유경제와 적정기술

그 대안이 바로 공유경제와 적정기술입니다. 공유경제란 필요한 물건들을 몇몇 사람들과 공유해서 사용하는 것을 말합니다. 현재 공유경제라는 키워드가 주목을 받는데요. 앞으로 사람들이 어떤 새로운 공유경제 모델을 만들어낼지 기대가 됩니다. 적정기술이란 하이테크냐 로테크냐 상관없이 제작비와 유지비를 최소화하는 방향을 이야기합니다.

1979년 당시에는 250메가짜리 하드디스크가 엄청나게 커서 사람 혼자서는 움직일 수가 없었습니다. 그런데 지금은 여러분도 아시다시피 손바닥 위에 있는 손톱만한 sd 카드가 2013년 기준으로 16기가죠. 이런 식으로 낮은 생산비, 제작비, 유지비로 성능은 오히려 더 발전하는 게 적정기술화 되어가는 과학기술의 방향입니다. 옛날부터 훨씬 더 많은 혜택을 누리면서도 에너지는 더 적게 쓰고 유지비나 생산비도 더 적게 드는 방향으로 기술이 발전하게 되면 더 이상 그렇게 무지막지하게 대량 에너지를 소비하고 낭비하고 폐기처분하는 식의 과학기술적 생산, 소비 습관도 좀 바뀌겠죠. 이런 식으로 해서 차근차근 풀어나가야 하는 거죠.

과학기술이 만들어준 디스토피아와 유토피아

20세기 초까지 유럽 사람들은 미래의 과학기술적 유토피아를 꿈꿨습니다. 하늘을 찌를 듯한 거대한 빌딩들, 하늘을 나는 자가용 비행차들 이런 것들이죠. 그 당시 사람들은 과학기술이 인간들에게는 장밋빛 유토피아를 안겨줄 것이라고 생각한 겁니다. 20세기 전반기까지 그랬는데 진짜로 장미꽃이 피었어요. 엄청나게 큰 장미꽃이 피었죠. 제2차 대전 말에 히로시마하고 나가사키에 떨어진 원자폭탄이에요. 인류가 원자폭탄을 겪은 후 비로소 과학기술에 대해 맹목적인 낙관에서 벗어나 의심과 불안을 갖게 된 거예요. '과학기술이 마냥 좋은 것만은 아니다', '잘못 다루다가는 우리 스스로 발등을 찍는 것을 넘어 막다른 자멸의 길로 들어설 수도 있겠구나'라고 생각한 거죠. 핵전쟁은 사실 20세기 냉전 시대에 전 세계 사람들을 괴롭혔던 공포거든요. 실제로 전쟁 후 폐허가 된 지옥 같은 미래 사회를 묘사한 SF도 많이 있었고요. 그래서 1945년 이후 20세기 후반부터 지금까지 과학기술이 안겨 줄 미래에 대해 의심과 불안을 갖고 온 거죠.

이런 게 바로 인간들이 과학기술에 대해 갖게 되는 이중적인 태도예요. 그렇다면 여기서 SF란? 과학기술이 우리 인간들한테 가져다주는 의심과 불안을 스토리텔링 형태로 보여주는 것이죠. 제가 많이 듣는 질문 중 하나가 '왜 SF는 하나같이 미래를 어둡고 암울하게 묘사하나요?'라는 거예요. SF 장르가 정말로 우리의 미래를 비관적으로 봐서 그런 게 아니라 어떻게 보면 문학적인 하나의 반어법적 표현이자 수사학적 방법인 거죠. 지금 현재 인류의 문명이 여러 가지 많은 문제점이 있는데 우리가 미리 대비하고 극복하려고 하지 않으면 미래는 암울할 수밖에 없다는 이야기를 디스토피아 스토리로 전하고 있는 겁니다. 정말로 그런 세상이 되기를 바라거나 기대를 해서가 아니고요. 중요한 건 과학기술이 우리한테 재미있고 희망적인 전망만을 주는 게 아니라 오히려 큰 위험이 될 수 있다는 것입니다. 그리고 그것을 SF 작가들, SF 영화를 만드는 사람들이 스토리텔링 형태로 보여주는 것이고요.

사실은 SF뿐만이 아니라 모든 문화 예술 창작자들은 항상 자기가 사는 시대에 대해 예민한 촉을 가지고 있어요. 모든 사람이 예스라고 할 때 한 번쯤은 의심을 하고 있다는 거죠. 모든 사람이 다 이 길로 가고 있는데, 과연 맞는 걸까? 한 번쯤은 의심해 보고 뒤돌아보고 주변을 살펴본다는 말이에요.

다음으로 어떤 책을 소개하려 합니다. 1932년도에 영국의 어떤 소설가가 모든 사람이 과학기술의 유토피아를 꿈꿀 때 반대로 과연 그럴까라는 의심을 던지며 미래 사회에 대해 소설을 썼죠. 이 소설은 1932년 올더스 헉슬리Aldous Huxley가 쓴 『멋진 신세계』입니다. 그 소설을 보면 공장에서 유전공학 기술로 아기가 태어납니다. 그리고 공장에서 키워지고 태어나기 전부터 유전자 조작을 당했기 때문에 지배계급, 노동계급이 나뉘어 그 계급에 맞춰 살아갑니다. 그래서 이 소설의 주인공이 멋진 신세계에 들어와 좌충우돌하다가 여러 일을 겪으면서 사회에 대한 새로운 통찰을 주는 그런 이야기입니다. 소설에서 처음에는 이 세계가 유토피아처럼 보입니다. 하지만 읽다 보면 '이게 아닌데'라는 생각이 계속해서 들죠.

미래 과학기술에 대한 치열한 고민, SF로 시작하다

이미 전기, 전자공학 쪽보다 훨씬 발전되었지만 사회적으로 수용할 준비가 되어 있지 않아 우리가 아직까지 느끼지 못하고 있는 과학기술 분야가 있어요. 바로 생물유전공학입니다. 세계 최초의 시험관 아기는 1978년도 영국에서 태어난 루이즈 브라운Louise Brown이라는 여자아이예요. 여자와 남자가 만나서 정상적으로 관계하는데도 아기가 생기지 않으면 시험관 아기를 통해 2세를 낳죠. 우리나라 최초 시험관 아기는 1985년에 이란성 쌍둥이 남매로 태어났어요. 지금은 우리나라도 시험관 아기 시술 건수도 굉장히 많고 전 세계적으로 성공률도 높은 나라 중 하나죠. 사실 이 성공률이라는 게 상대적으로 그렇다는 겁니다. 이 시험관 아기는 현재도 경제적으로, 특히 여성들에게는 육체적으로 굉장히 부담스러운 수술입니다. 지금 시험관 아기를 연구했다면 그때처럼 아이가 쉽게 태어날 수 없었을 거예요. 왜냐하면 지금은 그때보다 훨씬 더 과학윤리 문제에 엄격하거든요. 아이가 태어나는 데 한 번에 성공했을까요? 수없이 많은 실패를 겪었겠죠? 여성의 몸에서 난자를 꺼내고 남자의 몸에서 정자를 꺼내 시험관에서 인공적으로 수정시키고 이것을 다시 몸 안에 집어넣어 착상을 시키는 거예요. 그래서 열 달 동안 엄마 뱃속에서 키워 신생아를 출산합니다.

1978년 당시에 시험관 아기를 연구했던 의학자나 과학자들 처지에서 생각해 보면, 과연 인류가 수만 년 동안 2세를 얻어온 방법과 다르게 사람의 몸 안에서 난자와 정자를 꺼내고 시험관에서 아기를 수정시키고 다시 사람 몸에 넣는 이 과정들이 안전하다고 확신했을까요? '이런 방법으로 해도 아무런 문제가 없는 정상적인 인간 아이가 태어날까'라는 고민을 하면서 굉장히 조마조마하면서 이 연구를 했겠죠. 다행히 태어난 아이들을 보니까 멀쩡했지만, 이것으로 끝이 아니죠. 자라는 과정에서 갑자기 돌연변이가 발생하고 이상한 증상이 나타날 수도 있고 이런 거는 전혀 알 수 없는 문제거든요. 그런데 현재까지는 시험관 아기 시술은 아무런 문제가 없다고 받아들이고 있죠. 인류 역사에서 이런 방법으로 2세를 얻은 것은 불과 40여 년밖에 안 됐어요.

그렇지만 이 방법으로도 2세를 얻지 못하는 부부들이 지구상에 많이 있어요. 그분들이 또 2세를 얻을 방법이 나왔어요. 그게 바로 줄기세포를 통한 인간 복제입니다. 만능세포라고도 부르죠. 만능세포라고 하는 이유가 신체의 어떤 부류 세포든지 이 세포로 변화 발전할 수 있다는 이야기예요. 그래서 이 줄기세포를 가지고 태아가 될 수 있는 수정란으로 배양이 가능하다는 거죠. 그런데 이것은 시험관 아기 시술과는 비교조차 할 수 없을 정도로 굉장히 중대한 사건입니다. 단성생식이라고 하는, 시험관 아기 시술과는 차원이 다른 중

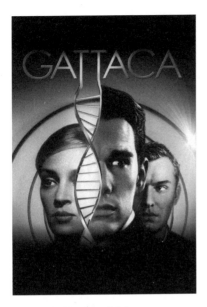

● 1997년 개봉한 영화 〈가타카〉

요한 문제예요. 그러다 보니 기술적으로는 발전했지만, 전 세계 어느 나라도 아직은 허용을 안 하는 겁니다. 우리가 쉽게 수용해도 되는 건지 사회적으로, 철학적으로, 인문학적으로 더 치열하게 고민해야 하는 문제입니다.

〈가타카Gattaca〉라는 영화 아시나요? 유전공학과 관련해 이 영화만큼 가까운 미래에 벌어질 일들을 잘 묘사한 영화는 없습니다. 이 영화에 유전자 맞춤 아기가 나옵니다. 수정란 4개를 쓰는 것까지는 현재도 이루어지고 있는 시험관 아기 시술인데 거기에 더해 수정란 단계에서 수정란의 유전자를 조작해 나쁜 인자들을 제거하는 모습을 보여주죠. 이게 바로 유전자 맞춤 아기인데 얼마 전에 중국에서 실제로 유전자 맞춤 아기가 태어났어요. 그래서 중국 정부를 포함한 전 세계에서 그 유전자 맞춤 아기를 태어나게 한 과학자들에게 엄청난 비난을 퍼부었습니다. 이런 경우는 서로 눈치를 보면서 누군가가 저질러주기를 기다리는 경우가 많거든요. 이제 한번 시작했기 때문에 앞으로 유전자 맞춤 아기 탄생은 어떻게 보면 시간문제예요.

그래서 여러분에게 물어보고 싶은 게 있어요. 10년 정도 안에 여러분이 아이를 낳을 경우 유전자 맞춤 아기 시술을 내가 받을 수 있는 상황이 된다면 나의 2세를 위해 유전자 맞춤 아기를 낳고 싶다는 분 있을까요? 혹시라도 여러분의 2세가 특별한 유전성 질환에 선천적으로 취약한 유전자로 태어날 수밖에 없다, 그냥 태어나면 이 아이는 제 명에 못 살고 일찍 죽을 수 있다는 게 확실하다 해도 나는 유전자 시술을 안 받고 자연적인 유전자로만 태어나게 하겠다는 분 있을까요? 이런 것이 딜레마고 정답이 없다는 거예요.

인류 역사상 아무도 이 문제에 대해 고민해 본 적 없고 아무도 이런 문제에 명확하게 정답이라고 정한 게 없어요. 우리 선택의 문제예요. 인류 복지 차원에서 봤을 때 선천적으로 취약한 유전성 질환 유전자를 가지고 있는 아이의 유전자를 유전자 조작 시술을 통해서 제거하고 태어나게 하는 것은 인간적인 도리잖아요? 특별히 어떤 가족 병력을 갖고 있는 사람도 있잖아요. 제 친구만 해도 술은 입에도 안 대는데 그 친구 집안이 선천적으로 간이 안 좋아서 건강검진 받으면 늘 간이 안 좋다고 해요. 이런 식으로 사람들마다 가족력 같은 게 있을 수 있어요. 건강상 특정한 취약성을 가진 유전자가 있다는 거죠. 그런데 유전자 조작 시술로 이걸 보완해 태어나게 할 수 있고 그게 만약 사회적으로 허용이 된다면, 한두 명 받기 시작하면서 금방 퍼지죠.

유전자 조작 시술로 남들보다 더 지능도 뛰어나고 의욕도 뛰어나고 심지어 얼굴도 멋있고 예쁘게 하는 게 가능하다면 그건 사회적으로 엄격하게 규제하겠죠. 하지만 의료복지의 필요성 때문에 유전성 질환 유전자를 제거하는 걸 제한적으로 허용하기 시작한다면, 우리 인간의 속성상 권력이 있는 사람들이 유전자 치료를 한다는 명목하에 키도 키우고 지능도 좋은 유전자들을 살짝 좀 같이 해달라는 식으로 그렇게 될 수밖에 없거든요. 결국 태어날 때부터 생물학적으로도 계층 계급이 정해진 채로 태어날 수밖에 없는 거죠. 그게 아마 한두 세대 정도만 지나면 정말 『멋진 신세계』에 나오는 것처럼 외향적으로도 확연히 차이가 나는 계층으로 나뉠 수도 있어요. 이게 과학기술의 무서운 점이죠. 이런 시회에서 과연 우리는 어떻게 현명하게 대처할 수 있을까요? 무조건 반대하고 금지할 수만도 없고 그렇다고 완전히 허용할 수도 없죠. 그렇다면 어떻게 해야 할까요? 이런 다양한 가능성을 스토리텔링 형태로 미리 탐구해 보는 것이 바로 SF예요. 그래서 여러분의 미래가 궁금하고 앞으로 우리가 살아갈 사회가 궁금하다면 SF에서 다루고 있는 수많은 시나리오들을 미리 한번 검토해 보고 한번 살펴보는 것이 도움이 될 겁니다.

20세기에 가장 유명했던 미래학자 앨빈 토플러Alvin Toffler라는 분이 하신 말씀 중 이런 게 있어요. "학교에서는 과거 역사 과목을 가르치면서 왜 미래에 대해서는 가르치질 않는가?" 과학기술이 늘 정체되었던 20세기 이전 시대에는 과거만 가르쳐도 무방했는데 20세기 이후에는 과학기술이 계속 발전하기 때문에 더 이상 과거만 알아서는 소용이 없으며 다가올 미래에 대해서도 어떤 식으로든 준비해야 한다는 이야기를 하셨어요. 그래서 이분이 이렇게 주장했어요. "SF를 학교에서 아이들에게 가르쳐야 한다." 왜냐하면 SF는 기본적으로 엔터테인먼트고 문화 예술 콘텐츠이기도 하지만 그와 동시에 미래 사회학이기도 하기 때문이죠. 아이들이 SF를 보면서 거기에 나오는 우주선, 타임머신, AI로봇, 유전공학 기타 등등 이런 많은 것들을 재미로 보면서 은연중 '미래 사회에 내가 어른이 되면 이런 것들이 실제 현실이구나'라는 생각을 동시에 하게 되죠. 여기서 중요한 것은 미래 사회를 전망하는 것이 아니라 미래의 과학기술이 우리에게 정치적, 사회적, 심리적, 윤리적으로 어떻게 영향을 미칠 것인가? 이걸 고민하게 하는 게 SF라는 거예요. 그렇기 때문에 우리가 SF를 봐야 하고 또는 SF를 보지 않아도 시공간적 시야를 넓히는 것이 중요하다는 이야기입니다.

질의응답

지금의 나를 만들어준 SF 작품을 꼽는다면?

남자아이 같은 경우 통과의례로 아동용으로 축약된 SF 소설을 최소 몇 편씩은 보게 되는 거 같아요. 『해저 2만리』라든가, 『타임머신』이라든 가. 누구든 어렸을 때 한 번씩은 봤을 거예요. 어릴 적 저는 그런 이야 기들이 재미있어서 더 찾아 읽다가, 소위 말하는 '중2병' 시절에 성인용 으로 완역된 SF 소설을 하나 읽었는데, 이 작품이 저에게는 굉장히 인 상 깊었어요. 바로 아서 클라크Arthur C. Clarke의 『지구유년기 끝날 때』라 는 작품인데, 지금은 아마 '유년기의 끝' 아니면 '유년기의 종말'이라는 제목으로 번역이 되어 있을 거예요. 제가 읽었던 건 제목에 한자가 섞 여 있고 세로쓰기로 조판된 동서추리문고라는 문고판 책이었어요. 어 렸을 때 읽었던 SF는 외계인이나 괴물이 나오고, 그 외계인이나 괴물을 무찌르는 지구인 영웅 이야기, 그것도 알고 보면 다 서양 백인인 이야기 였죠. 하지만 이 작품은 인류 전체가 지구 그 자체를 완전히 파괴시켜 버릴 정도로 엄청난 규모의 우주적인 진화 과정을 겪는데 이를 제3자 내지는 관리자의, 가상의 외계인 입장에서 서술한 책이었어요. 그 과정 에서 다양하게 묘사된 여러 인간들의 모습도 인상적이었죠. 어차피 구 인류는 이제 끝이니까 죽기 전에 예술과 문화를 사랑하는 사람끼리 모 여서 죽을 때까지 우리만의 예술 문화적인 유토피아를 이루어봅시다 하는 부분도 있고, 과거 인류가 가지고 있던 전통적인 기억이 사실 미래 로부터 온 것이 아니었는가 하는 식으로 시공간을 역전시키는 새로운 문화적 접근도 나옵니다. 아서 클라크는 『2001년 우주의 오디세이2001: A Space Odyssey』라는 소설을 쓴 작가입니다. 세계적으로 유명한 SF 작가 중 한 명이고, 10년 전쯤 세상을 떠났는데, 저는 아서 클라크의 『유년기의 끝』이라는 작품이 인상적이었습니다.

대학생이 되고 나서 그전까지 SF라고 미처 생각 못 했던 작품들이 알고 보니 SF 장르였단 걸 알게 되었는데 그런 작품들이 많았어요. 저는 소위 말하는 386세대입니다. 지금은 나이가 들어 486에서 586이 됐지만, 어쨌든 1980년대에 대학을 다니면서 제5공화국 정부 당시 사회과학적으로 엄청난 인식의 변화를 겪었던 세대입니다. 그때까지는 조지 오웰 George Orwell의 『1984』라든가, 올더스 헉슬리의 『멋진 신세계』 같은 작품을 SF라고 생각하지 않았었는데, 알고 보니 해외 문학계에서는 모두 유토피아, 디스토피아, 미래 소설로, SF 소설의 하위 갈래 중 하나였다는 사실을 알게 됐습니다. 그 사실을 알고 나서 SF라는 것이 우리 사회가 변화하는 데에 나름 기여할 바가 있지 않을까, 라고 생각하고 열심히 의식적으로 SF를 찾아 읽고 관련 평론서 같은 걸 찾아보고 그랬어요.

그때 굉장히 인상 깊게 읽은 소설 중 하나가 잭 런던Jack London이라는 미국 소설가의 『강철 군화』입니다. 이 소설은 1990년대 초 우리나라에 처음 번역판이 나왔고, 그 당시 우리나라 대학생 사이에서 어마어마한 베스트셀러가 됐어요. 19세기 말 20세기 초, 미국 노동 운동사를 배경으로 그때 당시의 치열했던 기록이 몇 백 년 뒤 미래 사회에 재발견이 되었다는 식의 설정을 취한 일종의 액자형 미래 소설입니다. 이 소설이 굉장히 재미있었어요. 잭 런던이라는 소설가가 재미있는 스토리텔링에 능한 사람이에요. 또 한 가지는 소설에서 묘사되고 있는 과학자의 모습

중 '시험관에만 코를 처박고 있는 과학자'라는 표현이 있었는데, 그 표현이 저한테 굉장히 와닿았어요. "나는 그냥 과학기술만 열심히 연구하면 돼"라고 생각하면서 사회문제에 무관심한 과학기술자들이 예나 지금이나 많아요. 하지만 이는 바람직하지 않아요. 그런 면에서 자본가에 이용당하기만 하는 과학자가 될 수밖에 없다는 상징적인 표현으로 '시험관에만 코를 처박고 있는 과학자'라는 표현이 소설에서 참 인상적이었어요. 앞서 말한 이 두 편이 제가 SF에 확 빠져들게 한 작품입니다. 한 가지 더 추가하자면, 제가 SF 전문 출판사를 맡아서 할 때 출판사 브랜드 이름을 '오멜라스'라고 직접 정했습니다. 오멜라스라는 이름이 어디서 왔는지 설명할게요. 어슐러 르 귄Ursula Le Guin이라는, 몇 년 전에 세상을 떠난 미국의 SF 판타지 작가분이 있어요. 그분의 아주 짧은 소설 중에 「오멜라스에서 떠나는 사람들」이라는 단편이 있죠. 이 소설은 마이클 샌델Michael Sandel이 쓴 『정의란 무엇인가』라는 책에서도 인용하고 있고, 방탄소년단 뮤직비디오에도 갑자기 오멜라스가 나와 한동안 「오멜라스에서 떠나는 사람들」이 들어간 책 판매고가 올라갔다는 소식을 들었습니다. 「오멜라스에서 떠나는 사람들」에 대해 간단히 얘기하자면, 인간 세상의 축소판 같은 가상의 오멜라스라는 도시 국가를 배경으로 인간이 사회적으로 가지고 있는 어떤 원죄 내지는 모순을 언제까지 무시하면서 착한 척 살아갈 수 있을까라는 질문을 던지는 작품이에요. 그래서 마이클 샌델도 자신의 저작을 통해 이 작품에서 벌어지고 있는 상황에 대해서 독자로 하여금 어떻게 하는 것이 옳은 것인지 선택을 고민하도록 했습니다. 이런 작품들로 인해 저는 점점 더 SF가 세상과 우주를 보는 굉장히 의미심장한 하나의 중요한 시각이라고 생각합니다.

인공지능 로봇의 인권도 인정되어야 할까요.

저는 원칙적으로 인공지능의 권리를 존중해야 한다고 생각합니다. 왜냐하면 인공지능이 발전할수록 SF 영화에서 흔히 볼 수 있는 인간과 비슷하게 생긴 인간형 로봇이 나올 가능성이 높습니다. 그러한 인간처럼 생긴 어떠한 존재를 인간이 함부로 다루는 것을 사회적으로 허용하게 되면 그게 인간한테 되돌아온다고 생각해요. 인공지능 로봇은 점점 인간에게 가까워지는 방향으로 발전하겠지만, 사실 동시에 인간도 인공지능 로봇 쪽으로 더 다가가는 방향이 지금 진행되고 있습니다. 이를 인간과 기계가 결합된 '사이보그'라고도 하죠. 예전에는 의족이나 의수를 기존에 없는 부분과 비슷하거나 똑같이 만든 것에만 그쳤지만, 지금은 의족이나 의수 자체에 인공지능 프로세서가 달리고 세부적인 모터가 달리기 시작했어요. 유튜브에서 유명한 영상 중 하나가 있어요. 발레리나처럼 굉장히 아름답게 춤을 추는 여성분이 춤을 추고 나서 마지막에 자신의 다리를 보여주는데 다리가 알고 보니 의족이었습니다. 이분은 실제 장애로 자신의 다리를 의족으로 바꿨지만 마치 자기의 액세서리를 바꿔 끼듯이 상황에 따라 의족을 바꿔요. 춤을 출 때 다는 의족이 있고, 겉보기에는 실제 인간의 다리와 구분이 안 될 정도로 예쁜 의족도 있고, 일상생활하면서 편하게 쓰는 의족도 따로 있어요. 이렇게 인간과 기계가 결합된 것을 사이보그라고 하는데, 우리 인간들은 사이보그화될 가능성이 높습니다. 인공신장이라든가 인공의안 이런 것들은 점점 좋은 제품이 되어서 나올 거예요. 문제는 원래 인간이 태어날 때부터 가지고 있던 타고난 인체보다 훨씬 더 뛰어난 기능을 할 수 있는 인공 기계 부속이나 인체 부속들이 나오기 시작할 거란 것입니다. 패럴림픽 선수 중에 인간의 능력보다 더 빨리 뛸 수 있는 선수가 나올 수도 있기 때문에, 스포츠 종목에서도 의족을 어디까지 허용해야 할 것인가에 대한 문제제기가 나온 바 있어요. 또한 인공 신체 부품을 착용한 사람과 사람처럼 생긴 로봇이 얼핏 보기에 구별이 안 돼서 로봇인 줄 알고 때렸는데, 알고 보니 로봇이 아니라 인간이라는 상황이 나올 수가 있어요. 이러한 위험 때문에라도 인간처럼 생긴 것, 그리고 인간처럼 사고하고 대화할 수 있는 인공지능에 대해서는 최소한의 존중이 필요하다고 생각합니다. 인간이 인간 스스로 존중받기 위해서 인간과 비슷한 존재도 존중을 해줘야 한다는 논리예요. 우리가 반려동물을 함부로 하면 안 되는 것과 같은 맥락이라고 볼 수 있습니다.

현대 SF의 문제점과, 극복을 위한 변화의 필요성이 있다면?

과학기술이 너무 빠르게 발달하다 보니 SF라는 장르의 정체성이 흔들린다는 이야기가 오래전부터 많이 나왔습니다. 옛날에는 미래 사회의 새로운 과학기술을 묘사하면 그대로 SF가 됐지만 요즘은 불과 몇 년 전만 해도 SF에 등장할 것처럼 묘사했던 것들이 조금 세월이 흐르고 나니 더 이상 SF가 아닌 현실이 되어버린 경우가 계속 일어나고 있습니다. 1990년대 초에 나왔던 『스노우 크래쉬』라는 소설에 나오는 가상현실 속에서 나를 표현하는 아바타라고 하는 것도 현실이 된 지 오래죠. 1970년대 한국 소설에서 휴대폰을 가지고 연인들이 서로 소통하는 장면을 묘사했다면 그 시대에는 SF 소설이었겠지만, 지금은 일상으로 묘사가 되고 있죠. 휴대폰이 나오고 안 나오고가 중요한 것이 아니라 휴대폰이 있음으로 해서 사람들의 소통 양상이 변했다는 것이 중요한 거예요. 옛날에는 "우리 10년 뒤에 느티나무 아래에서 만나요"라고 약속한 후 10년 뒤에 느티나무를 찾아갔지만 연인이 안 나왔더라, 연인이 중간에 교통사고를 당한 거였지만 나는 그 사실을 모르고 연인이 나를 싫어하게 됐다고 생각해서 평생 연인을 잊고 살았다는 식의 이야기가 종종 나왔었습니다. 하지만 현대에는 카톡이나 SNS, 이메일을 통해서 계속 소통하는 것이 당연한 세상이 됐기 때문에 이런 이야기는 더 이상 나올 수가 없지요.

SF 분야뿐만 아니라 어느 분야를 막론하고 당대 가장 통속적인 재미와 통속적인 스토리텔링을 가장 잘 어필하는 작품들이 인기를 얻어요. 그럼에도 미래 사회의 진지한 사회학적 혹은 철학적 통찰이나 고민을 담은 작품들이 여전히 끊이지 않고 늘 나와줘야만 하는데 우리나라는 아쉽게도 SF 문학 시장 자체가 크지 않아서 사회학적, 과학적 통찰을 담은 SF가 설 자리가 안정적이지 않아요. 다행히도 정부나 여러 기관이나 기업에서 SF 분야의 신인 작가들을 뽑는 공모전이라든가 관련된 사업에 지원을 하는 제도가 있어서 우리나라 SF계는 이런 지원을 적극적으로 배치하는 방법으로 명맥을 유지하고는 있습니다. 〈어벤져스〉나 마블유니버스 작품들은 물론 상업적으로 크게 성공하고 많은 분들이 즐기고 있다는 것을 저도 잘 알고 있지만, 사실 할리우드에서 이런 작품들만 나오는 것은 아닙니다. 〈인터스텔라〉 같은 작품도 굉장히 유익하고, 〈그녀〉와 같이 상대적으로 저예산이지만 깊이 있는 메시지를 담은 SF들도 지속적으로 나오고 있습니다. 우리나라도 옛날보다는 영화계에서도 SF에 더 관심을 가지고 있습니다. 그렇기 때문에 SF 전망이 그렇게 어둡지는 않아요. 옛날보다는 점점 나아지고 있으니, 기대를 갖고 국내에서 창작되는 SF에도 적극적인 관심을 갖는 것이 필요합니다.

3

드라마에서
찾는 인생

박해영

IMF 경제위기 당시 다니던 직장이 사라진 후 작가 공부를 했다. 〈LA아리랑〉을 시작으로 오랫동안 시트콤 작가로 일했다. JTBC 개국 당시 〈청담동 살아요〉를 집필했으나 시청률 바닥을 치는 실패를 겪었다. 이후 2016년 tvN에서 방송한 〈또! 오해영〉이 큰 인기를 모으고 2018년 〈나의 아저씨〉가 대박을 치며 아시아콘텐츠어워즈에서 작가상을 수상하기도 했다. 성공회대학교 문화대학원을 수료했다.

"소설을 보면, 잘난 척한다, 인간을 사랑한다, 따뜻하다, 사랑스럽다, 이런 게 있잖아요. 어쩔 수 없이 글을 받아보면 이 사람이 어떤 심리로 쓰는지 느껴져요. 그게 TV 브라운관을 통과해도 느껴져요. 내가 지금 잘난 척하는 건지, 사람을 웃겨주려는 건지, 슬프게 만들려는 건지, 미스터리로 몰아가는 건지 보시는 분이 다 알아요. 숨길 수 없어요."

아무도 몰랐던 시절의 박해영

반갑습니다. 인터뷰 때 학생들이 팬이라고 얘기해 줬어요. 그래서 저는 "저를 언제부터 알았다고 팬이세요?"라고 되물었습니다. 여러분들이 저를 알게 된 〈또! 오해영〉이 2016년에 방영했으니까 3년밖에 안 됐어요. 그 이전에도 저는 극을 열심히 썼거든요. 여러분은 어느 날 갑자기 박해영이 2016년에 쓴 〈또! 오해영〉이라는 드라마를 보고 눈에 띄어서 알게 되었겠지만 사실 저는 20년간 글을 써왔습니다. 1998년도부터 꾸준히 글을 써왔는데 빛을 봤다고 혹은 사람들이 알아줬다고 말할 수 있는 시기는 2016년이었습니다. 그래서 2016년 이전의 제 얘기를 해드리는 게 저에 대해서 이해하고 제 글을 이해하고 드라마 세계를 이해하는 데에 조금 도움이 되지 않을까 싶어서 여러분이 몰랐던 시절의 저에 대한 얘기를 짧게 해드리겠습니다.

저는 91학번인데 1997년에 IMF 경제위기 사태가 왔습니다. 91학번 제 또래들은 다 직장이 없어지는 경험이 있을 거예요. 1997년도에 제가 다니던 회사가 부도나면서 알았어요. 평생직장이라는 게 없다는 걸. 평생 직업을 찾아야한다는 걸 알게 되었는데 막상 제가 뭘 해야 할지 몰라서 그냥 가만히 있었어요. 그런데 당시 카메라맨 하던 동네 친구가 저한테 뜬금없이 작가를 해보라고 했어요. 교육원 가서 교육받고 작가 하라고. 1997년 스물일곱 살, 그때까지 저는 평생 제가 작가를 할 거라고 상상해 본 적이 없어요. 글짓기 대회 나가서 상을 받아본 적도 없어요. 글 잘 쓴다는 이야기는 그냥 작은 언니가 제가 쓴 시 읽고 좋아했던 기억 정도가 다인데 상도 받아보지 않은 사람이 무슨 글로 먹고사나 했어요. 그런데 희한하게 그 친구 말을 듣고 뭐라도 해야겠으니까 가진 돈 탈탈 털어서 작가교육원에 등록하고 6개월간 교육을 받았어요. 그리고

운 좋게 작가교육원 수강생 60명 중에서 최우수상을 받고 졸업을 했어요.

덕분에 1순위로 취업을 할 수 있게 됐는데 그때 담당 교수님이 다큐멘터리계의 대모라고 불리시는 김옥영 선생님이셨어요. 전 그분 밑에서 다큐멘터리를 하고 싶어서 정말 열심히 썼고, 졸업 작품으로도 다큐멘터리를 썼어요. 그런데 그 교육원 프로그램이 좀 특별해서 학생들이 모든 장르에 다 손을 대보게 했어요. 코미디, 쇼, 드라마, 교양, 다 써보게 했어요. 그러던 중 대뜸 교수님이 저한테 〈LA아리랑〉으로 가라고 하시더라고요. 〈LA아리랑〉은 당시 인기 있던 시트콤이었어요. 정말 의외였던 게 저는 그 프로그램을 재밌어하지도 않았어요. 저는 코미디를 할 수 있는 사람도 아니고 없는 얘기를 만들어 쓰는 사람이 아니었어요. 저는 자료조사 열심히 해서 철학적으로 꿰든가 논리적으로 꿰는 교양 다큐멘터리를 하는 삶을 생각했지 드라마 쪽은 상상도 안 해봤거든요. 그런데 교수님이 그러시더라고요. 제가 짧은 콩트를 하나 썼었는데 그게 재미있었고 극이 맞으니까 극으로 가라고 하셨어요. 그래서 〈LA아리랑〉 들어갔는데 솔직히 말씀드리면 그때 선배님한테 많은 도움을 받기도 했지만 몰래 공채 시험 보러 돌아다녔어요. 다행인지 불행인지 다 떨어졌어요. 2차 가서 떨어지고 3차 가서 떨어지고 계속 떨어지니까 어쩔 수 없이 계속 〈LA아리랑〉에 있었어요.

당시 감독님, 작가님들 같이 모여서 회의를 하면 어떤 장면을 두고 다 깔깔거리고 웃는데 전 그게 하나도 안 웃긴 거예요. 저만 안 웃고 가만 있으니 되게 이상한 거예요. 저더러 아이템을 써오라고 해서 밤을 새웠어요. 다른 사람들은 재밌다고 깔깔거리고 웃는 장면이 저는 재미없으니까 뭘 써야 할지 몰라서 밤을 새우고 있는 거예요. 계속 어긋난 거죠. 그런데도 꾸역꾸역 뭘 써갔어요. 다른 사람들 말에도 얼추 맞추면서 제 말도 얼추 넣으면서 꾸역꾸역 써갔어요. 그걸 반복하다가 도저히 못 하겠어서 메인 작가 선배님한테 "저 이거 말라 비틀어진 당근에서 즙 짜는 것처럼 힘들다. 하나도 재미없고 뭐하는 짓인지 모르겠다. 그만해야 될 것 같다"고 말했더니 그 선배님이 해준 말씀이 있어요. 그 말씀이 마음에 굉장히 깊게 남았어요. 작가는 죽어라 자기가 좋아하는 글을 팔 수 밖에 없다는 거예요. 다른 흉내를 낼 수가 없다는 거예요. "남이 재밌다고 해도 내가 재미없으면 못 쓴다. 밤을 못 샌다. 결국은 죽어라 네가 재미있는 것을 파고, 어느 날 운 좋으면 네 글이 재밌다고 하는 감독이 나타난다. 그때부터 인생이 풀린다"고 하시더라고요. 그니까 허튼 수 쓰지 말고 다른 길로 갈 생각 말고 누구에게 맞출 생각 말고 그냥 네가 재밌는 거 파라는 거지요. 그 말을 들었기 때문에 제가 그만두지 않게 되었어요. '그래 언젠간 있겠지.' 그 마음으로 그냥 죽어라 제가 재밌는 걸 썼는데 그다지 오래가지 않아서 만났어요.

그런 감독님을 2003년도에 만났는데 잘난 척은 아니지만, 그 이전부터 제가 어떤 감독님한테도 글 못 쓴다는 얘기는 안 들은 것 같아요. 그들이 원하는 건 해줬어요. 이쪽으로 가라면 가고 저쪽으로 가라고 하면 또 그렇게 원하는 거는 다 해줬어요. 2003년에 가서는 '모르겠다, 그냥 내가 재밌는 거 쓰자'고 막 썼는데 "이거 재밌어! 이거 좋아! 이거야!" 이렇게 해주는 사람을 만나니까 그다음부터는 '아, 내가 틀리지 않았구나'라는 마음이 들면서 그냥 쓰게 되더라고요. 어쩌다 보니 한 감독님이랑 작품을 여러 번 했어요. 그래서 버텼던 것 같아요. 쓰는 건 정말 힘들거든요. 그런데 그걸 재미있다고 해주는 사람이 있으니까 쓰는 거예요. 응원을 해주니까. 아마 계속 까이면 못 썼을 거예요. 계속 질타를 받거나 이랬으면 못 썼을 텐데 그 힘듦에도 불구하고 "재밌다, 재밌다, 잘 썼다" 이래 주는 사람이 있으니까 계속 썼던 것 같아요.

그렇게 제가 〈LA아리랑〉 들어가고 나서 그 뒤로 쭉 계속 시트콤을 했어요. 청춘시트콤, 혹시 들어보셨어요? 지금은 없어진 장르인데 예전에 저녁 무렵 〈남자 셋 여자 셋〉, 〈행진〉 등 방송 3사에서 일일 청춘시트콤을 했고 또 밤이면 성인을 위한 일일 시트콤을 했어요. 〈순풍산부인과〉도 있었고 〈올드미스 다이어리〉도 있었고 여러 가지가 많았어요. 그런데 그때가 작가들에게는 천운의 시대였어요. 회당 30분짜리 일일 시트콤이면 대본 쓰는 작가가 월, 화, 수, 목, 금, 5명이 있는 거예요. 대본을 매주 30분씩 썼어요. 모여서 회의하고 너는 이렇게 가고 나는 이렇게 가겠다 하면서. 그때 작가끼리 이런 작전을 짰어요. "일주일에 2일만 재밌으면 시청자들은 봐준다." 그러니까 조금 못 쓰는 작가도 대본을 쓸 수 있는 기회가 주어졌던 거예요. 그런데 지나고 생각해 보니 그 어마어마한 양의 일일 시트콤을 쓰면서 많이 배웠어요. 그걸 근 10년을 했어요. 돈 벌면서 매주 한 편씩 글을 쓰는 건데 이걸 어디 가서 연습을 하겠어요. '마감 시간 정확히 지키는 것'같이 현장에서만 배울 수 있는 것들을 엄청 많이 배웠어요. 돈 주고 배워야 하는 그 교육과정을 저는 일일 시트콤을 하면서 돈까지 받으면서 열심히 배웠어요.

공동 작업으로 시트콤을 할 때 좋은 점은 '공'이든 '과'든 저한테 없다는 거예요. 혼자 책임질 일이 없다는 거죠. 예를 들면 방송이 잘못 나가서 청원 게시판 난리 나고 인터넷 사이트에 욕으로 도배가 되어도 공동 작업이니까 다 같이 '과'를 나눠 갖는 거예요. 대개 감독이 책임지고 그 과를 나눠 갖는데, 반면에 '공'도 저한테 없는 거예요. 다 같이 했기 때문에 딱히 제 공도 아닌 거예요. 가뜩이나 글 쓰는 거 자체가 엄청 힘든데 5명이 각자의 각본을 가지고 회의를 하면 그 시간이 어떤 사람한테는 지옥 같은 시간이 될 수 있어요. 분명히 수준 차가 나거든요. 누구는 잘 쓰고 누구는 못 쓰고, 그걸 액면 그대로 보여주고 같은 작가들한테 본인이 쓴 글로 매주 수모를 겪는 거죠. 이럴 때 엄청난 모멸감을 느끼는데 그걸 여러 번 경험하다 보면 어느 순간 혼자 하고 싶어져요. '공'도 '과'도 저에게 없다는 점도 있지만 여러 사람에게 치이면서 깎이고, 자존심 상하고 뭐 이런 것들에서 자유로워지면 좋겠다. 온전히 글만 쓰고 그냥 제 글에 대해서 공과 과를 저 혼자 느끼고 싶다는 마음이 있었죠. 대개 그런 마음으로 드라마작가로 나가서 성공하신 분들이 상당히 많아요. 지금 하고 계신 분들 중에 일일 시트콤 출신 작가 분들이 상당히 많아요.

그렇게 해서 저도 드라마라는 장르로 넘어가 글을 쓰게 됐는데, 된통 망했어요. 2006년에 미니시리즈를 했는데 시청률 5~6퍼센트 나왔어요. 그 시절엔 시청률이 5퍼센트면 최악이에요. 2006년에 시청률 5~6퍼센트는 나올 수 없는 수치예요. 그때 거의 바닥을 기고, 정말 힘들었죠. '내가 나를 과신했나 보다'라는 생각도 있었고, 가장 컸던 건 온전히 '과'를 혼자 안고 간다는 거였어요. 그게 상당히 힘든 일이라는 걸 느꼈어요. 제가 배포가 없었던 거예요. 누구는 욕을 엄청 먹고도 그렇게 휘청거리지 않으면서 살잖아요. 그런데 저는 그 엄청난 욕을 먹으니까 아주 휘청거리게 되더라고요. 그러면서 '나는 배포가 상당히 약하구나. 그 욕을 받아들일 수 없는 사람인데 지금 이 일을 하고 있구나'하는 생각이 들면서 제 그릇을 알게 됐어요. 그때 스스로를 좀 더 훈련시켜야겠다는 생각이 들었어요.

그리고 나서 영화 쪽으로 갔죠. 드라마에서 완전히 상처받고 영화로 갔죠. 영화는 여덟 편을 쓰면 그중에 촬영이 시작되는 건 한두 개예요. 그 정도로 엎어지는 게 많아요. 방송은 그런 게 없어요. 웬만하면 들어가요. 왜냐하면 시간이 정해져 있기 때문에. 글을 쓰면 어쨌든 나와요. 영화는 시나리오가 완결되고 작품이 완결돼도 극장에서 걸까 말까를 결정하는 과정이 있기 때문에 엎어지는 확률이 높거든요. 저는 시나리오 여덟 개 정도 썼는데 두 개만 됐어요. 하나는 독립영화, 하나는 상업영화. 그러다가 다시 방송으로 넘어갔어요. 사실 영화하면서 돈이 너무 안 됐어요. 그리고 엎어진 것도 너무 많았어요. 시청률이 좋든 안 좋든 간에 뭔가가 만들어져서 결과물이 나와야 되는데 영화는 그 결과물이 없이 계속 가니까 못 해먹겠더라고요. 결국 다시 발길을 돌려 시트콤으로 돌아갔죠.

그게 JTBC 개국 작품이었던 〈청담동 살아요〉인데 정말 제가 시청률 바닥을 칠 수 있는 끝은 여기까지라는 걸 느꼈어요. 시청률 1퍼센트 나오고, 1퍼센트도 안 나온 적도 정말 많았어요. 그때 한 번 또 단련이 된 거죠. '1퍼센트도 나오는구나.' 그렇게 처참한 시청률에 단련이 되기 시작했죠. 물론 제가 비교할 바는 아닌데 의외로 배우 김혜자 선생님도 그런 데에 아주 단련이 되셨다는 거예요. 김혜자 선생님은 한국의 대배우신데 그 당시에 쇼핑을 하건 길거리에 나서건 사람들이 "요새 왜 아무 작품 안 하세요?" 이런 말을 들으셨대요. 선생님은 일일 방송 프로그램하고 있는데 그렇게 물어보니까 충격이었다고 하시더라고요. 제가 선생님 충격에 비할 바는 아니라는 생각이 들었죠.

그러다가 다시 휴지기를 갖고, 이제 나이가 있으니 어떠한 '과'를 혼자 먹더라도 한번 써보자 생각하고 미니시리즈를 다시 준비했어요. 공중파 감독님들하고 계속 일을 하려고 했는데 엎어졌어요. 난다 긴다 하는 감독님들께서 같이 일하자고 했는데 계속 엎어지는 거예요. 어떤 감독님이 저한테 하신 말 중에 이런 말이 기억에 남아요. "당신 글에서 여자 주인공은 너무 과격하다. 공격적이다. 대한민국 사회에서 여자 캐릭터는 긍정적인 것까지만 봐줄 수 있다. 공격적이거나 과격하지 않으면 좋겠다." 〈청담동 살아요〉 때도 느꼈는데, 여자 캐릭터는 뭔가 맹해야 한다는 거예요. 남자가 자기를 좋아하는 걸 여자 캐릭터는 몰라요. 저는 쓰면서 그런 게 너무 답답한 거예요. 내가 언제까지 이런 글을 써야 하지? 사람들이 언제까지 이런 여자를 좋아할까? 그래서 그 감독님한테 얘기했어요. 저는 너무 답답하다. 이런 여자 이야기는 더 이상 못 쓰겠다. 이게 무슨 공격적이냐. 이 정도 여자들 주변에 많고 실제로 이거 보다 더 많을 수도 있다. 그런데 방송에서는 공격적인 여자를 봐줄 수가 없는 거예요.

● JTBC 개국 작품이었던 〈청담동 살아요〉

의견 일치가 안 되니까 그때 당시 생긴 채널 tvN으로 간 거죠. 밤 11시대니까 그런 공격적인 성향을 좀 봐주는 거예요. 방송은 수위 조절이 있어요. 시간마다 허용되는 게 다르거든요. 10시가 다르고, 8시가 다르고, 어떤 시간대는 공격적인 성향을 많이 다운시켜야 되고, 10시대는 좀 봐주고 11시대는 좀 더 자유로워지는 거죠. 저한테 맞는 채널은 tvN 11시대인 거예요. 그렇게 〈또! 오해영〉을 원래 대본 그대로 tvN에서 했는데 첫 방송 이후 사람들의 평가를 보면서 들었던 생각은 '거봐. 사람들이 이 여자가 공격적이다, 괴팍하다 욕하지 않잖아'였어요. 20년 전에 선배님이 말씀해 주신 것처럼 '타협하지 말고 무조건 네가 재밌다고 느끼는 글을 써라! 그럼 언젠가 타이밍이 맞으면 다 풀린다'는 말의 의미를 그때 알았던 것 같아요. 그때 또 한 번 기존 감독님들이 원하는 지고지순한, 맹한, 순종적인 여자를 그렸으면 저도 재미없어서 못 썼고, 좋은 결과를 얻지 못했을 것 같아요. 여기까지는 여러분이 전혀 몰랐던 저의 지난 과거 이야기였습니다.

모멸감을 견뎌야 하는 직업

예전에 박연선 작가님이랑 같이 강연한 적이 있어요. 그때 박연선 작가님이 하신 말씀이, 작가가 가장 힘든 부분은 한글만 깨치면 누구나 우리 작품을 다 깔 수 있다는 거예요. 그러니까 초등학생부터 노인 분들까지 다 몰려들어 '감 놔라, 배 놔라', '재미있네, 없네' 하는데 이 평가들은 사실 저라는 인간에 대해서 '너는 틀렸고 너는 부족하고 너는 어떻고' 이 말을 하는 거거든요. 결국 저에 대한 모욕을 감수해야 하는 거예요. 이건 사담인데, 20대에서 30대 초반 무렵 제가 방송사에 입문하고 얼마 안 있어서, 제 또래인데 글을 꽤 잘 쓰던 작가가 두 명이 있었어요. 그런데 그런 작가들이 사라졌어요. 이유는 그거 같아요. 모욕을 감당하지 못했다는 것. 그 두 분의 특징이 분노가 많았다는 거예요. 자기가 써놨는데 이러쿵저러쿵 하는 사람들에 대해서 분노가 많아서 계속 갈등이 있었던 거죠. 글을 쓴다는 게 어쩔 수 없이 사람 대 사람의 일이라 계속 얼굴 붉히고 갈등이 일어나고 하니까 그 작가님 스스로도 굉장히 지옥이었을 거예요. 그걸 못 견디니 작가를 그만둔 것이 어쩌면 그분의 인생에, 건강에 훨씬 나을 수도 있어요.

그런데 '잘 버틴다', '오래 간다', '부드럽다', '옆에서 보기에 참 정말 괜찮다'라고 하는 사람은 그런 모욕을 받고 금방 털어요. 그런 사람한테는 이길 수가 없어요. 그래서 작가가 되기 위해서는 첫 번째로, 모욕을 잘 견뎌야 한다고 생각해요. 사람들의 평가를 단순히 모욕으로 받아들이면 안 되는 것 같아요. 직장생활, 사회생활을 하면서 제일 힘든 게 인간관계잖아요. 일이 힘든 것보다는 관계에서 힘든 게 더 크죠. 작가도 그렇거든요. 내가 써놓은 글에 대해 누가 어떻게 평을 하느냐에 따라 마음이 훌러덩 뒤집어지는데 그냥 그걸 다시 한번 냉정하게 들으면서 받아들일 조언만 받아들이고 아닌 거는 감정 상하지 말고 버릴 수 있는 마음가짐이면 직장생활도 수월해지지 않을까 하는 생각이에요. 작가한테는 정말 그게 제일 필요한 덕목이에요. 작가가 되면 그런 모욕을 좀 견디셔야 한다는 걸 말씀드리고 싶었습니다.

처음 방송사 가서 일일 시트콤 할 때 작가가 5명 있다고 했잖아요. 그 밑에 보조 작가가 있어요. 아이템을 내는 보조 작가도 8명 남짓 돼요. 드라마 끝날 때 대본작가, 구성작가 이름이 쭉 나열되는데 작가들끼리 그 이름 순서로 신경전을 많이 벌여요. '내가 쟤보다 2개월 먼저 들어왔는데 왜 쟤 이름이 내 위에 있니' 이런 거죠. 그 3개월이 뭐라고 3개월 먼저 들어왔네, 어쨌네, 매일 그런 거 가지고 신경전을 벌였어요. 그리고 어떤 친구가 와서 저한테 "언니 저 작가 생활 6년인데 제가 언니 밑으로 이름 들어가는 게 말이 돼요?"라고 했는데, 웃긴 게 뭐냐면, 2001년도에 일하고 2007년도에 일해도 6년인 거예요. 그런 계산법으로 신경전을 많이 벌여요. 이건 다른 직종에는 별로 없는 것 같아요. 예를 들어 자동차를 만들면 엔진 누가 만들었고 유리 누가 만들었고 백미러 누가 만들었고 아무도 그거 안 써놔요. 근데 방송은 카메라 누가 찍었고 조명 누가 비췄고 섭외 누가 했고 다 나열을 해요. 자기 이름에 대한 열망이 어마어마한 사람들이 모인 곳이에요. 공명심이라고 해야 할까요? '내 이름 드높이겠어'라는 마음을 가지고 자기를 나타내려고 하는 사람들, 자기애가 어마어마한 사람들이 모인 곳이 방송사예요. 그러니 내 이름이 먼저네, 네 이름이 뒤네, 하면서 싸우는 거죠. 저도 어떻게 생각해 보면 시트콤에서 작가들 여러 명 중

한 사람이 되고 싶지가 않고 그냥 딱 제 거 제 이름을 갖고 싶었던 것 같아요. 사실 자기 이름이 어느 정도 위치가 있게끔 만들고 싶어 하는 욕망은 모두가 다 있죠. 특히 방송 쪽, 영화 쪽 이렇게 자기 이름이 명시되는 곳에는 그런 열망을 가진 사람들이 더 많은 것 같아요. 이것에서도 좀 자유로워져야 된다는 생각이 들어요. 모욕감을 견디지 못하고 이름에 대한 자기의 열망을 견디지 못하면 스스로 힘들어져요.

돈 벌면서 수양하기

제가 글 쓰면서 행복했던 적이 단 한순간도 없다고 공언을 했었어요. "아니 세상에 재미있는 일이 얼마나 많은데 이게 어떻게 재미있어?" 저는 정말 작가 일이 재미가 없다고 공언을 했거든요. 그런데 같이 일하던 작가가 다시 한번 생각해 보래요. "왜?" 그러니까, 제가 매일 글을 쓸 때 얼굴에 인상 쓰고 있다가 갑자기 어느 순간 보면 밤늦게 콧노래를 부르고 있대요. 제가 아주 짧지만 콧노래를 부르고 있는 거예요. 그러면서 저한테 "언니 분명 글 쓰는 거 좋아한다" 그래요. 그때 "20시간 괴로웠다가 3분 약간 콧노래 부르는 게 어떻게 인생의 행복일 수 있냐. 난 아니라고 본다"라고 말했어요. 〈또! 오해영〉 쓸 때 결심했던 게 있어요. 다 끝나고 나서도 '너무 지옥스럽다, 인간이 할 짓이 아니다' 싶으면 바로 그만두자는 거였어요. 그만큼 힘든 일이 굉장히 많았어요. 진짜 진지하게 고민해 봤어요. 이 일을 그만둔다면 무슨 일을 할까. 그런데 만약 다른 직업으로 간다면 살짝 비겁하다는 느낌이 있었어요. 이 직업을 견디기 싫어서 모욕이 조금 덜하다고 추정되는 곳으로 옮겨간다는 느낌이 있었던 거에

● 2016년 tvN 월화드라마 〈또! 오해영〉

요. 그러면 내가 무슨 일을 할까. 드라마작가라는 건 2~3년이면 판이 갈려요. 어떤 직장이든 예를 들면 직장 상사가 마음에 안 들어도 회사 옮기기 전엔 답이 없잖아요. 그리고 이런 일들이 반복되는 직장생활을 6개월 하면 그다음부터는 루틴한 생활을 견뎌야 하는 거예요. 드라마는 딱 짧으면 2년 길면 4년이에요. 하나의 이야기로 100명이 모였다가 2년이 지나면 흩어져요. 그러니까 사람이 너무 지겨워지고 힘들어져도 2년만 견디면 되는 거예요. 매번 2~3년 주기로 판이 바뀐다는 점에서 이게 평생 지겹지는 않겠다. 질리지 않는다. 이게 첫 번째 좋은 점이고요.

두 번째 좋은 점은 돈 벌면서 수양하는 느낌이라는 거예요. 제가 이번에 방송작가협회에서 주는 작가상을 받았거든요. 그래서 수상 소감을 써야 했어요. 작가들은 글 쓰는 사람들이라 다 빤해요. 얘가 멋을 부린 건지, 얘가 괜히 겸손 떠는 건지 너무 빤하기 때문에 수상 소감을 잘 써야 해요. 이걸 어떻게 쓰지,

하다가 정직하게 쓰자 했죠. 어쩌다 보니까 첫 문장이 '살다 보니 이런 날이 오는군요'라는 그 흔한 말을 제가 하고 있더라고요. 살다 보니 이런 날이 왔다고. 정말 흔한 말이죠. 제가 그랬잖아요. 모욕을 견뎌야 하며 이름에 대한 집착과 열망을 좀 놓아야 한다. 그래야 이야기가, 글쓰기가, 일하기가 덜 힘들다. 이게 도 닦는 사람들이 하는 거더라고요. 제가 하는 일도 마찬가지예요. 고기 먹으면서 도 닦는 기분, 돈 벌면서 도 닦는 기분인 거죠. 〈나의 아저씨〉를 2013년에 2년간 썼는데 방송에는 2018년에 나왔어요. 이 글을 쓰면서 '인간이 왜 이렇게 행동할까?' '인간이 왜 여기서 이렇게밖에 안 될까?' 등 인간의 면면에 대해서 엄청나게 고민을 했죠. '이 사람이 여기서 어떻게 할까?' '이 사람은 여기서 어떤 마음을 먹을까?' '어떻게 해야 눈물이 나지?' 밤을 새워서 일주일 열흘을 넘게 한 문제에 대해 고민을 할 때가 있거든요. 이게 어떻게 보면 스님들이 화두를 든다는 거 있잖아요. 하나에 빠져들어서 엄청나게 고민을 하는, 그거랑 하나 다를 바가 없는 거예요. 진짜 돈 벌면서 도 닦는 기분이라는 거죠. 지금 와서는 직업을 잘 선택했다는 그런 생각이 있어요.

겸손과 체력 그리고 기다림

제가 어느 교육원에서 작가 지망생들이 써온 것을 수정해 주면서 강의를 6개월간 했는데 교육원 학생의 글은 아주 사랑스러운 게 있어요. 인간에 대한 애정이 넘쳐요. 그런데 어떤 친구 글은 그냥 어쩔 수 없이 꾸역꾸역 읽게 되는 것도 있죠. 자기에 대한 애정만 이만큼이에요. '나 얼마나 잘 쓰는지 볼래?' 하는 그런 마음이 어쩔 수 없이 느껴져요. 여러분도 어떤 소설을 보면, 잘난 척한다, 인간을 사랑한다, 따뜻하다, 사랑스럽다, 이런 게 있잖아요. 어쩔 수 없이 글을 받아보면 이 사람이 어떤 심리로 쓰는지 느껴져요. 그게 TV 브라운관을 통과해도 느껴져요. 내가 지금 잘난 척하고 있는 건지, 사람을 웃겨주려는 건지, 슬프게 만들려는 건지, 미스터리로 몰아가는 건지 보

● 2018년 tvN 수목드라마 〈나의 아저씨〉

시는 분이 다 알아요. 숨길 수 없어요. 저는 그래서 'TV를 켜는 순간 아주 어린 아이부터 노인, 혹은 초등학교 저학년 수준부터 어마어마한 박사까지 스님부터 비렁뱅이까지 다 보는데 네가 지금 어디서 잘난 척을 하냐. 최대한 겸손하게, 웃길 때도 겸손하게 해주는 게 맞다'는 얘기를 해주거든요.

제가 작가의 덕목으로 첫 번째로 꼽는 게 인간에 대한 애정이에요. 교만하고 잘난 척하는 마인드를 갖고 쓰는 사람들의 글을 보면 그게 여지없이 느껴져요. 얼마나 잘났다고 뽐내려고 하는지. 그게 여실히 느껴져서 맘이 편치 않아요. 항상 후배 작가들한테 작가의 첫 번째 덕목은 인간에 대한 애정이라고 이야기합니다.

그다음은 체력. 이건 어쩔 수가 없어요. 영화 같은 경우에는 시나리오가 나오고 뭐가 나오고 하면서 일의 순서에 따라 완제품이 나오면 영화를 개봉하나 마나 이렇게 하지만, 방송에서는 6회 혹은 8회 대본 정도만 나온 상태에서 시

작하는 경우가 많아요. 그 나머지는 방송 직전까지 계속 써내려가야 하는 거예요. 물론 요즘은 촬영 전에 대본이 거의 나와야 하는 경우도 많아요. 아무튼 잠깐이라도 체력이 안 좋거나 삐끗하면 펑크가 나고 그러면 위험할 수가 있어요. 그래서 정말 작가들은 체력 관리를 철저히 해야 돼요. 제일 민폐가 방송 중에 쓰러지는 작가예요. 대책이 없어요. 작가의 덕목으로 체력도 중요하다는 거죠. 저는 체력이 안 좋아요. 그래서 꼭 지키는 게 있어요. 〈나의 아저씨〉 시작이 3월 20일이잖아요? 그러면 그 6개월 전부터 술을 안 마셔요. 6개월, 7개월 방송 슛 들어가기 전까지 절대 입에도 안 대요. 운동은 못하지만 그 정도 몸 관리는 하는 거죠.

그다음에 마지막으로 작가의 덕목으로 말씀드리고 싶은 건 지금 당장 어떤 빛을 보려고 애쓰지 말고 그냥 흘러가자. 제가 가장 좋아하는 구절 중 하나가 '흐르는 물은 선두를 다투지 않는다'라는 말이에요. '그냥 가자, 흘러가자. 빛 보는 타이밍이 어느 타이밍인지는 모르지만 언젠가는 온다'는 말이에요. 사실 제가 동료 작가 중에 제일 늦게 뜬 작가예요. 그나마 방송국에서 인정받는 작가였는데 제 후배들은 앞서 나가서 다들 잘되는데 저만 안되고 있었어요. '쟤가 제일 먼저 뜰 줄 알았는데', '왜 쟤가 안되지', '후배들보다 먼저 나가야 하는데', '박해영 혼자 되게 속 쓰리겠다'라는 소리 많이 들었어요. 그럴 때마다 그냥 언젠가 내 시간은 온다, 그게 내 인생의 적절한 타이밍일 것이다, 라고 생각했죠. 지금 생각해 보면 지금이 저한테 적절한 타이밍인 것 같아요. 너무 이른 나이였다면 기고만장해서 사고 칠 수도 있었을 것 같고요. 지금이 딱 적당한 타임이다. 그러니까 작가 생활하면서 빨리 무엇을 이루려 조급해하지 말고 자연스럽게 흘러갔으면 좋겠다, 그런 얘길 하고 싶어요.

질의응답

습작을 할 때 어떻게 하면 좋을지 조언을 해주실 수 있을까요?

저는 습작을 두 번 해봤거든요. 단막을 두 번 써봤어요. 그런데 어떤 거를 써야겠다고 맘먹고 억지로 쓴 게 아니라 그냥 어느 순간 한 신이 혹 생각나서 그 신을 만들어가고 그런 것 같아요. 백일장에 가서 예컨대 '식목일' 이런 제목이 주어지면 재밌게 써질 수가 없어요. 그런데 '네가 인생을 살면서 제일 빡쳤던 순간', 그러면 다 재밌어요. 그러니까 감정에 포커스를 두고, 열 받은 일을 쓸 것인지, 웃겼던 일을 쓸 것인지, 슬펐던 얘기를 쓸 것인지. 어쨌든 드라마나 영화는 인간의 감정을 가지고 노는 거잖아요. 그걸 던져주는 거잖아요. 인간의 감정에 포인트를 줘야지 판타지가 어떻고, 초능력이 어떻고 그건 아무 힘도 발휘할 수 없는 것들이죠. 웬만하면 감정에 초점을 맞춰 쓰라고 말씀을 드리고 싶네요.

방금 드라마와 영화는 인간의 감정을 갖고 노는 거라고 하셨잖아요. 혹시 가슴에 담고 있는 영화가 있나요?

영화는 상당히 많은데요. 하나를 꼽기 어렵네요. 그런데 저는 그런 거 좋아했던 것 같아요. 저걸 편성을 해줬어? 제작을 해줬어? 대단하다, 그 제작사 대단하다. 이런 거 있잖아요. 예를 들면 〈이터널 선샤인〉 같은 거. 그런 건 대본으로 보면 정말 가늠이 안 돼요. 누군가의 의식의 세계를 영상으로 표현한다는 거 자체가. 그게 오래된 영화잖아요. 투자자한테 상을 줘야 할 정도로 작가가 갈 수 있는 곳까지 밀어준 거잖아요. 작가를 인정해 준 거죠. 〈인셉션〉 같은 것도 글로 보면 아무것도 아닐 수가 있다니까요. 그 영상을 어떻게 구현할지 믿어줬다는 거. 이런 걸 보면 놀라요. 감동적인 건 둘째 치고 '와 저게 영상화될 수 있다니.' 드라마에서는 〈응답하라 1988〉 같은 걸 상당히 좋아해요. 그게 일반 공중파에서는 나올 수 없었던 이야기예요. 편성 권한을 가진 사람들이 보기에는 욕망도 없고 서사도 없고 큰 사건도 없고 너무 소소하단 말이에요. 이런 거는 편성이 힘들어요. 그걸 tvN이라는 채널에서 편성을 내줘서 사랑스러운 인간적 삶에 대한 드라마가 충분히 폭발적일 수 있다는 걸 보여줬다는 거죠. 교육원에서도 논외로 얘기하는 게 〈응답하라 1988〉이에요. 여기서 나오는 서사는 단 하나밖에 없어요. '누구랑 결혼했을까?' 그건 맨 끝에 나와요. 개개인의 사랑스러움, 소소함, 따뜻함 이것만으로도 누가 누굴 죽이고 살리고보다도 훨씬 파급력이 세다는 생각이 들었어요. 그렇게 선봉에 서는 감독님, 작가님이나 방송사를 보면 되게 뿌듯해지죠.

혹시 드라마작가를 꿈꾸는 친구들한테 공모전이라든지 보조 작가를 시작하라든지 등 추천하고 싶은 경로가 있으신가요?

사실 제 조카거나 자식이라면 뜯어말릴 것 같아요. 하지 말라고. 시트콤 작가 할 때는 문이 넓었어요. 그때는 일일 프로가 상당히 많았고, 오분의 일만 했으면 됐고, 지치지 않고 할 수 있겠다 싶었지만 지금 미니시리즈는 혼자서 16시간을 써야 해요. 그게 500페이지예요. 혼자서 500

페이지를 쓰는 거죠. 혼자서 어마어마한 스태프들을 상대해야 한다는 것도 있고. 그런데도 자기가 글 쓰는 것에 대해 자신이 있고 쓰고 싶다 하면 교육원 같은 곳에 가는 걸 추천하고 싶어요. 강의도 중요하지만, 같이 글을 쓰는 사람들의 수준을 보는 것도 중요해요. 그 사람들이랑 정보 공유하고 같이 위로 삼고 이런 것도 중요하거든요. 같은 수업을 들을 수 있는 학생들과 같이 스터디도 하고. 대뜸 공모전부터 하는 건 너무 힘들어요. 제가 이번에 어떤 방송사에서 공모전 심사를 했거든요. 수준이 상당히 높더라고요. 이런 분들은 교육원에서 오래 공부를 하셨거나 혼자서 열심히 습작을 많이 하셨다, 하는 느낌이 있어요. 대뜸 공모전을 가기보다는 교육원을 먼저 가서야 할 것 같다는 말을 해주고 싶습니다.

콘티가 원했던 생각과 다르게 나온 적은 없었나요?

그거는 그럴 수밖에 없는데요. 제가 누누이 말하지만 글은 글이에요. ㄱ, ㄴ, ㄷ, ㄹ밖에 안돼요. 근데 어떤 배우가 어떻게 어떤 문장을 취해서 어떤 조명을 받고 카메라감독이 어떤 카메라로 찍어서 어떻게 영상화되느냐는 제 머릿속에 있는 그림과 사람들이 영상대본에서 생각하는 게 다 달라요. 그런데 여기서 제가 생각했던 그림만 옳다고 감독님한테 뭐라고 할 수 없어요. 그럼 본인이 찍어야죠.

저는 현장에 나가본 적이 없어요. 그리고 작가는 나갈 시간도 없고, 이건 철저히 분리되는 게 맞다고 봐요. 그런데 이런 건 있어요. 주변에서 다 알아요. 후배가 "언니의 대본 색깔이 코발트블루였는데 영상의 색깔은 강렬한 오렌지로 나왔어. 이거 어떡해?" 근데 뭐 그렇게 나오면 그런 거죠. 어떤 분은 와, 찰떡같이 찍는다. 제 머릿속에 들어왔다 나간 것같이 찰떡같이 찍는다, 하는 사람도 있어요. 어쩔 수 없어요. 일은 일대로 팔자가 있듯이 작가도 작가 팔자예요. 구현해 내는 사람의 몫이 있고, 저는 글을 쓰는 것뿐이에요. 그걸 침범했다 안 했다 이렇게 말할 수는 없어요. 어느 정도의 어긋남 이런 거는 당연히 용인을 해주고 가야 되는 거죠. 물론 그걸 전혀 못하는 작가님도 있어요. 토씨 하나 안 틀리고 가야 한다는 분들도 계시기도 하니까요. 제가 일을 해보니까 제가 선수가 되면 상대도 선수가 와요. 그러니까 제가 선수고 상대가 선수니까 제가 어떻게 썼는지 빤히 알거든요. 그래서 그대로 나와요. 근데 제가 선수가 아니면 상대도 선수가 아니기 때문에 저는 이렇게 썼는데 저렇게도 나오고 이렇게도 나오고 하면, 그게 뭐 누구 탓이에요. 그냥 일이 그렇게 흘러가게 된 거지.

스토리를 기획할 때 제일 중요한 부분은 무엇인가요?

제가 어디에서 감정이 떨리는가 안 떨리는가, 이런 걸 보는 편이에요. 감정이 들어가는지 안 들어가는지, 이걸 많이 가늠해 봅니다.

작품 쓰시면서 가장 애정이 갔던 작품 속 캐릭터가 있나요? 있다면 어떤 작품의 캐릭터인지 그리고 왜 그런지 이유를 말씀해 주세요.

가장 애정이 가는 캐릭터는 따로 없습니다. 〈나의 아저씨〉에서 나오는 주요 인물이 15명인데 그 15명은 없는 사람을 만들어낸 것이 아닙니다. 〈또! 오해영〉에서도 마찬가지로 없는 사람을 만들어낸 것이 아닙니다. 저한테는 서현진의 엄마 같은 성품도 있고 예지원 같은 성품도 있어요. 사람이 한 겹이 아니잖아요. 이런 마음도 있고 저런 마음도 있잖아요. 그걸 특화해서 한 사람이 가지고 있는 거예요. 제가 제 속에 하나로 뭉쳐 있던 인물을 싹 15명의 캐릭터로 분산시켜 만들어내는 거예요. 그래야 이 캐릭터를 쓸 때 살아 있는 말이 나오죠. 남의 말같이 안 나오고 제 말처럼 정말 인간의 말처럼 나오는 겁니다.

작가님에게 영감을 주는 것들은 무엇인지 궁금합니다.

가만히 있는 것? 제가 되도록 안 하려는 게 휴대폰, TV, 영화 보기예요. 쓸데없이 번잡스럽고 부산스럽게 사는 거 약속 많이 잡는 거 되도록 안 하려고 해요. 웬만하면 가만히 있는 거 좋아해요. 예를 들어 아이디어 쓰거나 대본 쓰다가 막히면 웬만하면 가만히 있으려고 해요. 낚시할 때 가만히 있다가 훅 낚는 거 있잖아요. 그래서 아이템 짤 때도 그냥 좀 가만히 있는 편에 속해요. 도서관에서 뭘 찾아보거나 하지 않고 가만히 있으려고 합니다.

드라마 장면 중에 작가님이 봐도 감동적이거나 혹은 재밌다고 느낀 장면은?

'작가 팔자는 감독 따라간다'는 말처럼 제가 80점짜리를 써도 어떤 캐스팅을 써서 어떻게 찍어내느냐에 따라 60점을 만들 수도 있고요. 90점을 만들어낼 수도 있어요. 누누이 말하지만, 글은 글일 뿐인지라 영상으로 구현하는 사람들이 이것을 쪽박으로 만드느냐 대박으로 만드느냐 결정해요. 〈나의 아저씨〉는 김원석 감독님의 공이 크다고 말해요. 다른 사람이 찍으면 그냥 아무것도 아닌 극이 될 수 있었다는 거죠. 근데 그 디테일한 감정까지 다 살려서 찍어주셨죠. 저는 〈나의 아저씨〉 보면서 누가 썼는지 까먹고 몰입한 부분이 상당히 많아요. 딱히 어떤 걸 꼬집기가 뭐해요. 정말 많은 부분이 잘 만들어져 있어요.

작가라는 직업에 관심이 많은 학생이라면 작가가 되기 위해 뭐부터 해야 할까요?

아무것도 안 해도 됩니다. 그런데도 돈을 써서라도 무엇을 해야 하겠다 싶으면 돈을 쓸 곳이 교육원밖에 없거든요. 교육원이라도 가세요. 제가 정말 하고 싶은지 안 하고 싶은지는 돈을 쓰냐 안 쓰냐는 거잖아요. 작가 교육원을 가는 게 왜 중요하냐면 거기에 가면 돈을 쓰기도 하지만 돈을 못 벌어요. 왜냐하면 계속 써서 내야 하니까. 상당히 많은 것을 포기하고 가게 된다는 결심이 있으면 정말 하고 싶은 거죠.

작가님도 캐스팅에 참여하시나요?

전혀 하지 않습니다. 왜냐하면 캐스팅 배우 풀을 저보다 감독님들이 훨씬 많이 알아요. 저는 배우, 아이돌 진짜 몰라요. 연예인 이름을 잘 모르고 그 배우가 어떻게 연기하는지도 잘 몰라요. 감독님이랑 캐스팅디렉터가 있어요. 같이 움직이시는데 그분들은 거의 대학로 연극을 휘젓고 다니시거든요. 아직 안 뜬, TV에 나오지 않는 배우들을 다 찾으러 다니세요. 그 능력을 제가 뛰어넘을 수 없기 때문에 캐스팅에는 전혀 관여하지 않습니다. 그리고 같이 찍기에 기운이 맞는 사람들이 있어요. 제가 아무리 어떤 배우가 마음에 들어도 현장에서 같이 찍는 분들의 합이 맞는 게 더 중요해요. 저는 캐스팅에 관해 전혀 얘기하지 않습니다.

드라마에서 보면 메인 작가가 보조 작가와 함께 작업하던데 작가님은 어떠신가요?

어디 가나 보조 작가가 있어요. 예를 들면 〈나의 아저씨〉에서 인터뷰를 하고 사전 자료 조사를 한다고 하면 기본 10개예요. 전문 직업은 전문적으로 붙어서 계속 봐야 하거든요. 변호사는 무슨 일을 해야 하는지 등. 〈나의 아저씨〉만 봐도 사채업자가 나와요. 그러면 사채업자를 만나는 거죠. 이런 일이 굉장히 많아요. 별 직업을 다 만났어요. 형사도, 도청업자도 만났어요. 작품이 스타트하게 되면 제가 도청업자에게 뭘를 물어보고 싶다 이럴 때 보조 작가들이 움직여줘야 하는 거죠. 그런 일 때문에도 보조 작가가 필요하고. 그리고 사실 보조 작가가 절대적으로 해야 하는 일은 아이디어가 막혔을 때 같이 아이디어를 주는 거예요. 그런 일을 하기 때문에 아이디어 작가는 적게는 한 명, 많은 사람은 엄청 많다는데. 저는 항상 두 명이에요. 왜냐하면 회의는 세 명 이상부터 해야 하더라고요. 단 둘이 앉아 있으면 회의가 안 되더라고요.

드라마 작업처럼 시간에 쫓겨 글을 쓰게 되는 경우, 한정된 시간 안에 글을 써내는 노하우가 궁금합니다.

노하우는 없고요. 일일 프로 할 때 알았는데 제가 항상 금요일 밤 대본 회의다 그러면 목요일 자정에서 새벽 2~3시까지 '망했다' 이러고 있어요. 그러다 어느 날 문득 깨달은 게, 십 몇 년을 계속 목요일 밤 새벽 3시까지 죽었다, 망했다, 큰일 났다, 어디 다쳐야 했나, 어떻게 해야 회의를 빠질 수 있을까, 라는 고민을 하고 있는데, 십 년간 한 번도 금요일 대본회의에 늦어본 적이 없는 거예요. 언젠가는 뚫리는데 그런데 그냥 꼭 그 막다른 곳에서 항상 죽었다, 큰일 났다, 이러고 있는 기예요. 십 년을 한 번도 지각한 적 없고 대본이 딜레이된 적도 없는데 '이 애태움을 10년 동안 하고 있구나. 이럴 필요 없다. 어느 순간 놓자. 새벽 5시면 다 쓰고 잔다.' 이 마음으로 계속 글을 쓰고 있거든요. 그러니까 애가 탈 때 '이것만 넘기면 된다'라는 마인드로 일하면 될 것 같습니다.

작가 '박해영'을 움직이는 원동력은 무엇인가요?

질문이 두 가지인 것 같아요. 박해영을 움직이는 원동력이랑 작가 박해영을 움직이는 원동력. 박해영을 움직이는 원동력은 무엇인가라고 묻는다면 '죽을 수 없어서 산다. 근데 사는 김에 단정하게 산다. 재밌게 산다' 이런 거예요. 그러니까 가만히 보면 사람들 정말 희한하게 안 죽는다. 뭐라고 해야 할까요. 되게 행복하지도 않고 뭔가 지지부진한데 그냥 꾸역꾸역 잘 산다는 느낌이 있어요. 그래서 저도 속으로 늘 그래요. '산다. 단정하게 산다. 젊게 산다.' 뭐 늘 이렇게 스스로 다짐하는 편에 속해요. 작가 박해영을 움직이는 원동력은 저 같은 사람들이 행복해 줬으면 좋겠다는 거. 다들 저처럼 살 것 같다는 생각이 어느 순간 드는 거예요. 그냥 이유는 없는데 죽기는 뭐하고 이게 뭐지? 싶은 헛헛함도 있고 답답함도 있잖아요. '언젠가는 길을 찾으리라'는 그런 마인드로 글을 쓰고 있다는 느낌입니다.

4

어렵지만
쉬운
글쓰기

백승권

≪미디어오늘≫ 기자로 일했고 노무현 정부 시절 청와대 홍보수석실 선임행정관으로 근무했다. 이후 기업, 공공기관, 대학 등에서 글쓰기, 보고서 작성 등에 관한 강연을 해왔다. 현재 커뮤니케이션컨설팅앤클리닉(CCC) 대표로 다양한 실용 글쓰기 교육과 강연을 진행하고 있다. 『글쓰기가 처음입니다』, 『보고서의 법칙』, 『손바닥 자서전 특강』 등 글쓰기에 관한 많은 저서를 냈다.

"저는 앞으로 글쓰기가 우리 사회에서 가장 중요한 과제가 될 거라고 생각합니다. 다들 취업하려면 영어 잘해야 한다고 그러죠? 앞으로 영어보다도 글을 잘 쓰고 소통을 잘하는 능력이 더 높게 평가되는, 이런 사회가 올 거라고 저는 생각합니다. 그러니까 여러분도 글쓰기, 말하기에 많은 노력을 쏟으세요. 그게 많은 사회적 기회를 주리라 저는 확신합니다."

낚시, 근거, 메시지

글쓰기 어렵죠? 대한민국에서 글쓰기가 쉽다고 이야기하는 사람은 아직 제가 한 번도 만나본 적 없습니다. 누구나 어려운 게 글쓰기죠. 그런데 다행스럽게도 글쓰기의 세계는 법칙이 있습니다. 이 법칙을 잘 알고 부족한 점을 채워 간다면 평균 이상의 글쓰기를 할 수 있습니다.

우리가 글을 잘 쓰기 위해 갖춰야 할 것들은 대개 들어봤죠. 우선 어휘력이 풍부해야겠죠. 그리고 문장이 좋아야 해요. 또 문법도 잘 알아야겠죠. 표현력도 있어야 해요. 글을 쓰려면 이렇게 갖춰야 할 게 굉장히 많아 보이죠. 결론부터 말씀드리자면 이런 것들을 따로 배울 필요가 전혀 없다고 말하고 싶어요. 여러분이 글을 쓰려고 이런 쪽에 힘을 들이면 들일수록 여러분은 글쓰기로부터 점점 멀어지게 될 거예요. 이런 것들은 따로 배울 필요가 없다, 글을 열심히 쓰다 보면 저절로 좋아진다고 말씀드리고 싶습니다. 그런데 글을 계속 쓰게 만드는 무언가가 있어야겠죠. 이게 우리에게 필요한 것입니다. 글을 잘 쓰게 만드는 방법, 기술 이런 것들을 뭐라고 부를까요. 그게 바로 글쓰기의 '구성'입니다. 여러분 중 구성을 배운 분 있나요? 초등학교 때? 이렇게 이야기하면 잘 기억이 안 날 텐데, 다른 말로 얘기하면 금방 알 거예요.

> **3단 구성: 서론 - 본론 - 결론**
>
> **4단 구성: 기 - 승 - 전 - 결**
>
> **5단 구성: 발단 - 전개 - 위기 - 절정 - 결말**

3단 구성이 뭔가요? 서론, 본론, 결론입니다. 4단 구성은 뭘까요? 기승전결입니다. 5단 구성을 아는 사람은 정말 국어 공부를 잘한 사람입니다. 5단 구성이 뭐죠? 소설에서 발단, 전개, 위기, 절정, 결말이죠. 이렇게 우리가 3단, 4단, 5단 구성을 다 배웠어요. 그런데 이거 배워서 뭐에 써먹었어요? 시험 볼 때 써먹었잖아요. 예문을 보여주고, 다음 예문은 구성의 어느 부분에 해당하는가, 이런 문제요. 근데 우리 이거 시험 보려고 배운 거예요? 그렇지 않죠. 이 3단, 4단, 5단 구성을 배움으로써 어떤 글을 잘 읽고 잘 쓰기 위해 필요한 거예요. 이것을 글쓰기에 적용할 줄 알아야 해요. 여러분, 책 한 권을 읽고 나면 머릿속에 뭐가 남아요? 네, 뿌듯함만 남습니다. 뿌듯함을 빼면 남는 게 없어요. 그리고 파편적인 정보 몇 가지만 남게 되죠. 왜 그럴까요? 왜 힘들게 책을 읽었는데 내가 인상 깊게 본 파편적인 정보 몇 가지만 기억할 뿐 전체적으로 알 수가 없을까요? 이렇게 우리가 책을 읽고 파편적인 정보만 남는 이유는 구성을 독서와 연결시키지 못해서입니다.

책 한 권은 글 쓴 사람이 독자들에게 전하고 싶은 내용을 그냥 나열해 놓은 게 아니에요. 거기에는 한 채의 집이 들어 있어요. 지붕도 있고, 대들보도 있고, 기둥도 있고 창도 있고, 벽도 있고. 이렇게 집의 기초가 있고, 한 채의 집이 들어 있어요. 그런데 우리는 그 집을 발견하지 못하죠. 발견하지 못하니까 그냥 창문이 너무 예쁜 것 같아, 하고 창문만 계속 보고 있어요.

또 하나, 우리가 컴퓨터를 탁 켜고 글을 쓰려고 해요. 그런데 여러분 머릿속은 어떻게 되죠? 머릿속이 하얘지잖아요. 어떻게 써야 할지 모르겠고. 왜 하얘질까요? 써야 할 내용이 없어서일까요? 아마 그렇진 않을 겁니다. 여러분이 글을 쓸 때는 대체로 그 내용을 경험했거나, 또 어떤 정보를 들었거나, 활용할 수 있는 자료나 사례가 주어진 상태에서 글을 쓰게 돼요.

그런데도 글을 쓰려고 막상 컴퓨터를 켜면 머릿속이 하얘지죠. 이것은 써야 할 내용이 없어서가 아니라 역설적으로 써야 할 내용이 너무 많아서 그런 거예요. 여러분이 써야 할 내용을 선택해야 하는 거거든요. 이 기준이 바로 집이에요. 한 채의 집을 생각하고 그 설계도를 떠올리면서 아, 이건 지붕으로 써야 되겠다, 하고 가져와요. '아, 이건 창으로 써야겠다.' 이때 설계도가 있어야 선택의 기준이 생기는 것이죠. 그런 선택을 하려면 어떻게 해야 할까요? 배열을 해야 하죠. '시작은 이걸 써야 하고 중간은 이걸 써야 하고 마무리는 저걸 써야해.' 마찬가지로 어떤 글 속에 들어 있는 설계도를 알아야만 배열을 잘할 수 있는 거예요.

우리는 지금까지 뭘 했냐면 설계도 없이 책을 읽고 글을 쓴 것이죠. 어떤 건 가져올 필요가 있고 어떤 건 가져올 필요가 없다는 기준이 있어야 하는데. 그것이 집입니다. '이것은 지붕으로 써야지, 이것은 창문으로 써야지' 하는 설계도가 있어야 합니다. 그다음에 배열이 필요합니다. 우리는 지금까지 설계도도 없이 책을 읽고 글을 써왔던 겁니다. 바로 그것을 구성의 원리가 알려주는 것이죠.

우리가 학교 다닐 때 배운 이 지식이 바로 글을 쓸 때 필요한 구성의 원리, 책을 읽기 위한 구성의 원리예요. 글은 시작과 마무리가 정해져 있고, 중간이 얼마나 길어지는지만 달라집니다. 근데 이게 바로 글쓰기로 이어지진 않아요. 이걸 글쓰기로 이어가려면 시작의 방법과, 시작과 중간과 마무리의 특징을 알아야 합니다. 만약 안다면 막연히 고민하지 않고 선택할 수 있게 됩니다.

특징부터 하나하나 봅시다. 글쓰기의 시작은 뭘까요? 한마디로 낚시입니다. 독자의 관심과 흥미를 낚아채는 것이 시작에서 할 일입니다. 왜 그런지 한번 볼까요? 신문 볼 때나 기사 볼 때 뭘 보고 선택하나요? 제목을 보고 선택할 것입니다. 그 기사를 읽고 30초쯤 되면 갈등이 생깁니다. 끝까지 읽어야 해, 말아야 해? 30초 안에 이 글을 읽어야 한다는 임팩트를 줘야 합니다. 중요와 흥미라는 두 가지가 있어야 하죠. 미디어 학자들에 따르면 글에서 임팩트를 느껴야 3분간 집중해서 글을 끝까지 읽을 수 있다고 합니다. 그 3분을 위해 우리는 시작 30초에 집중해야 합니다. 그렇지 않으면 독자가 글을 외면하게 됩니다. 시작에서 독자가 글을 외면하면 뒤의 내용은 다 필요 없는 내용이 되어버리는 겁니다. 따라서 시작에서 독자들이 이 글을 끝까지 읽어야 할 이유를 만들어야 합니다.

두 번째는 중간입니다. 중간에 대한 예시로 요즘 가장 인기 있는 남자 배우 박보검을 보겠습니다. 인터넷 기사에 '박보검 결혼'이라고 떠 있죠. 그런 걸 어뷰징 기사라고 합니다. 인터넷 기사는 클릭 수에 따라 광고비를 받는데 이 클릭 장사 때문에 기자들이 무리하게 기사를 쓰는 것입니다. 이런 낚시에 걸려서 들어가 보면 드라마나 영화 속에서 결혼했다는 내용이 나옵니다. 관심을 끄는 데엔 성공했지만, 신뢰를 얻기엔 실패한 것입니다. 시작에서 관심을 끌었다면 중간에선 근거를 제시해야 합니다.

마무리는 뭘까요? 마무리는 글의 내용을 정리하는 것이 아닙니다. 글을 읽은 독자에게 메시지를 전달하는 것이 목적입니다. 독자의 관심을 끌고, 근거가 있으며, 메시지를 전달하는 글이 가장 좋은 글이라고 볼 수 있습니다. 낚시 fishing, 근거reasoning, 메시지message라고 제가 정했는데요. 스티브 잡스의 축사에서 이 셋을 찾아봅시다.

세상에서 가장 훌륭한 대학 중 하나로 꼽히는 이곳에서 여러분의 졸업식에 함께하게 돼 매우 영광입니다. 솔직히 말하면, 저는 대학을 졸업하지 못했습니다. 오늘 이 자리만큼 대학 졸업식을 가까이서 보는 것도 처음이네요. 오늘은 제 삶에 대한 세 가지 이야기를 들려드릴까 합니다. 대단한 건 아니고, 딱 세 가지만 이야기하겠습니다.

첫 번째는 인생의 연결점에 관한 이야기입니다. 저는 리드칼리지대학에 입학한 지 6개월 만에 자퇴했습니다. 그 후 1년 6개월 정도는 대학 주변에 머물며 청강을 하고 지내다가 결국 그만두었습니다. 왜 제가 자퇴를 했을까요? 이야기는 제가 태어나기 전으로 거슬러 올라갑니다. 저의 친어머니는 대학원에 다니던 젊은 미혼모였고, 저를 입양 보내기로 결정했습니다. 친어머니는 저의 장래를 위해 반드시 대학을 나온 부모에게 입양되길 바랐습니다. 그런 이유로 저는 태어나자마자 어느 변호사 가정에 입양되기로 정해져 있었죠. 하지만 제가 태어났을 때, 그들은 여자 아이를 원한다고 마음을 바꾸었습니다. 그래서 대기자 명단에 있던 양부모님은 한밤중에 걸려온 전화를 받게 됐습니다. "예기치 못한 남자아이가 태어났는데, 그 아이를 입양하시겠습니까?" "물론이죠." 그러나 양어머니는 대학을 졸업하지 못했고 양아버지는 고등학교조차 졸업하지 못했다는 사실을 친어머니는 나중에 알게 됐죠. 그래서 친어머니는 최종 입양서류에 사인을 거부했어요. 몇 달 후, 친어머니는 양부모님으로부터 저를 대학까지 보내겠다고 약속을 받은 후에야 겨우 고집을 꺾었습니다. 이것이 제 인생의 시작이었습니다.

17년 후 저는 대학에 입학했습니다. 그러나 저는 순진하게도 스탠퍼드만큼이나 등록금이 비싼 학교를 선택했고, 노동자이셨던 양부모님이 평생 동안 모아두신 돈이 모두 제 학비로 들어갔습니다. 6개월 후 대학생활이 저에게 그만한 가치가 없다는 것을 느꼈습니다. 그 당시 저는 제가 인생에서 진정으로 원하는 게 무엇인지, 또 대학생활이 그것을 알아내는 데 얼마나 도움이 될지 알 수 없었습니다. 그러면서 저는 대학에서 부모님이 평생 모아둔 돈을 펑펑 쓰고 있었습니다. 저는 모든 일이 다 잘될 거라고 믿으며 자퇴를 결심했습니다. 그 당시엔 몹시 두렵고 겁이 났지만, 돌이켜보면 제 인생 최고의 결정 중 하나였던 것 같습니다. 자퇴를 결정한 이후 평소에 흥미가 없었던 필수 과목을 듣는 대신 흥미로운 강의들을 찾아 듣기 시작했습니다. 그 생활은 그다지 낭만적이진 않았습니다. 기숙사에서 머물 수 없었기 때문에 친구 집 방바닥에서 자기도 했고, 5센트짜리 코카콜라병을 팔아 끼니를 때우기도 했습니다. 매주 일요일 밤마

Stay hungry, Stay foolish

다 그나마 괜찮은 음식을 먹기 위해 11㎞를 걸어서 해어크리슈나사원에 가기도 했습니다. 정말 맛있었어요. 오로지 제 호기심과 직관에 따라 저질렀던 많은 일들이 훗날 더없이 소중한 인생 경험이 됐습니다. 한 가지 예를 들어보겠습니다.

그 당시 리드칼리지대학은 아마도 전국에서 최고의 서체 교육을 제공했을 겁니다. 교정 곳곳에 붙은 포스터와 서랍에 붙어 있는 라벨은 모두 손으로 아름답게 쓴 서체들이었습니다. 자퇴를 한 상황인지라 정규 과목을 들을 필요가 없어 서체에 대해 배워보기로 결심했습니다. 저는 세리프와 산세리프라는 서체를 배웠는데, 서로 다른 문자들이 결합할 때 생기는 여백이 얼마나 가지각색인지, 무엇이 분사의 레이이웃을 아름답게 만드는 것인지 배웠습니다. 그것은 과학이 창조할 수 없을 정도로 아름답고 역사적이었으며 예술적으로 미묘한 면이 있었기 때문에 저는 이것에 흠뻑 빠졌습니다. 사실 이것들이 제 인생에서 실제로 어떻게 적용될지에 대한 기대는 하지 않았습니다. 그러나 10년 후 처음으로 매킨토시 컴퓨터를 구상할 때, 그때의 기억들이 되살아났습니다. 우리는 그 기술들을 매킨토시 디자인에 쏟아부었고, 매킨토시는 아름다운 서체를 지원하는 최초의 컴퓨터가 되었죠. 만약 제가 서체 수업을 듣지 않았더라면, 매킨토시는 이토록 다양하고 균형 있는 서체를 갖지 못했을 것입니다. 많은 개인용 컴퓨터들이 운영체제로 하고 있는 윈도가 매킨토시를 그대로 카피했기 때문에, 아마도 어떤 개인용 컴퓨터에서도 이런 기능을 찾아보기 힘들었을 것입니다. 만약 제가 대학을 자퇴하지 않았다면 서체 수업을 듣지 못했을 것이고, 개인용 컴퓨터는 지금과 같은 아름다운 서체를 갖추지 못했을지도 모릅니다. 물론 대학시절에는 앞을 내다보고 이런 인생의 점들을 연결해 가는 일은 불가능했겠죠. 하지만 10년 뒤에 돌이켜보니 너무나 선명합니다.

다시 말하자면, 지금 여러분은 미래를 내다보고 점을 연결할 수 없습니다. 다만 현재와 과거의 사건들을 연결시켜볼 순 있겠지요. 그러므로 여러분들은 그 점들이 어떠한 방식으로든 미래로 꼭 이어진다는 것을 믿었으면 좋겠습니다. 무언가를 믿으세요. 직감이든 운명이든 인생이든 업보든, 그 어떤 것이라도 좋습니다. 이런 방식은 저를 실망시키지 않았고, 제 삶의 모든 것을 바꿔놓았습니다.

두 번째는 사랑과 상실에 관한 이야기입니다. 저는 운 좋게도 일찍이 제가 하고 싶은 일을 찾았습니다. 저와 워즈니악은 스무 살 때 부모님의 차고에서 애플을 시작했습니다. 열심히 일한 덕에 차고에서 단 둘이서 시작했던 애플은 10년 뒤 4000명이 넘는 종업원을 거느리는 200억 달러 규모의 기업으로 성장했습니다. 우리는 최고 품질의 매킨토시를 출시했고 저는 바로 1

년 전에 막 서른 살이 됐습니다. 그리고 전 해고당했습니다. 어떻게 본인이 차린 회사에서 해고당할 수 있냐고요? 애플이 점점 성장하면서 함께 기업을 이끌어나갈 수 있는 유능한 경영자를 채용했습니다. 처음 일 년은 순조롭게 척척 잘해나갔죠. 그러나 미래를 보는 비전이 서로 어긋나기 시작했고, 결국 우리 둘 사이도 틀어졌습니다. 이사회는 그의 편에 섰고 저는 서른 살에 회사에서 쫓겨났습니다. 그것도 아주 공개적으로 말이죠. 저는 인생의 방향을 잃어버렸고, 엄청난 충격을 느꼈습니다. 몇 개월 동안 정말 아무것도 할 수 없었습니다. 이전 세대 기업가들로부터 이어받은 바통을 떨어뜨린 것처럼 그들의 기대를 저버린 것에 죄송스러운 마음이 들었습니다. 데이비드 패커드와 밥 노이스를 만나 상황을 이렇게까지 망쳐놓은 것을 사과하기도 했습니다. 저는 대중의 눈에는 실패자였고 실리콘밸리에서 도망쳐버리고 싶었습니다. 그러나 천천히 무언가를 깨닫기 시작했습니다. 아직도 제가 하는 일에 애착을 갖고 있었으며 애플에서 겪었던 사건들도 일에 대한 저의 애정을 추호도 꺾지 못했습니다. 비록 해고당했지만, 일을 사랑하는 마음은 여전했기 때문에 다시 시작하기로 결심했습니다.

당시에는 몰랐지만 애플에서 해고당한 일이 제 인생 최고의 사건임을 나중에야 깨닫게 됐습니다. 성공이라는 중압감은 곧 초심으로 되돌아가 다시 시작할 수 있다는 가벼움으로 바뀌었고, 모든 일에 대해 덜 확신하는 태도를 갖게 됐습니다. 초심자의 가벼운 자세가 저를 자유롭게 했고, 제 인생 최고의 창의력을 발휘할 수 있는 시기로 들어가게 해주었습니다. 그 후 5년 동안, 저는 넥스트와 픽사라는 회사를 창업했고, 지금 제 아내가 된 그녀와 사랑에 빠졌습니다. 픽사는 세계 최초로 컴퓨터 애니메이션 영화인 〈토이 스토리〉를 제작했으며, 지금은 세계에서 가장 성공적인 애니메이션 제작사가 되었습니다. 주목할 만한 사건들이 진행되면서 애플이 넥스트를 인수하고 저는 다시 애플로 복귀했습니다. 넥스트에서 개발한 기술들은 현재 애플 부흥의 핵심이 되고 있습니다. 또한 저와 제 아내 로렌은 화목한 가정을 꾸렸습니다.

애플에서 해고당하지 않았더라면 이런 일들이 일어날 수 없었겠지요. 정말 쓰디쓴 약이었지만 환자에겐 그 약이 필요한 법입니다. 살아가다 보면 때때로 인생이 우리 뒤통수를 벽돌로 내리치는 일이 생깁니다. 그렇더라도 신념을 잃지 마세요. 저를 앞으로 나아갈 수 있게 했던 유일한 힘은 제가 하는 일을 사랑한 것이라 확신합니다.

여러분도 사랑하는 일을 찾아야 합니다. 사랑하는 연인을 위해 그러하듯 당신의 일에 대해서도 진실해야 합니다. 일은 삶에서 매우 큰 부분을 차지합니다. 일에 대한 진정한 만족을 느끼

Stay hungry, Stay foolish

기 위해선 스스로 가치 있다고 믿는 일을 하는 것입니다. 훌륭한 일을 성취할 수 있는 단 한 가지 방법은 자신이 하는 일에 애착을 갖고 사랑하는 것입니다. 아직 그 일을 찾아내지 못했다면, 안주하지 말고 계속 찾아보기 바랍니다. 온 힘을 다해 그 일을 찾아낸다면 당신은 가슴으로 느끼게 될 것입니다. 좋은 관계가 그러하듯 여러분과 일의 관계도 세월이 지날수록 더욱 더 깊어질 것입니다. 멈추지 말고 계속 찾아보세요.

세 번째는 죽음에 관한 이야기입니다. 제가 열일곱 살 때 이런 문장을 읽었습니다. "하루하루를 마지막 날인 것처럼 살아간다면 언젠가는 꼭 성공할 것이다." 이 글에 깊은 감동을 받은 저는 지난 33년간 매일 아침 거울 앞에 서서 스스로 제 자신에게 다음과 같이 묻곤 했습니다. "만일 오늘이 내 인생의 마지막 날이라면 오늘 내가 해야 하는 일을 할 것인가?" 그리고 "아니"라는 대답이 여러 날 동안 계속되면 변화가 필요할 때라는 것을 직감했습니다.

곧 죽는다는 사실을 기억하는 것은 인생에서 중요한 선택을 할 때 가장 필요한 도구입니다. 죽음 앞에선 외부의 기대나 자존심, 수치스러움이나 실패에 대한 두려움은 사라지고 가장 중요한 한 가지만 남기 때문입니다. 언젠간 죽는다는 사실을 기억하는 것은 무언가 잃을지도 모른다는 함정에서 벗어나는 가장 좋은 방법입니다. 여러분이 이미 발가벗겨진 상태라면 마음을 따라가지 못할 이유도 없습니다.

1년 전, 저는 암 진단을 받았습니다. 오전 7시 30분에 검사를 받았는데 췌장에 악성 종양이 뚜렷하게 보였습니다. 저는 췌장이 무엇인지조차 몰랐습니다. 의사들은 치료할 방법이 없는 종류의 암이라며 3개월 내지 6개월 정도밖에 살 수 없다고 통보했습니다. 의사는 집으로 돌아가 남은 일을 마무리하라고 조언했습니다. 죽음을 준비하라는 말이었죠. 그 뜻은 자식들에게 앞으로 10년 동안 해주고 싶었던 것들을 단 몇 개월 안에 마무리 지어야 한다는 말이었고, 가족들이 제 임종을 쉽게 받아들일 수 있게 확실히 정리하고 그들에게 작별 인사를 하라는 말이었습니다. 저는 하루 종일 진단을 받았습니다. 그날 저녁엔 조직검사를 받았는데 내시경을 식도로 집어넣었고 위를 지나 장까지 넣어서 췌장을 바늘로 찔러 종양에서 암세포를 채취했습니다. 저는 마취 상태였는데 제 곁에 있던 아내가 말해주길, 의사가 제 몸에서 떼어낸 암세포를 현미경으로 검사하더니 눈물을 글썽거렸다고 합니다. 세포를 분석한 결과 수술로 치료가 가능한 보기 드문 종류의 췌장암이었기 때문이었죠. 저는 수술을 받았고 지금은 멀쩡합니다. 그때만큼 죽음이 가깝게 다가왔던 적은 없었고 앞으로도 수십 년간은 이런 일이 없길 바랍니다. 이

Stay hungry, Stay foolish

런 경험을 해봄으로써 순전히 머리로만 알고 있을 때보다는 죽음이 때로는 유용하다는 것을 확실하게 말할 수 있습니다.

누구도 죽음을 원치 않습니다. 천국에 가고 싶어 하는 사람이더라도 죽는 것을 원하진 않죠. 하지만 죽음은 우리 모두가 함께 하는 최종 목적지입니다. 누구도 죽음을 피해갈 순 없습니다. 그래야만 합니다. '죽음'은 삶이 발명해낸 최고의 발명품이기 때문이죠. 죽음은 삶을 변화시키는 존재입니다. 새로운 것을 받아들이는 길을 열어주기 위해 헌 것을 치워버립니다. 여러분도 당장은 새것이지만, 오래지 않아 헌것이 되어 사라질 것입니다.

너무 드라마틱하게 얘기해서 죄송하지만 엄연한 사실입니다. 여러분의 시간은 한정되어 있으니, 다른 사람의 삶을 사느라 시간을 허비하지 마세요. 다른 사람의 생각에 얽매이는 도그마에 빠져 살지 마세요. 시끄러운 타인의 목소리가 여러분의 내면에서 우러나오는 마음의 소리를 방해하지 못하게끔 하십시오. 가장 중요한 것은 자신의 마음과 직관을 따르는 용기를 갖는 것입니다. 그것들은 이미 당신이 무엇을 진정으로 원하는지 알고 있습니다. 다른 것들은 모두 부차적입니다.

제가 어렸을 때 『지구 백과』라는 멋진 책이 있었는데, 저희 세대 때는 성경만큼 유명했던 책이지요. 여기서 그리 멀지 않은 먼로파크에 살고 있는 스튜어트 브랜드라는 사람이 쓴 책인데, 그는 자신만의 시적 감성으로 이 책에 생기를 불어넣었습니다. 개인용 컴퓨터나 전자출판이 생기기 이전인 1960년대 후반이었기 때문에, 타자기나 가위, 폴라로이드 카메라로 만들어진 책입니다. 구글이 나타나기 35년 전 종이로 된 구글 같은 것이었지요. 그것은 이상주의적이고, 훌륭한 도구와 개념들이 가득 담겨 있습니다. 스튜어트 브랜드와 그의 팀은 『지구 백과』의 개정판을 몇 차례 더 냈고 책이 수명을 마감할 때쯤 마지막 자료를 내놓았습니다. 그때가 1970년대 중반이었고, 제가 여러분의 나이였을 때죠. 최종판 뒤표지에는 아침 시골길의 모습을 담아놓은 사진이 있었는데 모험심이 가득한 사람이라면 히치하이킹을 하고 싶을 만한 길이었어요. 그 밑에 이런 글이 적혀 있습니다. "항상 갈망하라. 우직하게 나아가라." 그것은 그들의 마지막 작별인사였습니다.

항상 갈망하라. 우직하게 나아가라. 저는 제 자신이 늘 이러기를 바랐습니다. 그리고 지금, 새로운 출발을 앞두고 있는 그대들에게도 같은 소망을 빕니다. 항상 갈망하십시오. 그리고 우직하게 나아가십시오. 감사합니다.

Stay hungry, Stay foolish

축사에 나타난 "낚시, 근거, 메시지"

스티브 잡스가 글을 정말 안 쓰는데, 이 글은 손꼽히게 유명한 글 중 하나죠. 이 글은 2005년에 스탠퍼드대학교 졸업식 축사로 쓰인 글입니다. 이 글 속에서 어떻게 스티브 잡스는 '낚시'를 했고, '근거'를 댔고, '메시지'를 전달했을까요?

축사의 첫 번째 문단에서 가장 흥미로운 사실이 뭘까요? 바로 그가 스탠퍼드라는 세계적인 대학교를 졸업하지 못했다는 사실입니다. 그리고 여기서 또 뭐가 중요한 걸까요? 자기 삶에서 중요한 세 가지를 말한 것입니다. 이 짧은 하나의 문단에 독자의 흥미를 유발하고, 이 글의 중요성을 제시하고 있습니다. 어떤 글도 그냥 쓰이진 않습니다. 독자에게 글을 읽어야 할 이유를 주는, 그런 방식으로 글을 써야 하는 거죠. 제가 매번 강의할 때마다 하는 말이 나 중심의 글쓰기가 아니라 독자를 위한 글쓰기를 하라는 겁니다. 우린 그걸 시작에서 만났습니다. 세 가지가 뭐였나요? 첫 번째는 인생의 연결점에 관한 이야기, 두 번째는 사랑과 상실에 관한 이야기, 세 번째는 죽음에 관한 이야기. 세 가지를 이야기하겠다고 하고 그것에 대한 근거를 제시하고 있습니다. 『지구백과』부터가 이 글의 마무리입니다.

"항상 갈망하라. 우직하게 나아가라. 저는 제 자신이 늘 이러기를 바랐습니다. 그리고 지금, 새로운 출발을 앞두고 있는 그대들에게도 같은 소망을 빕니다." 이 부분이 메시지죠. 이 축사를 읽는 독자들에게 생각과 행동의 변화를 줄 수 있는 메시지를 줍니다. 이렇게 세 가지 근거를 제시하고, 독자에게 메시지를 준 뒤에 글이 끝났죠.

이뿐만이 아닙니다. 다시 잡스의 글을 봅시다. 첫 번째는 인생의 연결점에 관한 이야기라고 시작하고 있죠. 스티브 잡스는 미혼모의 아들로 태어나, 가

116

난한 노동자의 집에 입양되어 17년 후 대학교에 입학하지만, 의미를 찾지 못해 자퇴합니다. 우연히 리드칼리지대학에서 서체 교육을 받죠. 이 이야기는 글의 다른 구성과 이어집니다. 물론 대학 시절에 미리 앞을 내다보고 이런 인생의 점들을 연결해 가는 일은 불가능했겠죠. 하지만 10년 뒤에 돌이켜보니 너무나 선명합니다.

"다시 말하자면, 지금 여러분은 미래를 내다보고 점을 연결할 수 없습니다. 다만 현재와 과거의 사건들을 연결시켜 볼 순 있겠지요. 그러므로 여러분들은 그 점들이 어떠한 방식으로든 미래로 꼭 이어진다는 것을 믿었으면 좋겠습니다."

이 문장에서 발견한 것이 있나요? 이 안에 '낚시', '근거' 그리고 '메시지'가 모두 담겨 있습니다.
다음 부분을 봅시다.

"여러분도 사랑하는 일을 찾아야 합니다. 사랑하는 연인을 위해 그러하듯 당신의 일에 대해서도 진실해야 합니다. 일은 삶에서 매우 큰 부분을 차지합니다. 일에 대한 진정한 만족을 느끼기 위해선 스스로 가치 있다고 믿는 일을 하는 것입니다. 훌륭한 일을 성취할 수 있는 단 한 가지 방법은 자신이 하는 일에 애착을 갖고 사랑하는 것입니다. 아직 그 일을 찾아내지 못했다면, 안주하지 말고 계속 찾아보기 바랍니다. 온 힘을 다해 그 일을 찾아낸다면 당신은 가슴으로 느끼게 될 것입니다. 좋은 관계가 그러하듯 여러분과 일의 관계도 세월이 지날수록 더욱 더 깊어질 것입니다. 멈추지 말고 계속 찾아보세요"

이 문장도 메시지로 끝나는 걸 알 수 있죠? 지난 33년간 매일 아침 거울 앞에서 자문자답한 이야기, 암 진단으로 죽을 뻔했다 살아난 이야기를 통해, 스티브 잡스는 '너무 드라마틱하게 얘기해서 죄송하지만 엄연한 사실입니다. 여러분의 시간은 한정되어 있으니, 다른 사람의 삶을 사느라 시간을 허비하지 마세요. 다른 사람의 생각에 얽매이는 도그마에 빠져 살지 마세요. 시끄러운 타인의 목소리가 여러분의 내면에서 우러나오는 마음의 소리를 방해하지 못하게끔 하십시오'라고 이야기합니다. 또 '낚시', '근거', '메시지'죠? 이 글 자체에 그것들이 훌륭하게 들어 있다는 거죠. 늘 어떻게 독자의 관심을 끌지, 독자에게 근거를 줄지, 메시지를 줄지를 고민하며 글을 써야 합니다.

플롯적 글쓰기

이 축사에만 국한되는 것이 아니라 신문이나 칼럼 등 대부분의 글이 이런 형태라는 것을 알 수 있을 겁니다. 제가 몇 년 전에 학생들 자소서를 봤는데, '저는 인자한 어머니와 아버지 밑에서 태어났고…' 보통 이렇게 시작되는 글을 씁니다. 근데 사실 글을 쓸 때는 내가 가장 흥미롭고 중요하다고 생각하는 것을 먼저 써야 합니다. 이 스티브 잡스의 축사는 글쓰기의 구성뿐만 아니라 글쓰기에 대해 생각할 수 있는 내용이 많습니다.

첫 번째 에피소드를 볼까요? 이렇게 시작하고 있죠. "저는 리드칼리지대학에 입학한 지 6개월 만에 자퇴했습니다. 그 후 1년 6개월 정도는 대학 주변에 머물며 청강을 하고 지내다가 결국 그만두었습니다. 왜 제가 자퇴를 했을까요? 이야기는 제가 태어나기 전으로 거슬러 올라갑니다." 이렇게 흘러가고 있습니다. 이 첫 번째 에피소드는 시간 순서대로 쓰여 있을까요, 그렇지 않을까요? 시간의 순서를 왜곡하고 있습니다. 어렸을 때부터의 일이 아니라 학교를 그만뒀을 때부터 시작합니다. 왜 이렇게 했을까요? 어렸을 때부터 했다면 쉬웠을 텐데 말이죠. 글쓰기의 종류 중 가장 쉬운 글쓰기는 시간의 순서대로 쓰는 글입니다. 그런데 그렇게 쓰면 독자들은 지루하게 느낍니다. 시간의 순서대로 글을 쓰는 걸 스토리라고 하는데 스토리를 넓게 말하면 이야기가 전개되는 것을 말하지만 좁게 말하면 순서대로 글을 쓰는 것을 말합니다. 이 글은 이 스토리를 왜곡하여 독자가 궁금해할 만한 것을 가장 처음에 던지고 뒤에 그것들을 풀어내는 플롯적 글쓰기를 한 것입니다. 그렇다면 우리는 어떤 글쓰기를 해야 할까요? 플롯적 글쓰기를 해야 하는 것이죠. 플롯적 글쓰기는 어렵지 않습니다. 스토리적 글쓰기를 하다 보면 독자 입장에서 가장 중요하고 흥미를 느끼는 부분이 있을 겁니다. 그 부분을 앞으로 휙 당겨서 쓰면 그것이 플롯적 글쓰기입니다. 여러분도 글을 쓸 때 시간상으로 쓸 것이 아니라 가장 중요한 것을 먼저 쓰는 플롯적 글쓰기를 하십시오.

명확한 글쓰기

두 번째로, 우리나라 사람들의 글쓰기 습관이 뭘까요? 크게 추상, 관념, 보편, 모호로 볼 수 있습니다. 하루는 제가 길을 걷는데 길에 '양생 중. 조심하시오'라고 쓰여 있었습니다. 양생이 뭔지 아세요? 시멘트를 바르고 굳히는 것을 양생이라고 합니다. 그걸 보자마자 이게 떠올랐죠. 왜 양생 중이라 주의하라고 했지? 양생 중일 때 주의해야 할 것은 밟는 것밖에 없잖아요. 그냥 '밟지 마시오'라고 하면 행인이 그것을 보고 즉각적으로 반응할 수 있죠. 그런데 양생 중이라 주의하라고 쓰면 우리는 그 뜻을 유추해서 알아내야 합니다. 유추라는 것은 인지적 능력입니다. 사람들이 어떤 것을 이해하기 위해 머리를 막 굴리는 것이죠. 물론 머리를 굴리는 것은 학습에 굉장히 유용하지만 독자들은 여러분의 글을 읽고 학습하고 싶어 하지 않습니다. 학습해 가면서까지 여러분의 글을 읽고 싶지 않은 거죠. 그래서 우리는 추상, 보편, 모호, 관념이 아닌 글을 써야 하는 겁니다.

우리가 이런 글쓰기를 하게 된 데에는 역사가 있습니다. 우리나라는 식민지였고, 일제강점기 때 자세하게 글을 적은 많은 사람들은 고문을 당해야 했습니다. 군사정권 때도 마찬가지였어요. 신문기자들이 구체적으로 글을 쓰면 해직당하거나 감옥에 갑니다. 그래서 모호하게 적기 시작했습니다. 하지만 현재 우리는 그런 시대에 살고 있지 않습니다. 이런 역사가 얼마나 뿌리가 깊은지, 제가 에피소드를 하나 말씀드릴게요. 제가 몇 년 전 어느 지자체에 가서 공무원을 대상으로 강의를 했습니다. 첫 시간에 자신의 인생에서 가장 인상 깊은 장면에 대해 써오라고 했습니다. 그랬더니 어떤 여성분이 신혼여행 간 이야기를 A4 용지 3장 분량으로 써왔습니다. 제가 그 글을 읽고 깜짝 놀랐어요. 3장이 모두 신혼여행에 대한 내용이었지만 정작 그 사람이 간 여행지가 어디인지는 알 수 없었어요. '낯선 풍경에 넋을 잃고 말았다' 이런 식으로만 글을 썼어요. 자신의 의견만 나열한 글을 쓴 것이죠. 이런 글들은 독자와 소통할 수 없어요. 우리는 독자에게 선명한 그림을 그려줘야 해요. 우리의 머릿속에 그림이 그려져 있어야 독자는 적극적인 반응을 보일 수가 있어요. 독자는 글을 읽고 두 가지 생각을 할 수 있어요. 공감과 동의입니다. '맞아, 이렇게 해야 해!' 이런 반응을 얻으려면 우리는 독자의 머릿속에 그림을 그려줘야 합니다. 그러려면 무엇을 해야 할까요? 육하원칙을 지켜서 글을 쓰고, 숫자같이 구체적인 단위를 써야 하고, 고유명사를 써야 하고, 오감(시각, 청각, 촉각, 미각, 후각)의 정보를 적어야 합니다.

스티브 잡스의 예시

  그렇다면 스티브 잡스는 어떻게 썼을까요? 축사 첫 페이지 하단을 보시면 "그 생활은 그다지 낭만적이진 않았습니다. 기숙사에서 머물 수 없었기 때문에 친구 집 방바닥에서 자기도 했고, 5센트짜리 코카콜라병을 팔아 끼니를 때우기도 했습니다. 매주 일요일 밤마다 그나마 괜찮은 음식을 먹기 위해 11㎞를 걸어서 해어크리슈나사원에 가기도 했습니다. 정말 맛있었어요"라는 문장이 있죠. 그는 빈 병을 판 것이 아니라 5센트짜리 코카콜라병을 팔았고, 단지 먼 곳을 간 게 아니라 11㎞를 걸어서 해어크리슈나사원으로 간 것입니다. 이번에는 두 번째 에피소드의 첫 번째 문장을 봅시다. "열심히 일한 덕에 차고에서 단 둘이 시작했던 애플은 10년 뒤 4000명이 넘는 종업원을 거느리는 200억 달러 규모의 기업으로 성장했습니다. 우리는 최고 품질의 매킨토시를 출시했고 저는 바로 1년 전에 막 서른 살이 됐습니다."

  만약 우리나라 사람이 썼다면 규모가 큰 기업으로 발전시켰다고 썼을 것입니다. 여러분은 스티브 잡스처럼 글을 써야 합니다. 고유명사, 오감에 대한 정보, 육하원칙, 숫자 등 이런 것들이 다 담긴 글을 써야 합니다. 여러분들이 글

이야기	↔	논리
사실	↔	의견
관찰	↔	평가
구체	↔	주장
개별	↔	보편
묘사	↔	설명

을 쓴 뒤 이것들에 유의해 수정한다면 분명히 글이 달라졌다는 것을 느낄 것입니다. 글을 쓰고 퇴고의 과정에서 이 네 가지 중 빠진 것은 없는지 확인해야 합니다. 우리나라 소설들은 대충 이런 식으로 말하는 것을 좋아합니다. 어느 여름날 그녀와 함께 자동차를 타고 남쪽 해안 도시에 놀러 갔다. 그렇다면 미국에선 어떻게 쓸까요? 7월 30일 정오 제니와 함께 2018년형 캐딜락을 타고 마이애미 해변으로 놀러 갔다, 이렇게 씁니다. 이런 글이 더 훌륭한 글입니다. 물론 문학적으로 모호하게 쓰는 글도 있습니다. 그런 글을 제외하곤 이런 글을 쓰는 것이 좋습니다. 스티브 잡스는 모든 글에서 이것을 잘 활용했습니다.

이제 세 번째로 넘어가 보겠습니다. 이 글에는 죽음에 관한 명언들이 엄청나게 많습니다. 죽음은 삶의 발명품이라는 말부터 시작해서 엄청 많은데, 이 말들이 독자들에게 설득력을 가지는 이유가 뭘까요? 바로 자신이 경험했기 때문입니다. 시한부를 선고받은 사람이 말함으로써 설득력이 강하게 느껴지는 것입니다. 글을 쓸 때 가장 중요한 것은 실제 자신이 경험한 것을 쓰는 것입니다.

이 '이야기, 사실, 관찰, 구체, 개별, 묘사'라고 하는 영역의 글을 잘 써야 합니다. 스티브 잡스의 축사는 처음부터 끝까지 어떤 한 부분도 이 '이야기, 사실, 관찰, 구체, 개별, 묘사'를 빼놓고 '논리, 의견, 평가, 주장, 보편, 설명'을 이야기하고 있지 않아요. 그런 부분이 없습니다. 여러분이 이 글을 처음부터 끝까지 보시면 모든 글에서 항상 이렇게 그림을 보여주고 또 생각을 정리해 줍니다. 여러분은 항상 글 속에서 사실의 구분과 의견의 구분, 또 이야기와 논리 구분들을 중요하게 봐야 합니다. 이것에 대해 거칠게 한번 정리해 보면, '이야기, 사실'에 60~70퍼센트, '논리, 의견'에 30~40퍼센트를 할애한다면 아주 좋은 글이 된다는 소리죠. 대체로 '이야기, 사실, 관찰, 구체, 개별, 묘사'를 무시하는 경우가 많습니다. 이 부분을 무시하기 때문에 공허한 글이 되는 겁니다. 이걸 잘 기억하시길 바랍니다.

이제 마무리 부분 보겠습니다. 이 글의 마무리 부분을 보면 죽음에 관한 이야기입니다. 사실 죽음에 관한 건 스티브 잡스의 인생에 별로 중요한 부분은 아닌데 갑자기 툭 튀어나왔죠. 그런데 만일 스티브 잡스가 이 축사에서 죽음에 관한 이야기를 하지 않고 자기 삶의 이야기를 한 다음에, "항상 갈망하십시오, 우직하게 나아가십시오." 이렇게 얘기했으면 어땠을까요? 이 축사를 듣고 있던 스티브 잡스의 팬들은 어땠을까요? 뜬금없는 자기 자랑이 되는 것이죠. 스티브 잡스의 첫 번째, 두 번째 에피소드를 보면 정말 범상치 않은 사람이죠. 나는 이렇게 살아왔다는 식의 자기 자랑. 또 다른 말로 하면 꼰대 메시지가 되는 겁니다. 자, 꼰대 메시지는 뭘까요? 지당한 이야기를 지당한 방식으로 하는 게 꼰대 메시지죠. 상대방이 그 내용을 수용할 수 있냐, 없느냐를 따지지 않고 그냥 나의 관점에서 이야기하는 거예요. 스티브 잡스는 바로 그런 위험성을 『지구 백과』에 나온 글을 인용함으로써 방지한 것이죠. 이게 바로 아주 세련된 메시지라고 할 수 있습니다.

인용과 비유를 활용한 글쓰기

이제 앞으로 자소서 쓸 때 이것과 비슷한 상황을 만나게 될 것입니다. 자소서는 시작도 어렵고, 마무리도 어렵죠. 마무리에서 무언가 내가 이 회사에 입사하면 뭔가 최선을 다할 거라는 것을 보여줄 필요가 있죠. 어떻게 그걸 표현할 거예요? '저를 뽑아주신다면 저의 몸과 마음을 바치겠습니다.' 이렇게 쓸까요? 이렇게 쓸 수 없죠. 이렇게 쓸 수 없지만 뭔가 거기에 해당하는 이야기를 해야 되겠죠? 그런데 내가 학생들이 쓴 자소서를 봤을 때는 대체로 아주 어정쩡하게 마무리되는 글이 꽤 많습니다. 대개 진정성 없어 보이고, 촌스러워 보이기도 하고. 바로 이 메시지가 직면하는 어려움이 그런 문제들입니다.

제가 가르쳤던 학생이 쓴 자소서를 소개해 볼게요. 아주 인상 깊었는데. 이 학생은 IT 분야로 취업을 하려는 학생입니다. 그래서 자기가 IT 분야에 대해서 어떻게 관심을 가지게 됐는지 에피소드를 쭉 설명해 놨어요. 그렇게 한 다음 글의 마무리를 이렇게 했습니다. 미국에선 매년 버닝맨 축제가 열립니다. 설치예술가들이 이곳저곳에서 작품을 만들죠. 작품이 완성되면 2주 동안 전시회를 합니다. 전시회가 다 끝나고 난 다음에 작품들을 사막 한군데에 모읍니다. 그리고 모두 불태워 버립니다. 그래서 버닝맨 축제이죠. 저는 ○○회사의 버닝맨이 되겠습니다, 이렇게 쓴 거죠. 바로 이게 메시지라는 것이죠. 메시

• 실용 글쓰기 교육서 『글쓰기가
처음입니다』

• 실용 글쓰기 교육서 『보고서의 법칙』

지라고 하는 것은 이렇게 '생'으로 무언가를 던지는 게 아니라 상대방이 수용할 수 있는 형태로 던지는 것입니다. 그래서 모든 글에 인용과 비유를 쓸 필요는 없지만, 글쓰기에서는 인용과 비유가 상대방이 거부하지 않고 수용할 수 있는 아주 중요한 수단이 되는 것이죠. 스티브 잡스는 바로 이런 수단들을 잘 활용하고 있는 겁니다.

또 볼까요? 세 번째 에피소드 한번 볼게요.

"저는 하루 종일 진단을 받았습니다. 그날 저녁엔 조직검사를 받았는데 내시경을 식도로 집어넣었고 위를 지나 장까지 넣어서 췌장을 바늘로 찔러 종양에서 암세포를 채취했습니다. 저는 마취 상태였는데 제 곁에 있던 아내가 말해주길, 의사가 제 몸에서 떼어낸 암세포를 현미경으로 검사하더니 눈물을 글썽거렸다고 합니다. 세포를 분석한 결과 수술로 치료가 가능한 보기 드문 종류의 췌장암이었기 때문이었죠. 저는 수술을 받았고 지금은 멀쩡합니다."

이 부분을 보세요. 의사가 떼어낸 암세포를 보고 눈물을 글썽이죠. 그리고 수술로 치료가 가능한 췌장암이라고 이야기를 하는 것이죠. 우리가 글을 쓰다 보면, 특히 나의 이야기를 쓰다 보면, 어떤 함정에 빠지냐면, 결과만 전달하게 됩니다. 나는 다 알거든요? 나는 다 아는 이야기니까 결과만 전달해요. 그 이야기의 결과만 전달하면 독자는 어떻게 될까요? 그 결과까지의 과정을 모르죠? 그러니까 공감할 수 없죠. 바로 그 결과를 전하기 위해서 과정을 생생하게 전달해야 합니다. 이렇게 과정까지 전달해야 독자는 수용할 수 있는 거예요.

또 이런 문장을 볼까요? "어젯밤 어두운 밤길을 걸어가다 돌부리에 걸려 넘어졌습니다." 이 문장은 문법적으로는 아무런 문제가 없죠. 그렇다면 이 문장의 문제가 뭘까요? 이 문장은 어젯밤 상황에 대한 과정은 전하지 않고, 결론만 전합니다. 어젯밤 상황은 이런 거였겠죠. 어젯밤 어두운 밤거리를 걸어가다 무언가에 걸려 넘어졌다. 그리고 그것은 돌부리였다. 돌부리인 줄 알고 걸려서 넘어지진 않았을 거예요, 그렇죠? 여러분 이를테면 이 두 가지 내용을 들었을 때 독자는 어떤 반응을 보일까요? 예를 들면 친구한테 '야, 어젯밤 있잖아. 나 밤길 걸어가다가 돌부리에 걸려 넘어졌어'라고 하면 친구들이 뭐라고 할까요? '아이고 칠칠치 못하네. 돌부리인지도 모르고 걸려서 넘어졌냐.' 이럴 거예요. 결과만 전했기 때문에 듣는 사람이 공감할 수 없는 거예요. 그런데 '야, 나 어젯밤에 밤길 걸어가다 뭔가에 걸려 넘어졌어. 그런데 돌부리였어'라고 하면, '와, 아팠겠다. 어떤 자식이 돌부리도 안 치우고 거기 그냥 뒀냐?' 이럴 거예요. 왜냐하면 공감했기 때문이죠. 여러분은 여러분이 겪었던 일이기 때문에 바로 결과만 전달해요. 그럼 독자가 공감하지 못하죠. 그러니까 여러분의 일이지만 독자가 내 옆에 같이 서서 그 내용을 천천히 지켜보는 것처럼, 이렇게 글을 써야 합니다.

카테고리식 글쓰기

스티브 잡스의 축사는 스토리텔링 글쓰기 같지만, 그저 스토리의 구조로 되어 있진 않습니다. 그렇다면 어떤 구조로 되어 있나? 카테고리 구조로 되어 있습니다. '세 가지 이야기 : 인생의 연결점에 관한 이야기, 사랑과 상실에 관한 이야기, 죽음에 관한 이야기.' 그러니까 자신의 이야기를 어떤 스토리 라인으로 쓴 것이 아니라 세 개의 카테고리로 나눈 것입니다.

저는 여러분에게 이런 식의 글쓰기를 할 것을 권합니다. 여태까지 여러분은 편하게 한 줄로, 꼬리에 꼬리를 무는 식으로 썼는데, 여러분이 쓰다가 만약 막히잖아요? 그럼 어떻게 됩니까? 꼼짝달싹 못 하죠. 앞으로 나가지도 못하고 뒤로 물러서지도 못하고. 바로 이렇게 함정에 빠지게 될 수가 있습니다. 우리는 그렇게 라인으로서의 글쓰기가 아니라 카테고리로서의 글쓰기를 해야 해요. 우선 내가 속에서 할 수 있는 이야기를 막 나열해요. 에피소드를 열 가지쯤 나열해요. 인생의 연결점으로 이루어진 글. 또 하나는 사랑과 상실로 이루어진 글. 죽음으로 이루어진 글. 이렇게 카테고리를 나눠 글쓰기를 해야 막히는 법이 없어요. 이걸 쓰다가 안 되면 저걸 쓰고. 이렇게 하는 것이죠.

우리가 이렇게 쓸 수 있는 이유는 글을 쓰는 디바이스가 달라졌기 때문이에요. 과거엔 어땠습니까? 원고지에 글을 썼죠. 원고지라고 하는 것은 라인의 글쓰기를 할 수밖에 없는 구조입니다. 첫 줄 쓰고, 그다음 줄 쓰고, 한 줄로 모든 이야기가 이어지죠. 중간에 잘못되면 어떻게 해야 합니까? 다 구겨버리고 처음부터 다시 써야 하죠. 그러니까 이런 라인으로서의 글쓰기는 뭔가 수정을 하려면 엄청난 노동이 들어가기 때문에 무의식적으로 처음부터 잘 쓰려고 하는 것이죠. 처음부터 완벽하게 쓰려고 해요. 그런데 그 완벽하게 쓰려는 태도가 바로 글을 못 쓰게 만드는 요인입니다. 이게 바로 라인으로서의 글쓰기가 가진 단점입니다. 우리는 주로 어떻게 글을 씁니까? 컴퓨터로 글을 쓰죠. 컴퓨터에서는 어떤 블록을 지정해서 글을 아무 데나 붙일 수 있어요. 여기에 붙일 수 있고 저기에 붙일 수 있고. 얼마든지 바꿀 수가 있어요. 그렇다면 이럴 때 어떻게 해야 하냐? 그냥 나열하는 것이 아니고 '카테고라이징categorizing'을 해야 합니다. 스티브 잡스는 카테고리 글쓰기예요. 그래서 꼬리의 꼬리를 물고 마치 실을 풀어가듯이, 이렇게 접근하지 말고 스티브 잡스처럼 각 블록을 만들어 카테고리식 글쓰기를 하라는 말이에요. 이 스티브 잡스의 축사 구성 방법들은 거의 모든 글쓰기에 적용할 수 있는 마스터키 같은 거예요. 자소서, 여러분이 나중에 쓸 보고서 같은 것도 이 방법을 적용해서 아주 기본적인 글쓰기를 할 수 있습니다. 다른 구성을 고민하지 않고 이 정도만으로도 여러 가지 내용을 담아낼 수 있어요. 제가 말씀드렸던 여러 가지 글쓰기의 미덕들을 찬찬히 둘러보면서 글쓰기를 풀어나가면 좋을 것 같습니다.

질의응답

본인의 이야기를 글로 적을 때 너무 사실 위주의 글쓰기가 되어서 독자가 흥미를 못 느낄 때는 어떻게 해야 할까요?

사실을 담으면 아주 흥미로운 글쓰기가 되겠죠. 글쓰기에서 사실은 정말 중요하니까요. 우리가 사실을 껍데기로만 표현했을 때는 사람들이 거기에 대해서 크게 감동을 못 느끼지만, 만약 사실을 깊게 바라본다면 달라질 것입니다. 그래서 글쓰기라는 것은 사실을 '낯설게 보기'와 같아요. 제가 한번 예를 들어볼게요. 제가 충북 괴산에 가서 글쓰기 강연을 한 적이 있습니다. 주로 농부의 부인들을 대상으로 글쓰기 강연을 했어요. 근데 어떤 분이 이런 글을 썼어요. 첫 아이를 낳고 산부인과에서 오라고 해서 남편 자동차를 탔는데, 아이를 가졌으니까 앞자리에 못 앉고 뒷자리에 앉았습니다. 그때 이 여성분은 운전하는 남편의 뒷모습을 처음 본 거야. 그전에는 옆자리에 앉았겠죠. 운전하는 남편의 뒷모습을 보면서 그 남편에 대해 그전에는 전혀 가져보지 못했던 어떤 감정. 애잔함도 있고, 힘들어 보이기도 하고, 그런데도 한 가정을 이끌어나가는 가장의 뒷모습을 보게 됩니다. 바로 그렇게 보는 것이 글쓰기입니다. 우리가 늘 보던 것을 그냥 보던 시선으로 보는 것이 아니라 다르게 보고 낯설게 볼 때 평범했던 사실이 엄청나게 귀중한 진주가 되는 것이죠. 하루 일상을 한번 써보십시오. 재미없는 글이 될 것입니다. 아침에 눈 뜨고, 세수하고, 밥 먹고, 버스 타고 학교 오고…. 재미없는 글이 돼요. 그런데 이걸 한번 바꿔봅시다. 주인공을, 이 글의 화자가 내가 아닌 휴대폰이라고 칩시다. 휴대폰이 나의 일상을 이야기해 주는 거예요. 자기 주인의 일상을 이야기해 주는 거예요. 그럼 어떻게 될까요? 굉장히 재미있는 글이 되겠죠. 똑같은 하루의 이야기이지만 나의 관점으로 보느냐 휴대폰의 관점으로 보느냐에 따라 전혀 다른 글이 되는 것입니다. 좋은 글이라고 하는 것은 우리가 늘 겪고 있는 익숙한 사실, 익숙한 현실을 새롭게 보고 낯설게 보는 것입니다. 그렇게 볼 때, 이 사실은 소중한 보물이 되는 거예요.

논술형 시험을 볼 때 좋은 평가를 받기 위해서는 어떻게 해야 할까요?

우선 한 가지 말씀드리고 싶은 게 있어요. 바탕 10포인트로 글을 쓰면 안 됩니다. 제가 이전에 대학생들 자소서 코치를 할 때 바탕 10포인트로 글을 쓰면 안 된다는 것을 굉장히 강조했습니다. 바탕 10포인트가 뭘까요? 아무것도 지정하지 않은 것이 바탕 10포인트 입니다. 이렇게 글을 쓰면 글의 내용과 상관없이 그걸 읽는 사람이 '이 사람은 정말 무성의한 사람이구나, 읽는 사람을 배려하지 않는구나.' 이런 생각을 하겠죠. 더구나 저희처럼 나이가 들면(웃음) 10포인트는 정말 괴롭습니다. 이메일 보낼 때 막 10포인트로 보내버리면 우리나라에서 나이 한 40 넘은 사람은 그걸 읽기 위해서, 엄청 곤혹스러운 상황이 발생합니다. 그래서 저는 글자의 포인트는 적어도 12포인트나 13포인트를 권해드립니다. 그리고 좋은 서체들이 많습니다. 좀 공식적이고 업무적인 어떤 내용을 보낼 때는 명조 계열의 서체를 많이 씁니다. 거기에 궁서체나 필기체를 쓰면 안 됩니다. 명조 계열의 서체가 좋고요. 그렇지 않으면 조금 더 멋을 내는 그런 경우엔 윤체나 그런 계열의 글씨체가 있고요. 그러니까 각 서체마다 특징이 있어요. 논술 글쓰기는 명조체로 쓰는 것이 좋아요. 신명조나 휴먼명조, 이런 다양한 명조체가 제일 무난하고 신뢰감을 줄 수 있는 서체입니다.

논술을 쓸 때는 논리의 법칙이 있습니다. 논리의 법칙이라고 하는 것은 우리가 그 글을 통해 전하려는 용건이에요. 저는 용건이란 말을 좋아합니다. 그 글을 통해서 독자에게 전하려는 용건이 있어요. 용건이 없다면 글을 쓸 필요가 없어요. 나 자신을 표현하는 글쓰기는 용건 없이 쓸 수 있지만, 누군가에게 보여주기 위해서는 용건이 반드시 있어야 해요. 그 용건이 무엇이냐 하면 내가 결정하거나 판단한 내용이에요. 그저 그런 내용이 용건이 아니라 내가 결정한 내용, 판단한 내용이 바로 용건이 될 수 있어요. 우리는 그것을 앞에 제시해야 합니다. 그리고 설득을 해야 해요. 설득하기 위해 바로 근거가 필요한 거죠. 그래서 아까 우리가 배운 'fishing'의 논리적 글쓰기는 바로 용건을 먼저 제시하고 근거를 얘기해야 하는 글쓰기입니다. 그래야만 글이 설득력이 있습니다. 어떤 글은 문장은 정말 좋은데 용건이 없는 글이 있어요. 그냥 근거만 쭉 제시해 놨어요. 용건이 마치 안개 속에 있는 것처럼, 꾸역꾸역 모호하게 제시한 글들이 있어요. 이런 글들은 좋지 않죠. 어떤 글들은 용건만 있고 근거가 없어요. 주장만 있고, 그것을 설득하는 근거가 없어도 문제가 되죠. 그래서 용건과 근거라고 하는 이 두 가지가 균형을 이뤄야만 좋은 논술 글쓰기가 될 수 있습니다.

논술이나 논문 발제, 요약 등의 과제를 할 때 주어진 글 자체가 굉장히 어려운 때가 많아요. 이런 글을 읽을 때 독해력이 부족하단 생각이 많이 드는데요. 많이들 공감하실 거예요. 독해력을 기르는 방법은 어떤 것이 있나요?

굉장히 좋은 질문입니다. 우리나라 교육의 가장 큰 문제점은 학교에 다니면서 요약을 해보지 않았다는 거예요. 여러분 예전에 초등학교나 중학교 때 독후감 썼죠? 저는 독후감은 이제 사라져야 될 글쓰기라고 생각합니다. 그냥 책을 다 읽지 않아도 대충 그냥 앞부분 조금 읽고, 자기 느낌 적어서 독후감을 한 편 적을 수 있어요. 그렇게 글을 쓰게 만들면 안 됩니다. 책을 많이 읽지 않아도 좋지만, 한 권을 읽어도 그것을 제대로 요약할 수 있어야 해요. 요약이라는 것은 커다란 집을 작은 미니어처로 만드는 과정입니다. 그러니까 그 글의 구조를 담아서 요약할 필요가 있다는 말이죠. 그 구조는 목차에 들어 있습니다. 이 목차를 잘 활용해서 글의 구조를 잘 파악할 줄 알아야 해요.

책에서 배운 것이 뭘까요? 지식, 경험, 통찰입니다. 글을 쓰려면 지식, 경험, 통찰이 있어야 해요. 하지만 그것들을 아는 것보다 더 중요한 것은, 글을 쓴 사람이 자기 책을 통해서 독자를 어떻게 설득할지 그 전략을 세우는 것입니다. 지식, 경험, 통찰은 다른 방법으로도 배울 수가 있어요. 그렇지만 독자를 설득하는 전략, 구조는 책이라고 하는 텍스트가 아니면 배우기 힘들어요. 그건 요약을 직접 해봐야만 가능합니다. 하지만 처음부터 책 한 권을 요약하는 것은 힘들 거예요. 그래서 단기적인 방법으로 저는 신문 칼럼 요약을 여러분에게 추천합니다. 신문 칼럼은 원고지 10매 내의 짧은 글입니다. 그렇지만 그 안에 글을 쓴 사람의 지식, 경험, 통찰이 압축되어 있어요. 칼럼을 한 세 줄, 네 줄로 요약을 해보는 것입니다. 요약을 할 때는 그냥 요약하는 것이 아니라 반드시 이 칼럼을 통해 전하고자 하는 용건, 강조하는 주장, 그 부분을 잘 찾아야 해요. 그 부분을 잘 찾아서 한 줄로 적고, 그것을 그 사람이 어떻게 설득하고 있는지 설득의 내용도 두세 줄 적어보는 거예요. 그렇게 하다 보면 일단 글 속의 핵심이 무엇인지 파악하게 되어 있어요.

잘 기억해야 해요. 700~800페이지 정도 하는 벽돌 책들 있잖아요. 이런 것도 A4 용지 한두 장으로 정리할 줄 알아야 해요. 그걸 알고 독서를 해야 해요. 그걸 모르고 독서를 하면 그야말로 장님이나 다름없습니다. 거기에 보면 한두 장으로 요약되는 핵심이 있어요. 그걸 딱 알고 나머지 내용을 봐야만 '아, 이 사람이 여기 이 부분을 설득하려고 이런 통계와 이런 논리를 대입하고 있구나'라고 알게 되는 거예요. 이렇게 독서를 해야 하는 거예요. 그렇게 하려면 목차를 봐야 해요. 목차를 통해서 그 글의 핵심을 먼저 파악하는 것이죠. 이것을 신문 칼럼 요약을 통해 배울 수 있어요.

또 한 가지는 요약을 해보면 글의 전략을 알 수 있죠. 모든 글은 글쓴이가 전하려는 용건을 독자가 공감할 수 있도록 전략을 짜놓은 거예요. 어떤 사람은 사례를 제시할 수 있고, 그밖에도 인용, 통계, 비유 등을 이용해 이런 전략을 짜는 거예요. 이 전략을 이해해야 해요. 이 전략을 많이 알아야만 여러분 글에도 전략을 구사할 수 있죠. 그래서 저는 강의 때 신문 칼럼 요약을 많이 시켜요. 신문 칼럼 십 분이면 다 요약할 수 있어요. 그렇지만 그게 가진 효과는 어마어마하게 크죠. 그것은 단지 글쓰기에만 국한되는 것이 아니라, 세상을 전략적으로 바라보는 힘을 키워주고, 전략적인 커뮤니케이션을 할 수 있게 만들어줍니다. 우리는 때

때로 근거 없이 말하곤 하죠. 신문 칼럼을 요약한다면, 근거를 가지고 말하는 것에 도움이 될 것입니다. 시간은 얼마 걸리지 않지만, 효과는 정말 훌륭해요. 신문 칼럼 요약을 꼭 해보세요. 재미는 진짜 없지만. (웃음)

정치적 활동을 하신 분으로서 정치인과 언론인의 글쓰기 방식이 다른지, 다르다면 어떻게 다른지 구체적으로 말씀해 주실 수 있을까요?

청와대에서 노무현 대통령을 모시고 글을 썼습니다. 저는 매일 대통령님하고 회의를 했습니다. 아침 여덟 시에 대통령님 관저에서 회의했습니다. 주로 글을 쓰는 청와대 행정관 비서관 일곱 명 정도가 회의 멤버였는데 지금 대통령이신 문재인 대통령님도 당시 비서실장으로 같이 계셨어요. 노무현 대통령님은 늘 그랬습니다. "정치는 곧 말이다. 그리고 글이다. 민주주의는 말이고, 글이다." 과거 독재 시대에는 완력과 폭력으로 통치를 했죠. 하지만 민주주의가 된 사회에선 말과 글로, 대화와 타협을 합니다. 결국엔 말이나 글이라고 하는 것들은 민주주의의 수단이죠.

그래서 정치의 근원은 무엇보다도 사회에서 우리가 나아가야 할 어떠한 방향을 잘 제시해 놓고 그것에 대한 대안들을 잘 담아놓은 것입니다. 대안 없이 무책임하게 어떤 정치적 이득을 얻기 위해서만 이야기를 한다고 하면 그것은 우리 사회를 피폐하게 만드는 것이죠. 그러니까 정치인의 말과 글은 책임과 대안이 전제가 되어야 해요. 그렇지만 언론인의 말과 글은 조금 다릅니다. 언론은 어쨌든 우리 사회에서 무언가 문제를 제기하는 집단이죠. 그래서 이 집단은 꼭 어떤 내용에 대안을 갖고 있지 않다고 하더라도 사람들이 의미를 가지고, 의식해야 할 어떠한 문제들을 환기를 시키는 역할을 합니다. 물론 환기를 시켜주는 언론 권력이 잘못될 수 있죠. 진정한 공동체의 발전을 위해 문제를 환기시키는 역할을 해야 하는데, 그렇지 않고 자신이 싫어하는 정치 세력을 공격하거나 자기가 추구하는 이익을 위해 언론의 권력을 쓰는 것은 큰 문제라고 생각합니다.

여러분은 앞으로 미디어를 통해 정말 말도 안 되는 말을 하고 글을 쓰는 것이 우리 사회에서 굉장히 문제가 된다는 것을 알게 될 거예요. 우리 사회가 성숙하면 성숙할수록 말과 글을 잘 정리하고, 잘 전달하는 사람의 역할이 점점 더 생길 거거든요. 그런 변화에 따라서 새로운 일자리 창출의 기회도 많이 생길 것으로 생각합니다. 저는 개인적으로 10대 중반부터 지금까지 오로지 글쓰기 하나만 팠던 사람입니다. 다른 건 할 줄 아는 게 아무것도 없어요. 중학교, 고등학교, 대학교까지 문학을 했고, 대학 졸업하고 문학 했고, 글쓰기 그러니까 문학을 지금까지 쭉 해왔는데 저는 앞으로 글쓰기가 우리 사회에서 가장 중요한 과제가 될 거라고 생각합니다. 다들 취업하려면 영어 잘해야 한다고 그러죠? 앞으로 영어보다도 글을 잘 쓰고 소통을 잘하는 능력이 더 높게 평가되는, 이런 사회가 올 거라고 저는 생각합니다. 그러니까 이제 여러분도 글쓰기, 말하기에 많은 노력을 쏟으세요. 그게 많은 사회적 기회를 주리라 저는 확신합니다.

글을 잘 쓰려면 낚시, 그러니까 'fishing'을 잘해야 한다고 말씀하셨는데, 글을 쓸 때 누구나 가장 고민인 게 도입부를 잘 쓰는 방법이잖아요. 도입부가 잘 쓰인 소설은 독자의 흥미를 유발해 글을 술술 읽을 수 있는데, 도입부는 어떻게 하면 잘 쓸 수 있을까요?

보통 글쓰기 책을 보면 '첫 문장이 중요하다'라는 말이 있잖아요. 첫 문장은 쓰는 게 아닙니다. 쓰는 게 아니라 선택하는 겁니다. 첫 문장을 잘 쓰려고 노력하지 말고 일단 다 써놓으세요. 무엇을 첫 문장으로 할 것인가, 첫 문장을 어떻게 기가 막히게 시작할 것인가, 이런 것들을 고민하지 말고 써놓은 것을 다 모아놓고 이 가운데서 이걸 첫 문장으로 해야겠다, 이렇게 선택을 하면 좋은 첫 문장을 만들 수 있습니다.

요새 가장 많이 쓰고 있는 글이 자기소개서인데요. 자기소개서는 분량이 보통 300~500자의 짧은 글이잖아요. 자기소개서를 잘 쓰려면 어떠한 주제를 정해서 압축적으로 잘 보여줘야 하고, 그 내용을 잘 집약해야 하는데 짧은 글을 잘 쓰기가 어렵거든요. 짧은 자기소개서를 잘 쓰는 노하우를 배우고 싶습니다.

대부분 분량이 제한되다 보니까 어떻게 쓰냐면 '저는 성실합니다'라고 쓰죠. 성실하다고 쓰면 읽는 사람이 성실하다고 느낄까요? 긍정적이라고 쓰면 긍정적이라고 느낄까요? 그렇지 않습니다. 읽는 사람이 '아, 이 사람이 성실하구나, 긍정적이구나'라고 느낄 수 있는 에피소드를 이야기해 줘야 합니다. 짧게 써야 하는데도 에피소드를 담아야 하다 보니까 여러분이 어렵다고 느끼는 것이죠? 그래서 여러분이 요약을 배워야 합니다. 요약이라고 하는 것은 그냥 고등학교 다닐 때의 주제문 찾기가 아니에요. 요약문만으로도 전체 글의 주요한 내용을 살릴 수 있어야 합니다. 그래서 요약해 보는 연습이 중요한 거죠. 언어를 경제적으로 써야 합니다. 우리가 어떤 신문 칼럼을 하나 놓고 보면, 서너 줄의 핵심과 나머지 문장으로 이루어집니다. 그러니까 어떤 글이든, 이 글에서 반드시 들어가야 할 내용이 있고 굳이 안 들어가도 될 내용이 있어요. 그러니까 이게 서열이 있어요. 그 차이란 말이에요. 그 차이를 알아야만 300자, 500자라는 짧은 글 속에 주체성을 담은 글을 쓸 수가 있습니다.

이렇게 글을 쓰려면 다른 방법보다 아까 말씀드린 대로 칼럼을 요약하면 됩니다. 신문 기자들이 처음에 하는 일어 바로 그거예요. 신문 기자들은 경찰 조서들, 그 수백 페이지의 조서들을 가지고 A4 용지 두세 장의 기사를 쓰는 것입니다. 그러니까 요약문 쓰면 돼요. 연습해서 짧으면서도 구체성을 가지는 글을 써야 해요. 구체성이 떨어지면 그건 꽝입니다. 짧은 글에서도 구체성이 드러나야 해요. 짧은 글에서도 그림을 그려줘야 한다는 말입니다. 그런 연습을, 칼럼 요약을 통해 해보시길 바랍니다. 제가 모든 걸 다 칼럼 요약으로 귀결하는 것 같아서 좀 그렇긴 하지만, 그것만큼 확실한 방법이 없습니다.

5

문화·공연 기획자가 갖춰야 할 것들

유수훈

환경운동을 하다가 문화·공연 기획자가 되었다. 백창우·이지상·홍순관 등이 함께한 시노래 모임 나팔꽃 콘서트, 세월호 추모 콘서트, 지구의 날 차 없는 거리 행사, 신영복 선생 강연 콘서트 등 다양한 이벤트와 콘서트를 기획, 연출했다. 2016년 박근혜 정권 퇴진을 요구하는 촛불집회 당시 광화문 무대 뒤에서 수많은 콘서트를 기획하고 연출했다. 숨엔터테인먼트 대표를 맡고 있다.

"무슨 얘기를 하고 싶냐? 늘 제게 던지는 질문이기도 합니다. 내가
먼저 감동받지 않으면 다른 사람도 분명 감동받지 못합니다. 내가
먼저 재밌지 않으면 다른 사람은 더 재미없습니다. 문화 기획을
하거나 공연 기획을 할 때 늘 되새기는 말입니다."

「냉동만두」의 감각

내가 부르는 노래들은 아무것도 아니에요
요리로 치자면 냉동만두, 냉동만두 같은 거죠
내가 부르는 노래들은 아무것도 아니에요
된장으로 치자면 미소된장, 미소된장 같은 거죠.

진짜로 내가 부르고 싶은 노래는
밥 딜런, 밥 말리, 존 레넌도 좋지만
부산 해운대 리베라백화점 청소하시는
육숙희 씨 앞에서 부끄럽지 않은 노래

내가 부르는 노래들은 아무것도 아니에요
요리로 치자면 냉동만두, 냉동만두 같은 거죠
내가 부르는 노래들은 아무것도 아니에요
식당으로 치자면 맥도날드, 맥도날드 같은 거죠

진짜로 내가 부르고 싶은 노래는
욜라 탱고, 킴야 도슨, 다니엘 존스턴도 좋지만
부산 해운대 리베라백화점 청소하시는
육숙희 씨 앞에서 부끄럽지 않은 노래

_「냉동만두」, 사이

제 소개 영상에 나온 사이의 「냉동만두」라는 노래를 귀담아 들은 분 계신 가요? 사이는 '유기농펑크포크' 가수라는 호칭을 스스로에게 붙인 인디 뮤지션입니다. 「냉동만두」라는 노래가 실려 있는 앨범의 이름이기도 하지요. 이 노래의 마지막을 잘 들어보면 '백화점 청소하시는 육숙희 씨 앞에서 부끄럽지 않은 노래'라는 가사가 있어요. 육숙희 씨가 누구일 것 같으세요? 눈치 채신 분도 있겠지만 사이의 엄마예요. 저는 이 노래를 들은 지가 10년 가까이 되었는데 「냉동만두」가 제 인생에 굉장히 중요한 터닝 포인트였다는 생각을 합니다. 제가 20대였던 1980년대에는 '어머니가 청소를 하신다'와 같은 이야기를 할 때, 비장하고 엄숙해야 했어요. 잘 아시는 「임을 위한 행진곡」처럼요. 비장하지 않으면 살아갈 수 없는 시대이기도 했고, 엄숙하지 않은 것들은 진정성이 없다고 느끼던 때였지요. 그런데 사이는 어머니에 대한 노래를 굉장히 신나고, 재밌고, 발랄하고, 경쾌하게 불렀어요. 그때 상당히 충격을 받았습니다.

저는 문화 기획을 하기 전에는 환경운동을 했어요. 그때는 반공해 운동이라고 했습니다만, 대학 다닐 때 우연히 시작해서 30대 중반까지 상근 활동가도 하고 노래단도 만들어 활동하고 그랬습니다. 청년 시기를 비장하고 엄숙하게 보낸 셈이죠. 문화 기획, 공연 기획, 음반 제작과 관련된 일을 한 지는 30년쯤 되었습니다. 사이의 노래를 접한 게 10년 전이니 저의 삶을 돌아볼 시기이기도 했어요. 그래서 '아, 이렇게 감각이 다르구나. 의식적으로 다르게 가야겠다고 생각해서 바뀌는 게 아니겠구나'라는 생각을 하게 되었지요. 그때부터 내가 가지고 있는 감각으로 계속 이 일을 하는 게 잘 통할 수 있을까? 이제 내가 뭘 해야 하지? 이런 고민을 하기 시작했어요.

엔터테인먼트 사업 그리고 문화·공연 기획

제가 운영하고 있는 회사의 이름은 숨엔터테인먼트라고 합니다. 비슷한 일을 하는 회사들의 명칭을 보면 크게 몇 가지로 나뉩니다. 예전엔 '기획'이란 말을 썼는데, 최근에는 '엔터테인먼트', '커뮤니케이션즈', 그리고 '에이전시'라고 합니다. 따로 공연만 기획하는 회사들도 존재해요. 간단히 설명하자면, 엔터테인먼트는 매니지먼트를 하는 회사이고 커뮤니케이션즈는 행사 대행을 하는 회사인데요. 모든 회사가 그런 것은 아니지만 축제나 행사, 기업에서 하는 일 등을 대행하는 대행사로 생각하시면 쉬울 것 같습니다. 전시 쪽은 비주얼, 영상 쪽은 미디어와 같은 이름을 많이 붙이지요. 국제회의나 콘퍼런스를 전문적으로 하는 회사들도 있고, 구체적으로 들여다보지 않으면 뭘 하는 곳인지 잘 모르는 회사들도 많습니다. 오늘은 축제, 공연, 행사에 관련된 분야를 집중적으로 말씀드리려고 합니다.

커뮤니케이션 회사 중에서는 기업의 일을 대행하는 회사 말고, 국가의 공식적인 일을 대행하는 회사들도 있습니다. 이런 회사들도 크게 보면 문화 기획, 행사 기획이라는 범주 안에 들어갑니다. 혹시 올해(2019년)에 TV를 통해 3·1절 기념식을 보신 분 있으신가요? 3·1절 행사 같은 국가에서 진행하는 공식적인 행사들은 공모의 형태로 대행사들이 지원할 수 있습니다. 이번 3·1절은 100주년이라 20억 원 정도로 공모가 나왔어요. 20억 원이라고 하면 '와, 저렇게 돈을 많이 썼는데 보여지는 건 왜 저 정도밖에 안 되는 거지?'라는 생각이 드시겠지만, 그렇게 생각할 수만은 없습니다. 행사를 3개월에 걸쳐 준비한다고 하면, 한 회사에서 전력을 다해 50명 정도가 그 일을 준비하고, 기획할 때 한 달에 몇 억 이상의 돈이 필요해요. 결코 큰돈은 아닙니다. '커뮤니케이션즈'

라는 이름이 붙은 회사들은 보통 이런 식으로 일을 하며 굴러갑니다. 물론 대부분 회사들은 더 작은 일들을 많이 하지요.

에이전시는 소속사의 업무보다는 필요로 하는 곳에 사람이나 일을 연결해주는 형식을 취하고 있습니다. 공연기획사는 공연만 전문으로 기획·연출하는 곳입니다. 그런데 전문 공연기획사는 성공리에 공연을 마쳤다고 해도, 가져갈 수 있는 수익은 10~20퍼센트 정도밖에 되지 않습니다. 흥행에 실패한다면, 100퍼센트 밑지는 일이 되기 때문에 굉장히 위험도가 높은 사업입니다.

문화·공연 기획자가 되고 싶다면

이제 문화 기획이나 공연 기획에 관련된 일을 하려면, 갖춰야 할 것들에 대해서 말씀드리려고 합니다. 요즘은 대학에 다양한 학과도 생기고 대학원에서 전문적으로 공부할 수 있는 기회도 있고 회사들도 규모가 커져서 환경이 많이 좋아졌습니다. 그렇지만 아직은 다른 분야에 비해 일도 체계적이지 않고 규모도 작은 편입니다. 가야 할 길이 멀지만 동시에 가능성이 많다는 뜻이기도 할 겁니다. 저는 오늘 아주 단편적일 수 있지만 꼭 점검해야 할 것들 위주로 얘기하겠습니다.

가장 중요한 것은 감각입니다. 다르게 말하면 센스, 일머리, 눈치라고도 할 수 있을 것 같아요. 기획 일을 하는데, 눈치가 없으면 정말 일하기 어렵습니다. 제가 보기에 눈치는 노력을 해서 갖춰지는 부분은 아니에요. 그림을 잘 그리는 거나, 노래를 잘하는 걸 보면 재주라고 이야기하는 것처럼 똑같이 해도 재주가 없는 사람은 잘 되지 않습니다. 마찬가지로 센스와 눈치는 재주에 가까워요. 안타깝지만 센스와 눈치가 있어야 기획 일을 할 수 있어요. 공연은 생방송과 비슷한 개념이기에 발생할 수 있는 변수가 많습니다. 갑작스러운 일들이 예상하지 못한 곳에서 튀어나오는 순간이 있어요. 그럴 때 당황하지 않고 센스와 눈치를 활용해 공연을 매끄럽게 이어나가야 합니다. 그러니 감각은 필수로 갖춰야 하지요.

두 번째는 현장성입니다. 무대를 즐기는 것과 무대 뒤에서 준비하는 건 정말 다른 일입니다. 열 번 정도, 자원봉사나 아르바이트를 해보시면 쉽게 경험할 수 있어요. 기획하고 연출을 한다고 하면, 막연하게 앉아서 하는 일이 아닐까 추측하시는 분들이 계신데 전혀 아닙니다. 무대, 조명, 음향, 출연자, 관객의 반응, 돌발 상황들을 확인하고, 수습하고, 윤택하게 만들기 위해 이리저리 뛰어다녀야 해요. 몸으로 부딪쳐서 현장성을 느껴보면 자신이 이 일을 계속할 수 있는 사람인지 스스로 느끼게 될 겁니다.

세 번째는 언어, 그 세계의 언어, 그리고 기능입니다. 처음의 언어는 진짜 언어예요. 외국어 능력도 포함하지만 한국말을 잘해야 해요. 잘하고, 잘 알아듣는 것이 생각보다 쉽지 않거든요. 그리고 그 세계의 언어가 따로 있습니다. 책에는 나와 있지 않은 것들입니다. '기까끼', '딜레이' 이런 말을 들으면 단번에 알아채기 힘드시지요? 이런 용어들을 배우려면 몇 년은 족히 걸립니다. 누구도 가르쳐주지 않아요. 용어들을 습득하고 그 용어에 맞는 상황들을 습득하는 기간이 필요합니다. 기간을 당기기 위해선 여러 가지 기능을 익혀야 해요. 조금 이따 제가 큐시트를 하나 보여드릴 텐데, 엑셀 같은 것들을 잘 다루는 기술이 있어야 문화 기획도 할 수 있습니다. 외국어를 잘하는 것도 매우 중요합니다. 감각과 현장성이 있는 사람이 외국어를 잘하면 할 수 있는 일이 참 많습니다.

네 번째로는, 문화 기획, 행사 기획에도 여러 파트가 있습니다. 가장 첫 단계는 기획서 작성입니다. 기획서를 잘 쓰는 사람은 24시간 기획서만 쓸 때도 있어요. 체질에 잘 맞는 사람이 있는 것이지요. 그런가 하면 기획서 쓰는 건 정말 안 맞고 현장에 나가는 걸 좋아하는 분들도 있어요. 그런 분들은 움직이는 것을 좋아하고, 조직적으로 사고할 수 있는 능력이 뛰어난 사람들이에요. 대학교 학생회처럼 엠티 갈 때, 장터 할 때 딱딱 일 배분 잘하는 친구들이 있잖아요. 그런 분들이라고 생각하시면 쉬울 거예요. 그리고 정보를 많이 알아야 해요. 무엇이든 꾸려가려면 분야에 상관없이 이 일이 어떤 흐름으로 가고 있고, 이걸 하는 사람이 몇 명이나 있고, 그동안 레퍼토리가 어땠는지 등의 정보를 많이 알고, 깊이 있게 알고 있어야 해요.

우리나라는 일을 할 때 조금 급하게 합니다. 아니, 많이 급하게 하는 편입니다. 1년 전에 기획하고 준비해야 하는 공연 축제 행사도 한두 달 준비하고 들어가는 경우가 비일비재합니다. 정보를 많이 깊이 잘 알고 있는 게 중요한 이유이기도 하지요. 그런데 이런 정보들을 알기 위해서는 시간과 정성과 공감 능력이 많이 필요합니다. 문화 기획, 공연 기획은 머리로 이해하는 것 말고 마음으로 공감하는 '정보'가 많아야 하거든요.

이런 정보에는 영상, 기술에 대한 이해도와 아이디어도 들어갑니다. 1인 미디어 시대, 온라인 공연, 홀로그램, VR(가상현실), AR(증강현실) 등에 대한 활용, 적용 등도 공부를 하면 좋겠지요.

마지막으로는 공감할 수 있는 능력과 인문학적 소양이 필요해요. 지금 우리가 기획서를 쓴다고 가정을 해봅시다. 3·1운동을 기억하는 국가 기념식을 한다면 무엇을 먼저 해야 할까요? 저라면 촛불집회 이야기를 할 것 같아요. 문재인 정권은 촛불집회를 통해서 탄생한 정권이잖아요. 그럼 촛불집회가 있기 전에는 어떤 사건이 있었을까요? 1987년 6월 시민항쟁이 있었죠. 그전에는

5·18민주화운동이, 더 전에는 4·19혁명 있었고, 제주 4·3이 있었어요. 이 역사들 앞에 3·1운동 있었지요. 3·1운동 전에는 동학농민혁명이 있었습니다. 3·1운동을 지금의 우리와 분절되어 있는 단일한 사건으로 보지 않고, 역사의 흐름 안에 놓여 있는 연속적인 운동으로 생각해야 해요. 이런 바탕을 토대로 하나의 흐름을 그려나갈 수 있어야 좋은 기획이 나올 수 있겠지요. 기초적인 인문학적 소양을 갖추지 않고 활동하고 있는 문화 기획자들도 많습니다. 그렇기 때문에 더욱 인문학적 기초가 있어야 해요. 역사, 문학, 철학, 예술 이런 바탕을 가지고 지금 이 시대에 같이 살고 있는 사람들에게 어떤 메시지와 감동과 재미를 줄 것인지 고민해야 합니다.

계속해서 저변을 넓힌다면 문화 기획자들이 일할 곳은 훨씬 늘어납니다. 문화 기획자가 필요한 곳들은 점점 많아지고 있어요. '지역문화진흥법'이 있고 문화도시도 지원하고 지역문화재단들이 기초단체에도 생기고 있고, 문화 관련 기관들도 매우 많이 있습니다. 아까 말씀드린 엔터테인먼트, 커뮤니케이션 회사도 많아졌어요. 방송사에서도 문화 기획 분야에서 전문가들이 필요한 부분이 늘어나고 있어요. 창업도 할 수 있겠지만 쉽지는 않아요. '실패를 두려워하지 마라'와 같은 말이 있죠. 저는 그 말을 굉장히 싫어해요. 지금과 같은 상황에서는 사회 안전망이 제대로 구축되어 있지 않기 때문에 일단 실패하면 재기하기가 어려운데, 당연히 실패가 두려울 수밖에 없어요. 실패를 두려워해서야 해요. 창업은 쉽게 선택할 수 있는 일이 아닙니다. 저도 30대 초반에 사업을 했다가 실패한 경험이 있어요. 그 빚을 재작년까지 갚았습니다. 신중하게 조심조심 하시라는 말씀도 드리고 싶습니다.

얼마 전에 TV에 나왔는데, 행사 기획자가 스트레스 많이 받는 직업 순위 5위랍니다. 군인, 소방관, 항공기 조종사, 경찰, 행사 기획자 순서였어요. 그럼에도 정말 하고 싶은 분이 있다면 해야지요. 제가 이야기하는 내내 겁을 주긴 했지만, 그렇다고 하고 싶은 일을 미리 겁먹어서 포기할 수는 없지요.

그래도 문화, 공연 기획 분야가 예전에 비해 규모나 환경면에서 많이 발전했고 앞으로도 매우 큰 확장 가능성이 존재하는 분야임에는 틀림이 없습니다. 잘 준비하고 경험한다면 도전해 볼 가치는 충분히 있고요, 좋은 문화 기획자가 많이 나오면 우리나라가 진짜 문화강국이 될 수 있겠지요. 그러길 간절히 바랍니다.

광화문에서 진행했던 문화 행사, 집회들

제가 했던 행사의 전부는 아니지만, 생각나는 대표적인 것들 중에 광화문 광장행사를 중심으로 말씀드리겠습니다.

'지구의 날, 차 없는 거리' 행사를 1999~2000년에 했어요. 이 시기에는 광화문이 16차선 도로여서 광화문광장이 없었어요. 그리고 국군의 날 아니면 민간 행사에서 광화문 도로를 막은 적도 없어요. 이례적으로 '지구의 날, 차 없는 거리' 행사를 하는 딱 하루 동안 막았습니다. 1999년에 콜롬비아에서 같은 이름으로 큰 축제를 했어요. 이 축제가 전 세계적으로 퍼졌는데 그때 제가 2년 동안 '지구의 날, 차 없는 거리' 축제의 총감독을 했습니다. 재밌었어요. 5톤 트럭 두 개를 붙여서 도로를 막고 딱 30분 만에 세팅해서 생방송했던 기억이 있어요. 지금 여러분은 상상이 잘 안되시겠지만 그때 광화문광장을 막고 축제를 한다는 건 참 꿈같은 일이었습니다.

3·8여성대회라고 아시나요? 아셔야 합니다. 특히 남성 여러분이 꼭 아셔야

합니다. 3월 8일이 세계 여성의 날이에요. 한국에서 3·8여성대회를 시작한 지 2019년을 기준으로 35년이 되었습니다. 제가 3·8여성대회 행사를 10년 정도 꾸준히 연출 자문을 했습니다. 2015년 페미니즘 리부트 이후로 행사에 참여하는 인원도 훨씬 늘었고, 관심도도 높아졌습니다. 여성의 날 행사에서는 매우 다양한 것들을 진행합니다. 낮 시간에는 각 여성단체나 인권단체에서 부스를 세워 축제처럼 모여 있고, 밤에는 본 행사가 진행됩니다. '성평등디딤돌상'과 '성평등걸림돌상'을 선정하여 수상하기도 하고, 매년 이슈가 되는 여성 문제들을 다루기도 합니다. 2019년에는 미투를 중심으로 행사를 꾸렸습니다. 같은 행사를 여러 번 진행할 때, 시대적인 흐름과 이슈들을 파악하는 것도 매우 중요한 일이라는 예시가 될 수도 있을 것 같습니다.

그리고 제가 중요하게 생각하는 행사는 세월호 관련 기획들이에요. 앞서 말씀드린 것처럼 제 감각이 후배들의 감각에 비하면 너무 낡았다는 생각이 들어서 한발 뒤로 물러나 조용히 소소한 일들을 하며 살겠다고 결심했을 때였어요. 스스로 앞장서는 일은 안 하고 뒤에서 작은 일들만 하면서 지내고 있는데 세월호 참사가 일어났어요. 우리 모두에게 엄청난 슬픔이자 분노였지요. 여러분들, 다시 한번 돌아가서 그때의 기억을 톺아보세요. 세월호 참사 직후에는 추모의 물결이 여기저기서 일어났지만, 시간이 지나자 관심도 시들해지고 "이제 그만 잊으라"는 목소리들이 늘어났어요. 진실은 아무것도 밝혀지지 않았는데, 여전히 슬픔과 분노가 가득할 세월호 유가족과 생존자들에게 그런 말들을 아무렇지도 않게 하고 있었습니다. 그때 전 세월호 참사 100일이 되는 날 추모문화제를 하고 싶은 마음이 들었어요. 세월호 참사가 벌어지고 100일이면 석 달하고도 열흘 후예요. 절대로 긴 시간이 아니었습니다. 그런데 추모문화제를 하자고 얘기했을 때, 한 명도 동의해 준 사람이 없었어요. "지금 그런 걸

할 때냐", "또 어디서 할 거냐", "돈은 어디 있냐" 이런 이야기뿐이었습니다. 같이 일하는 친구들도 왜 그러냐면서 반대를 하는 거예요. 그럼에도 정말 하고 싶고, 꼭 해야겠다 싶었어요. 도저히 가만히 있을 수가 없었습니다.

그때 내가 이걸 하면 앞으로 이런 일들이 있을 때 분명히 내가 다시 나서야 할 텐데, 앞장서야 할 텐데, 그래도 하고 싶냐고 스스로 물어봤어요. 답은 똑같았어요. 꼭 해야 할 것 같더라고요. 이 상황에서 가장 첫 번째 문제는 돈이 없었다는 겁니다. 예를 들어 우리가 광화문이나 서울시청 같은 곳에서 무대를 세우고 정식으로 공연을 하려면 기본적으로 들어가는 돈이 아무리 줄여도 5000만 원에서 6000만 원 정도예요. 그런데 2000만 원 남짓 되는 돈만 지원을 받을 수 있는 상황이었어요. 하지만 많은 분들의 도움으로 시청광장도 빌리고 돈도 마련하고 그렇게 시작할 수 있었습니다.

출연진들은 모두 무료로 나와주셨지요. 김장훈, 이승환, 자전거탄풍경, 성악가, 시인, 연극인, 샌드아트 등 많은 예술가들이 시청광장에서 100일 공연을 하게 되었어요. 그리고 나서 마지막 관문이 유가족 분들이었습니다. 유가족 분들이 국회에서 농성을 하실 때 제가 그분들을 만났는데 "이걸 왜 하려고 하느냐", "우리 위해서 하려고 하는 거냐"고 물어보셨어요. 유가족들은 제가 뭘 하는 사람인지도 잘 모르실 테고, 개인들이 모여 추모 공연을 하겠다고 하니까 충분히 당황스러울 수 있는 상황이었지요. 그렇지만 간곡히 다시 말씀드렸어요. 온 국민이 모여 같이 분노하고 추모하는 것이 지금 필요하다, 이렇게 말씀드리며 어렵게 설득했습니다. 그게 세월호 공연의 시작이었습니다. 세월호 100일 공연 제목이 '네 눈물을 기억하라'입니다. 문화제 당일, 행사 시작하기 전까지 비가 엄청 왔어요. 그런데 공연 시작 전에 딱 멈추는 거예요. 그러고는 공연 끝나고 또 엄청 왔어요. 스태프들, 음향, 조명, 영상, 무대 팀이 고생을 참 많이 했습니다.

그렇게 세월호 100일부터 시작해서 200일, 300일, 500일, 1000일 그리고 1주기, 2주기, 3주기, 4주기, 5주기까지 제가 많은 동료들과 함께했습니다. 그 와중에 〈다시, 봄〉이라는 음반도 냈습니다. 앞에서 소개한 가수 사이에게 전화가 왔습니다. 여러 가수들이 모여서 세월호에 관해 뭐라도 하고 싶은데 어떤 것을 해야 할지 잘 모르겠다고요. 가수들이 모이면 무엇을 할 수 있을까요. 음반을

● 세월호 참사 100일 추모 행사 포스터

내야지요. 모인 가수, 연주자들이 다 무료로 노래하고 연주하지만 제작비가 없잖아요. 그때도 여기저기서 돈을 구하기 시작했습니다. 제가 제 돈 버는 일은 잘 못하는데 좋은 일 한다고 남의 돈 가져오는 일은 정말 잘하는 사람이에요. 천직인 것 같아요. 맨 처음에는 노무현재단에 갔어요. '이걸 만들려고 하는데 후원을 해주십시오' 해서 노무현재단에서 1000만 원을 받았어요. 그러고 김근태라는 정치인이자 시민운동가를 기리는 김근태재단에서 500만 원을 기부해 주셨어요. 음반 표지에 보면 '노무현재단, 김근태재단 그리고 아홉 분의 도움으로 제작되었습니다'라고 써 있어요. 아홉 분 중에는 유명한 연예인들도 있습니다. 이름을 넣지 않고 그냥 아홉 분이라고만 했습니다. 좋은 일하면서 자기 이름을 드러내지 않는 순수한 마음으로 참여한 귀한 일이었습니다. 개인적으로 이 음반에서 시 낭송이 아주 좋습니다.

이 말씀을 드리는데, 촛불집회에 늘 맨 앞에 앉아 계시던 세월호 유가족분들이 생각납니다. 그 세월호 100일부터 촛불집회까지 저분들이 이끌어주셨다

● 유수훈 대표가 진행한 행사 포스터

는 생각이 듭니다. 그 시작이 세월호 100일 공연이지 않았을까 그런 생각을
하면서 그때 함께했던 모든 시민들, 자원봉사했던 많은 후배 동료들 출연하신
모든 분들께 다시 감사한 마음이 듭니다.

　그다음에는 기후변화에 관한 토크 콘서트나 돌아가신 신영복 선생님과 김
창남 교수님도 참여하시는 더숲트리오가 함께한 강연 콘서트도 했어요. 돌이
켜보면 참 재미있고 보람 있는 일들을 많이 했어요.

　그다음으로는 '국정화 저지 콘서트'를 했어요. 국정 교과서 사건에 대해서
다들 알고 계시지요? 역사 교과서를 국정화하겠다는 걸 막으려고, 처음에는

아주 조그만 소극장에서 토크 콘서트로 4번인가를 했고, 광화문에서 크게 행사를 한 번 하고, 그다음에 종로 보신각에서도 했습니다. 포스터에 주최가 '한국사 국정화를 반대하는 문화예술인모임'라고 쓰여 있습니다. 박래군석방문화제에는 주최에 '박래군 석방을 촉구하는 문화예술인 모임'이라고 쓰여 있지요. 이름을 밝히기 어려운 경우 저렇게 썼습니다. 광화문 우측 광장에서 박래군석방문화제를 했어요. 이런 자리에 어떤 예술가를 부를 수 있을까 하는 고민이 되는 문제예요. 여기에 나와주는 사람과 나오고 싶어도 못 나오는 사람들이 있습니다. 구속된 사람을 석방하라는 건 정치적으로 첨예한 문제니까요. 그러니 적어도 이런 행사에 선뜻 나서주는 사람들 이름은 기억해야 합니다.

촛불집회를 만든 사람들

제가 2016년 촛불집회에서 무대연출 파트에 있었습니다. 기억하실지 모르겠지만 첫 번째, 두 번째 촛불집회는 사람이 그렇게 엄청나게 모이질 못했습니다. 시민의 참여로 같이 하는 일이니까 선뜻 시작한 일이었는데 그렇게 길게 가리라고는 생각 못했지요. 이렇게 엄청난 일이라는 것도 생각 못했습니다. 세 번째 촛불집회 즈음에 박근혜 퇴진에 대한 요구가 거세지면서 엄청난 인파가 광장에 모였습니다. 광화문에서 여러 집회를 주최하고 봐왔지만 그렇게 많은 사람들이 모인 것은 저도 처음이었어요. 그러니 시스템에 문제가 생겼어요. 100만 명이 모였는데, 100만 명이 얼마가 되는지 아시나요? 광화문광장 정도가 아니고, 광화문 무대 뒤편으로 무대 옆도 안 보일 정도로 사람이 많아요. 광화문사거리를 내려와서 세종대로 양쪽 시청 쪽으로 가도 빈 곳이 안 보일 정도로 사람이 많아요. 거의 남대문까지 가야 100만 명이라고 얘기를 합니다. 행진을 하면 그것보다 숫자가 불어나요. 집회 참여는 안 하고 행진만 참여하는 사람도 많았습니다. 지하철에 사람들이 타는 숫자, 내리는 숫자를 실시간으로 확인해서 70만 명, 100만 명, 120만 명 이렇게 이야기했던 때예요.

그래서 생긴 시스템 문제가 뭐였냐면 어쨌든 100만 명이 듣고 봐야 하잖아요. 그런데 그 누구도 이런 걸 해본 적이 없었어요. 시민들도 처음 참여하는 거고 처음 경험하는 거지만, 준비하는 입장에서도 처음인 거예요. 영화 〈보헤미안 랩소디〉에 나오는 공연 장면 기억나세요? 라이브에이드공연 현장에서 봤던 관객이 9만~10만 명 그 정도였어요. 게다가 요즘에는 기술이 발달되어서 영상, 조명이 무선 인터넷으로 중계 소스를 받아서 가능했던 건데 100만 명이 모이면 사용할 수가 없어요. 그래서 광랜선을 샀어요. 그걸 사서 선으로 연결할 수 있는 끝까지 모두 연결했어요. 닿지 않는 곳에는 국회의원 유세차 같은 걸 써서 방송을 띄우고 그걸 곳곳에 배치해서 음향, 조명, 영상 중계 등의 문제들을 해결했어요. 이런 식으로 조금씩, 조금씩 정말 놀랍게 매주 진화합니다. 특히 여러분이 보시지 못했던 대기실은 정말 춥잖아요. 나중에 가보면 바람을 막기 위해서 미로처럼 되어 있어요. 문이 하나로 열려 있는 것이 아니에요. 출연진이 많으니까 대기실이 굉장히 큰데 미로처럼 매주 조금씩 대기실을 바꿨어요. 대기실에 화장실도 대여해 놨어요. 사람이 너무 많아서 대기실에서 화장실 갔다 오는 게 불가능했습니다.

여러분 중에서도 촛불집회 참석해 보신 분 계시지요? 매 회 공연 라인업도 굉장히 힘들었어요. 늘 항의가 들어옵니다. "나는 왜 안 세워주냐" 이런 말씀을 하시는 분도 계셨어요. 제가 아까 말씀을 안 드렸는데, 문화 기획자의 능력 중에 수학을 잘하는 능력도 필요합니다. 장르를 잘 구별하고 인기 가수, 인디 가수, 민중가수, 대중음악, 재즈, 국악, 클래식 등이 다 음악의 장르잖아요. 이런 장르를 짧은 시간 안에 아주 잘 배치하는 것도 기획자, 연출자의 일인 거죠. 음악 장르뿐 아니라 다른 예술 장르도 참여해야 하고 발언하는 사람이나 사회자 시간 관리에도 신경을 써야 합니다. 매주 영상을 만들어서 집회 때 보여주는데 시간이 없으니 집회 시작 전까지 만들어서 무선으로는 받을 수가 없어요. USB에 담아서 뛰어와야 했습니다. 그렇게 몇 달을 했습니다.

제일 큰 문제는 각 노동단체나 시민단체의 대표들이 나와서 발언을 하는데 시간을 제대로 지키기가 어렵단 거예요. 그래서 발언 시간을 지키기 위해 '3분이 지났습니다. 박수를 부탁드립니다' 하고 띄웠어요. 그래도 발언을 계속할 때는 '5분이 지났습니다. 박수와 함성 부탁드립니다' 하고 다시 띄웠어요. 그걸 늘 시간에 맞춰서 했습니다.

2016~2017년 촛불집회 과정의 모든 내용이 책 두 권으로 나와 있어요. 성명서도 다 있고, 공연 회차마다 큐시트도 다 모아놨어요. 100년쯤 지나면 우리의 후손들이 보고 선조들이 참 놀라운 일을 했다, 말도 안 되는 일을 했다, 그러지 않을까요? 외국에서도 한국의 촛불집회를 보면서 놀라는 이유 중 하나는 100만의 인원이 모이기가 정말 어렵기 때문이에요. 이건 조금 다른 이야기이지만, 근본적으로 외국 사람들이 이런 상황을 이해하지 못하는 우리나라의 상황이 한 가지 있어요. 촛불집회에 참여한 단체가 2832개 정도라고 해요. 1990년대 초에 그린피스 사람들을 만난 적이 있는데, 그 사람들은 연대를 몰랐어요. 환경운동진영, 노동운동진영, 여성운동진영 다 모여서 하나의 목표를 향해서 나간다는 개념이 없던 거였지요. 그런 개념은 우리나라에만 있어요. 우리는 뭐가 터지면 일단 모여요. 일단 모여서 하나의 특별 기구를 만들어요. 그런 방식으로 우리는 늘 모여왔거든요. 6·10 항쟁 때도 노무현 대통령 탄핵

세월호 참사 1000일, 박근혜 즉각퇴진, 황교안 사퇴, 적폐청산 11차 범국민행동의 날

출연	시간		내용	음향	조명	영상/중계	무대
리허설	13:00 ~ 13:40		초등회, 사이, 민락, 기악 리허설				
	13:40 ~ 14:10		다시봄합창 리허설				
	14:10 ~ 14:40		밀 로밴드				
	14:40 ~ 15:00		행동하는나우합 합창단		*모두 담안 편 리허설		
	15:00 ~ 15:30		이상문 리허설				

추모음악회(몰라나 Show)   사회 : 서분립강

구분	출연	시간		내용	음향	조명	영상/중계	무대
1	사회자	15:30 ~ 15:51	2	오프닝 인사, 다시, 봄 소개	MIC1		중계	
2	조동희	15:52 ~ 15:57	6	너의 가방 (4'30)	*구성: 보컬 A.Gu코러스, Glass, &서S MIC1,STAND1, GI 1			의자 9, 보면대 2
3	사이	15:58 ~ 16:02	2	총파업지지가 (3'30)	*구성: 보컬+&운영림, A.G MIC2, STAND 2, GI 2			의자 2
4	몸짓 선언	16:03 ~ 16:14	6	길 그 끝에 서서	pH MIC 1, AR		중계/기사	
			3	MENT - 율동 배우기				
			3	진실은 침몰하지 않는다				
5	사회자	16:15 ~ 16:16	2	하이미스트 메모리, 정민아 소개	MIC1		중계	
6	하이미스트메모리	16:17 ~ 16:22	6	버라 별	*구성: 보컬 A.G e.G. MIC 1, STAND1, GI 1		중계/기사	
7	정민아	16:23 ~ 16:27	5	지나가는 사람 (3'20)	MIC 2, STAND 1, 해라이STAND 1, MR			의자 1
8	사회자	16:28 ~ 16:29	2	함민복, 밀로 소개	MIC1		중계	
9	함민복	16:30 ~ 16:34	5		MIC 1, STAND 1, 2편		시낭송	밴드 셋팅
10	밀로	16:35 ~ 16:46	6	제자리로	*구성: 보컬, 건반, A.G, BASS, DRUMS		중계/기사	보면대 4
			6	너에게로 간다				
11	사회자	16:47 ~ 16:48	2	마 무리 인사	MIC1		중계	

4.16 가족협의회 국민조사위원회 출범대회   사회 : 4.16한국 집행부 성심운영위원

12	사회자			여는 인사	무선mic1			
13	발언 1. 국민조사위원회 결성취지		9	4.16가족협의회 장훈 진상규명팀과장	MIC1		중계	
14	발언 2. 국민조사위원회 향 활동 개략방침	16:50 ~ 17:19	10	박영락 국민조사위원회 위원회위 원	MIC1			
15	발족선언문 낭독		14		MIC 5, STAND 5		중계 +선언운영위	
16	사회자		2	마 무리 인사	무선mic1		중계	

● 촛불집회 큐시트

때도 광우병 사태 때도 늘 그렇게 시민들의 온 힘을 모아 대응하는 방식으로 해왔지요. 그게 촛불집회까지 이어져온 힘 같습니다.

공연 큐시트 사진을 보시죠. 이런 큐시트가 일주일마다 나옵니다. 어떤 때는 두 개도 나오고 세 개도 나오고요. 내용이 계속 바뀔 수밖에 없어요. 그럼에도 공연 사이에 10~20초도 비면 안 돼요. 문화제나 공연, 집회에 앉아 있는 입장에서 10초, 20초 아니 단 몇 초도 굉장히 지루해질 수 있는 시간입니다. 그런 부분들을 최대한 어떻게 줄일 수 있는지 촘촘히 계획하는 것이 큐시트의 역할이기도 합니다.

촛불집회가 이어지면서 중앙 집중적인 행사 방식에 대한 문제제기도 있었습니다. 모여서 하나를 바라보는 게 문제라는 얘기도 있었는데, 문화제의 성격도 있지만 집회의 성격도 있어서 풀어나가기 어려운 지점이었어요. 사전 집

회 형식으로 여기저기서 공연도 하고 발언도 하고 본 집회가 끝나고 행사가 이어지기도 했습니다. 집회가 끝나고 행진을 할 때도 세 군데로 나눠 가기도 하고 한 방향으로 갔다 오기도 하는 등 여러 방식이 있었지만 비폭력의 방식은 끝까지 참 잘 지켰습니다.

무대를 만들고 공연을 진행하는 인원만 매주 100여 명이었는데 어떤 때는 출연진까지 합하면 300명이 넘는 때도 있었습니다. 하지만 이 촛불집회를 이끌어나가는 분들은 매일 모여서 회의하고 토론하고 알리고 하는 분들만 수백 명이었지요.

위대한 시민들

제가 촛불집회를 공식적인 자리에서 얘기하는 건 여기가 처음입니다. 저는 촛불집회에 참여할 때도 자원봉사를 하는 마음으로 했어요. 공식적인 명칭은 자원봉사자고, 맡은 역할이 있다 보니 무대 총감독 이렇게 불렸어요. 저는 시민의 한 사람으로 참여를 했는데 그 자체가 참 감사한 일이었습니다. 이 일을 절대 남에게 자랑하지 말자고 다짐해 왔습니다. 오늘만 특별히 자랑하려고 합니다.

저는 우리 시민들이 '위대하다'고 느꼈습니다. 2016년도 겨울이 정말 추웠어요. 바깥에 잠시라도 서 있으면 온몸이 꽁꽁 얼도록 추운 날, 3일 전부터 무대 세팅을 합니다. 보통 무대를 만드는 스태프들은 아침 7~8시부터 세팅을 하곤 해요. 제가 점심때쯤 나가면 40명, 많을 땐 100명까지 시민들이 앉아 있어요. 그 추운 바닥에 앉아계세요. 집회는 빨리 시작해야 6시고, 사전 집회를 4시부터 한다고 해도 12시부터 와서 앉아계세요. 가서 물어보고 싶어요. 왜 앉아 계시냐고. 그냥 시민 분들이시거든요. 그게 자기 할 일이라고 생각하시는 거예요. 그렇게 일찍 나와서 그 찬 바닥에 앉아서 함께하겠다 하시는 거…. 그리고 끝나면 쓰레기를 줍는 분들이 계세요. 물론 대부분 다 갖고 가시지만 하나의 휴지도 남지 않게 하려고 자발적으로 하는 일들이에요. 청소년들이 조를 짜서 집회 다음 날 바닥에 붙은 껌딱지들을 떼기도 했어요. 그리고 어김없이 맨 앞줄에 앉아 계시던 세월호 유가족분들, 앞서도 말씀드렸듯이 저는 그분들이 촛불집회를 이끈 가장 큰 힘이라고 감히 말씀드리고 싶습니다.

또 기억에 남는 건 '시함뮤'라고 '시민들과 함께하는 뮤지컬 배우들'의 줄임 말이에요. 촛불집회 때 유명한 뮤지컬 배우들이 올라가서 〈레미제라블〉에 나오는 「민중의 노래」 무대를 다섯 번 정도 했어요. 뮤지컬 배우들은 극장 안에서 말고는 볼 일이 없잖아요. 몇 십 명씩 배우들이 나와서 청와대를 가리키며 노래하는데 소름이 쫙 끼치는 거예요. 유튜브에 검색하면 다 볼 수 있으니 한 번 찾아보세요.

친분이 있는 가수들이 무대에 서겠다고 전화가 오면 너무 행복했어요. 그런 경우는 아마 앞으로도 평생 없을 거예요.

하여튼 촛불집회 기간 동안 이것저것 참 많이 했어요. 토요일 촛불집회 하기 전에는 금요일에 '물러나쇼'라는 걸 했어요. 토요일 메인 집회 사전 공연으로 하기도 하고, 크리스마스이브에는 하야쇼로 '하야 크리스마스'를 했어요. 김제동의 만민공동회, 퇴진 콘서트, 물러나쇼, 토크 콘서트도 했지요. 제가 이걸 기획할 때 우리가 다 모여서 하는 것이기 때문에 너무 우울하거나 너무 비장하지는 않았으면 좋겠다는 마음으로 했어요. 우리끼리 모이는 민주주의 축제였으면 좋겠다는 거였어요. 그리고 축제의 콘셉트는 '위로'였습니다. 국가가 아닌 국민들이 국민들을 서로 위로하는 것. 많은 사람들이 모여 존재를 확인하고 서로에게 따뜻함을 건네는 자리가 되기를 바라면서 기획을 했습니다.

덧붙여서 촛불 콘서트에 나온 가수들은 모두 출연료를 받지 않았습니다. 그런데 집회 중반을 지나면서 실수했다고 생각했어요. 농담이지만, 가수들한테 돈을 받을 걸 하고요. 출연하려면 돈을 조금씩 내라고 했어도 아마 다들 했을 거라고 생각해요. 그런데 그 생각이 중간에 난 거예요. 처음부터 돈을 내고 하라고 그랬으면 그것도 역사적으로 정말 남을 만한 일이 됐을 텐데. 가수가 무대에 돈을 내고 선다. 그걸 못해서 참 아쉽습니다.

그리고 촛불집회에서 기억해 주셨으면 하는 것은 '동등한 시민으로 참여하자는 주장에 이를 적극적으로 수용하는 주최 측'입니다. 다양한 시민들이 무대에서 발언하고 싶어 했고, 그래서 시민들의 참여가 지속적으로 늘어났습니다. 그동안의 집회와 탄핵 촛불집회를 다르게 평가해야 되는 건 이 지점이라고 생각합니다.

● 양심수석방문화제와 제주 4 · 3 광화문 국민문화제 포스터

우리가 여태껏 눌러왔거나 사소하다고 생각하는 부분에 대해 다양하게 논쟁이 일어났어요. 이를테면 처음에 비폭력/폭력 논쟁이 있었어요. 막고 있었을 때 폭력을 써서 뚫고 가자는 의견에 대해 논쟁이 있었고요. 그다음에 동물권 논쟁이 있었어요. 정유라가 말을 탔는데 그게 삼성이 지원해 준 것이라는 이야기가 나왔습니다. 그래서 한 조직에서

말을 타고 나오겠다는 이야기를 했어요. 당연히 비판을 받았습니다. 또 여러분 잘 아시는 여성 혐오 발언 문제들이 있어요. 처음 집회할 때, 발언하셨던 분 중 '박근혜 ○○년'이라는 단어를 사용하셨다가 비판을 받고 공식적으로 사과했던 일이 있었습니다. 그다음부터는 용어를 사용하는 것에 대해서 매우 조심하게 되었지요. '독재자의 딸'과 같은 단어도 반대했어요. 독재자의 자식이라고 해도 되는 것을 꼭 딸로 지칭하는 건 문제가 있다는 생각이었지요. 그리고 많이 알려졌다시피 DJ DOC가 무대에 올라가지 못했습니다. 그때 노래 발표했는데 가사 중에 잘못된 표현이 있었어요. 시간이 지나면서 우리 사회를 성숙하게 만드는 논쟁들이었다고 생각합니다. 모두가 평등하고 존중받는 집회를 만들기 위해 다양한 사람들이 정말 많은 노력을 기울였던 것이기도 하고요.

결산을 다 했을 때, 1억 원 정도 적자가 생겼어요. 그래서 시민분께 이 사실을 알렸더니 바로 12억 원이 모였어요. 그래서 자료집도 그 돈으로 만들 수 있었습니다. 생각해 보면 기적 같은 일이지요. 그러니까 여러분과 여러분의 후배와 선배와 동료들이 엄청난 일을 한 것이라고 생각하시면 됩니다. 저는 그런 역사의 현장에 함께했었다는 것에 늘 감사한 마음으로 살고 있습니다.

양심수석방문화제는 촛불집회가 끝나고 문재인 정부가 들어선 후 광화문에서 한 문화제입니다. 말 그대로 양심수석방문화제입니다. 앞서 박래군석방문화제 얘기할 때도 말씀드렸지만 석방문화제에 참여하는 분들은 용기 있고, 진정성 있는 분들이다, 그렇게 생각하시면 정확히 맞습니다. 그리고 2018년에는 제주 4·3 70년 국민문화제를 광화문에서 했습니다. 이것도 제가 총연출을 했어요. 제주 4·3이 사건인지, 운동인지, 혁명인지 아직 제대로 합의된 바가 없습니다. 어렴풋이 알고 있던 제주 4·3에 대해 얼마나 많은 이들이 애써 왔는지, 얼마나 많은 예술가들이 이런저런 작품과 노래와 춤과 글로 제주 4·3

의 진실을 알리려 노력했는지 알게 된 참 소중한 기회였습니다. 이외에도 동학농민혁명 등 몇 차례 더 광화문광장에서 문화제, 공연을 연출했었는데요, 촛불집회 후유증이 있었습니다.

예전엔 5000명, 1만 명만 모이면 아주 성공적으로 끝난, 사람이 많이 모인 행사나 콘서트였는데 촛불집회 후로는 1만 명, 2만 명은 그냥 아무것도 아닌 소소한 행사가 되어버리는 듯한 현상이 나타나더라고요. 집회와 문화제, 행사 등에 대한 문화적 가치와 내용에 대한 정의, 역사적 연구 등이 더 필요한 과제라는 생각이 듭니다.

삶의 좌우명

마지막으로 몇 가지만 말씀드릴게요. 돈을 받고 하는 공연에는 포스터에 '연출 유수훈' 이렇게 이름이 들어가는 경우가 있어요. 원래 이름 들어가는 것을 좋아하지 않지만 돈을 받고 하는 행사에서는 주최 측의 뜻에 따릅니다. 하지만 돈을 받지 않고 하는 공연에는 제 이름을 잘 쓰지 않아요. 제 이름이 들어간다면 다른 뜻이 생기지 않을까 이런 생각을 할 때가 있어요. 돈 안 받고 좋은 일 할 때는 이름 안 쓰는 거. 그런 마음이 모두에게 조금씩 필요하다 생각해요. 그렇게 우리 사회가 가면 좋겠다는 생각을 합니다.

조고각하(照顧脚下)라는 말 들어보셨어요? 대웅전의 문지방 나무기둥에 쓰여 있는 글이에요. '다리를 비춰서 발 아래를 돌아보라' 이런 뜻입니다. 사찰 대웅전 같은 곳은 턱이 높아서 신발을 아무렇게나 벗어 던지면 신발이 밖으로 확 떨쳐나가요. 그러니 조심해서 신발을 가지런히 놓아라, 이런 뜻인데 이걸 가지고 박노해 시인이 시를 쓴 적이 있어요.

"조고각하. 발밑을 돌아보라."

항상 발밑을 돌아보는 삶을 살면 좋겠다는 생각을 합니다.

그다음에는 에이브러햄 링컨Abraham Lincoln이 했다는 말인데요. "거의 모든 사람이 역경을 견딜 수 있다. 하지만 어떤 사람의 인격을 시험해 보고 싶다면 그에게 권력을 주어라." 10년도 훨씬 전에 한 후배가 박사학위를 받았다고 박사학위 논문을 주는데 서문에 이 말을 썼더라고요. 그래서 내가 그 친구를 다시 보기 시작했는데 아주 의미심장한 말이더라고요. 우리 아들이 어느 날 이걸 보고 저한테 '그래서 아버지는 권력을 못 가지시는 겁니까?' 이러더라고요. 정치권력만 권력이 아닙니다. 여러분의 삶 속에서도 어쨌든 여러분이 갖고 있는 권력이 있을 거예요. 그래서 자기가 갖고 있는 권력이 어떤 건지, 그리고 그것에 비춰서 내 인격이 어떤지를 돌아보는 삶을 산다면 우리 사회가 조금 발전할 수 있지 않을까 하는 생각을 자주 합니다.

노래를 하는 후배들을 만나면 꼭 물어보는 말이 있습니다. 무슨 얘기를 하고 싶냐고, 늘 제게 던지는 질문이기도 합니다. 내가 먼저 감동받지 않으면 다른 사람도 분명 감동받지 못합니다. 내가 먼저 재밌지 않으면 다른 사람은 더 재미없습니다. 문화기획을 하거나 공연기획을 할 때 늘 되새기는 말입니다.

질의응답

공연을 연출한다는 것이 대표님께 어떤 의미인지, 그리고 공연 연출가로서 무엇을 가장 중점적으로 표현하려고 하는지 궁금합니다.

굉장히 어렵고 철학적인 질문이네요. (웃음) 두 번째 질문부터 말씀을 드리면 두 가지가 있어요. 있는 것들을 가져다가 조합해 보는 것이 있고요, 또 하나는 그럼에도 불구하고 새로운 것을, 새로운 콘텐츠를 창조해내는 것이 필요해요. 촛불집회 때 뮤지컬 배우들을 모아 '시함뮤'라는 단체를 만들어서 했던 것 같은, 이 공연에 맞는 콘텐츠를 만들어내는 것. 그래야 조금씩 나아지는 것이라고 생각합니다.

그리고 첫 번째 질문에 답을 하겠습니다. 무슨 일이든 하고 있을 때는 힘들고 짜증나고 하지만 일이 딱 끝났을 때 '와, 좋다', '와, 행복하다' 이런 느낌이 있으면 그 일을 계속해도 되는 것 같아요. 많은 일들을 그렇게 느낄 것 같지만 쉽게 느낄 수 있는 감정은 아니에요. 허탈한 순간이 있더라도, 내가 생각했던 그림대로 공연이나 축제가 완성되고 나서 느낌이 정말 좋아요. 좋고 뿌듯하고 스스로 자랑스럽고, 감동적이고 그렇습니다. 그것 때문에 하는 것 같아요. 아마 문화 기획자로 살아가는 일의 원동력은 거기에 있다고 봐요. 여러분도 그런 마음이 드는 일에 도전해 보시면 좋을 것 같고요.

본인이 만든 기획물을 사람들에게 보여주고 나서 사람들도 자기가 느낀 것처럼 비슷한 감동을 느꼈으면 좋겠다고 생각하는데, 그러려면 기획을 어떻게 해야 하는지 완성은 어느 정도 검토해야 하는지 궁금합니다.

그렇게 할 수 있는 눈을 기르는 게 제일 중요해요. 제일 좋은 훈련 방법은 공연이나 문화제, 축제를 가서 무대를 바라보지 말고 대중을 바라보세요. 그렇게 해보신 적 있으신가요? 그러면 내가 모르는 세계가 거기 있어요. 객석에 앉아서 무대를 볼 때는 내가 좋으면 좋고 싫으면 싫은 거잖아요. 근데 시선을 반대로 돌려 대중을 보면 대중이 좋아하고, 대중이 웃고, 대중이 감동하는 코드는 내가 느낀 것과 같을 때도, 다를 때도 있어요. 하나의 공연물이나 내용이 관객들한테 갔을 때 관객들이 어떤 반응과 느낌을 보이는가를 여러 번 반복해서 확인하면 그런 부분들을 느낄 수 있는 거죠.

공연 기획자는 상업적으로 대중이 좋아하는 쪽, 즐거워하는 쪽을 잘 알아야 돈을 벌 수 있어요. 그게 공연 기획자의 역할에 좀 더 가깝다면, 연출가는 조금 달라요. 연출가는 사람들이 많이 감동하고 흡족해하는 지점들을 조금 더 찾아내야 해요. 그러면서 기획자와 연출가가 서로 긴장 관계에 있는 것, 그래야 좋은 공연이 나올 수 있는 거라고 봐요.

제 경우 몇몇 냉정한 분들을 모시고 '이번에 어땠냐' 하고 물어봐요. 그 분들이 아주 디테일하게 지적해 주신 걸 바탕으로 다음번에는 고치려고 노력해요. 그러려면 다양한 의견들에 열려 있는 마음이 필요하죠. 그런데 나이가 들고 이런 일 오래 하다 보면 싫은 소리 해주는 사람이 싫어요. 그때가 슬슬 손을 놓을 때인 거겠지요.

기획사에 인턴으로 들어가면 어떤 일을 수행하게 되는지 궁금합니다.

A부터 Z까지 다 하죠. 왜냐하면 일이라는 게 은행 업무를 보는 것도 있고, 기획서를 만들어오는 것도 있고, 콘티 짜보는 것도 있고, 현장에 나가서 음향을 만져보는 것도 있고 여러 가지가 있거든요. 음반 제작하는 녹음실에 가서 연습하고 녹음하는 과정도 있을 거고, 재킷 디자인하면

그걸 감수해야 하는 것도 있어요. 영상 제작에 참여할 수도 있고 연습실을 빌리고, 체크하고, 밥이나 간식 음료수도 준비하고 엄청 많습니다. 일의 프로세스에서 해야 하는 일들과 특화되어 있는 일들을 다양하게 경험할 수 있죠. 그런 면에서는 회사가 클수록 경험 폭이 작아집니다. 자기가 맡은 부서의 그 일만 하기 때문에 경험치가 한 부분에는 깊어지지만 다른 건 얇아져요. 회사가 작을수록 다양한 부분들을 어쩔 수 없이 해야 돼요. 두루두루 해야 되기 때문에 그 지점에서는 많은 부분들을 배울 수 있는 장점이 있겠죠. 큰 회사는 시스템이 잘 갖춰져 있고, 어떤 부분에서는 전문성도 뛰어나고, 특히 대규모의 일들을 하는 경우가 많으니까 스케일을 배우는 데 장점이 있고요, 작은 회사들은 아주 디테일한 부분까지 많은 영역을 경험하는 장점이 있지요.

기획사 대표로 활동하실 때 소개해 주실 만한 일화가 있는지 궁금합니다.

저는 매니지먼트를 하고 있어요. 숨엔터테인먼트가 매니지먼트 회사예요. 여러분이 모르는 가수들이 있습니다. 개그맨도 있고 국악인도 있고, 다양한 장르의 가수들이 있어요. 회사에서 매니저를 뽑으려고 공고를 낸 적이 있는데 어떤 여성분이 오셨어요. 지금 어디 사냐고 하니까 고시원에 산대요. 그러면서 자기는 언제든지 합숙할 준비가 되어 있대요. 기획사라고 얘기하니까 아이돌이 소속되어 있는 줄 알고요. 아이돌하고 같이 합숙을 하겠다고. 그런 일이 있었어요. 별로 재미없는 일화인가요? (웃음)

앞으로 기획 중이시거나 혹은 기획하고 싶으신 것이 있으신가요?

부천에서 열리는 만화 영상 축제를 도와주고 있습니다.

하고 싶은 기획물은, 제가 2018년에 충청북도 옥천에서 옥천뮤직페스티벌을 했어요. 외국 팀도 7팀 정도 데려오고 국내 인디밴드나 가수들도 20팀 데려와서 한 3일 했는데, 결과적으로는 망했어요. (웃음) 물론 제가 투자를 했던 것은 아닌데 사람이 그렇게 많지 않았어요. 제일 관객이 많았던 공연이 밴드 '새소년'이었는데, 200명 정도 왔어요. 그런데 저는 군 단위에서 그런 뮤직 페스티벌을 많이 했으면 좋겠어요. 물론 2018년에 망하고 나서 바로 잘렸습니다. (웃음)

우리나라는 너무 중앙 집중적이에요. 서울이나 큰 도시에서만 페스티벌이 열려요. 그런데 그런 군 단위에서 하면 돈이 많이 안 들어요. 예를 들어 옥천뮤직페스티벌도 제가 1억 원 정도 가지고 했어요. 1억 원이면 큰돈인 것 같지만 페스티벌 한다는 입장에서 보면 군의 예산으로 보면 그렇게 큰돈은 아니거든요. 그런 데서 해야 젊은 사람들이 많이 올 수 있어요. 보통 지방에서 공연을 하게 되면 할머니 할아버지들이 많이 와요. 그렇다고 할머니 할아버지들이 민요나 국악만 좋아하는 것은 아니에요. 그런 의미에서 우리나라의 축제가 젊어졌으면 좋겠고, 그렇게 되려면 젊은 뮤지션들이 나오는 페스티벌들이 늘어나야 해요. 거기 온 뮤지션들 중에 2/3가 옥천이 처음이래요. 저는 그런 걸 하고 싶어요.

이 일을 하기 참 잘했다 싶은 순간? 또 계속해서 이 일을 이어나갈 수 있게 하는 원동력은 무엇인가요?

폼 나는 대답이 아니라 솔직히 대답해야 하죠? 사실은 내가 왜 이 일을 했을까 생각을 많이 했어요. 원래 전공은 기획 쪽이 아닌데 '내가 어쩌다 이쪽에 와서는 이렇게 힘들게 일하지?' 그런 생각들이요.

저는 스무 살 때부터 인간은 두 가지 존재로서 고민하게 된다고 생각해 왔어요. 하나는 철학적 존재로서의 고민이고, 하나는 역사적 존재로서의 고민이에요. 다들 '난 어떻게 살까', '나는 뭐 해먹고 살까' 이런 고민 하시잖아요. 이게 철학적 자아의 모습이에요. 늘 그런 고민을 하다가 어느 순간 '내가 왜 여기 서 있지?', '내가 왜 이걸 하게 되었지?'라고 하는 역사적 존재로 나를 발견하는 순간들이 있어요.

제가 촛불집회 할 때 그 질문을 계속 했어요. 리허설 때 「임을 위한 행진곡」이 불리는데, '동지는 간 데 없고 깃발만 나부껴'라는 가사에서 눈물이 왈칵하는 거예요. 왜냐면 정말로 동지가 간 데 없어요. 제가 거기서 나이가 제일 많아요. 수십 명의 스태프를 다 합쳐도 한 열 살 이상은 많아요. 동지는 간 데 없고 저 혼자서 거기에 서 있었던 거예요. 역사적으로 내가 이 자리에 이렇게 서 있을 수 있는 게 얼마나 감사한 일인가라고 생각하는 거죠. 역사적인 존재로서의 나를 느끼는 거.

제일 기쁜 건 아주 가끔 가족들에게서 응원 문자를 받을 때예요. 아내에게서 '공연 너무 좋았어요. 훌륭해요'라는 문자를 받으면 '아, 내가 내 일을 잘했구나' 하는 생각이 들어요. 서울시청 광장에서 세월호 200일 공연하고 세월호 아이들보다 한 살 많은 딸이 달려와 절 안아주면서 "아빠, 수고했어, 고마워" 하는데, 눈물이 엄청 났습니다. 끝까지 함께 하겠다는 다짐을 또다시 하게 됩니다.

6

연재노동자로
산다는 것

이슬아

성공회대 신문방송학과 재학 당시 한겨레 손바닥문학상을 수상하며 작가가 되었다. 졸업
후 학자금 융자를 갚기 위해 매일 매일 에세이 한 편씩 이메일로 배달하는 '일간 이슬아'
연재를 시작했다. 헤엄출판사를 열어 본인의 책을 출간하면서 사장님이 되었고 청소년들
에게 글쓰기를 가르치는 일도 꾸준히 하고 있다. 『일간 이슬아 수필집』, 『나는 울 때마다
엄마 얼굴이 된다』 등 여러 권의 책을 냈다.

"다른 장르도 마찬가지지만 글쓰기 역시 재능보다 꾸준함이
더 중요하다고 생각해요. 시간과 마음과 몸을 들여 오랫동안 쓰면
무조건 나아지는 게 글이라고 느껴요. 용기를 내서 계속 쓸수록
강해지는 것 같아요."

나의 여러 가지 정체성

저는 이 학교에 9학기를 다녔습니다. 졸업하고 나서 빚을 열심히 다 갚고 돌아왔습니다. 네이버에 제 이름을 검색해 보니 작가이자 출판인으로 나오는데 이것은 제가 제 책을 직접 유통하고 출판한 사람이라 그렇습니다. 보통 작가들은 집필에 해당하는 과정만 자기가 하고 나머지 귀찮고 어려운 것들은 출판사에서 해줍니다. 그렇기 때문에 출판사가 많은 돈을 가져가는 것이거든요. 근데 저는 돈을 나누는 걸 싫어해서 제가 직접 했는데 너무 힘들어요. '일간 이슬아'도 돈을 나누기 싫어하는 사람이 하는 프로젝트입니다. 네이버에 이슬아를 치면 '바둑 얼짱' 이슬아가 먼저 나왔는데 오늘 확인해 보니까 '일간 이슬아'의 이슬아가 먼저 나왔습니다. 근데 저 '바둑 얼짱' 이슬아도 정말 좋아하고요, 다른 이슬아도 모두 행복하시길 바랍니다. 저는 저를 소개할 때 이런 것들을 이야기합니다.

첫 번째로는 연재노동자를 말합니다. 왜냐하면 제가 밥 먹고 하는 일이 '연재노동'이라서요. 이것으로 생계를 삼고 있고, 고생을 하고 있고, 많은 병을 얻고 있습니다. 저는 ≪경향신문≫에 칼럼을 쓰고 다양한 잡지에 글을 쓰면서 지냅니다. 그리고 레진코믹스에 성인만화도 그리고 그냥 일이 들어오는 대로 다 했어요. 왜냐하면 돈을 벌어야 하니까요. 근데 지금은 플랫폼의 청탁을 기다리지 않고 스스로 제 일자리를 창출해서 연재노동을 하고 있는 상태입니다.

두 번째로, 제 스스로 창출한 연재노동이 바로 '일간 이슬아'인데요. '일간'은 일간 신문할 때 그 일간이고 '이슬아'는 저를 말하는 겁니다. 제가 쓴 이야기를 하루에 하나씩 보내는 프로젝트입니다. 그러다가 출판사 대표가 됐는데 어떻게 됐는지는 조금 이따 말씀드릴게요.

세 번째로는 글쓰기 교사입니다. 글쓰기 교사를 한 지는 6년 정도 된 것 같아요. 작가하다가 망할 수도 있기 때문에 부업으로 했습니다. 저는 언제든지 밥줄이 끊길 거라는 공포와 불안을 가지고 살아가고 있고 제 작가 생활이 끊겼을 때 월세를 낼, 생계를 이을 수 있는, 그런 직업을 항상 염두에 두고 있습니다. 그게 바로 글쓰기 교사고 제가 좋아하는 일이기도 합니다.

직업은 아니지만 제가 원래 확립하고 있는 정체성은 '비건 지향인'인데요. 공장식 축산과 동물들을 둘러싼 여러 이슈들이 너무 끔찍해 고기를 비롯한 동물성 식품을 소비하지 않고 있습니다. 그렇게 시작한 지 몇 달 안돼서 아직 겸손한 비건이지만 저 혼자 하는 것보다 여럿이 하는 것이 도움이 되기 때문에 말을 하고 다니고 있어요. 원래는 조용히 비건을 하면서 지냈는데 그러면 힘이 너무 약하더라고요. 너무 끔찍한 일이 벌어지고 있는데 그런 것은 저 혼자 안 한다고 바뀌지 않으니까요. 내가 듣기 싫은 반응을 듣는 것보다 더 중요한 문제들이 있기 때문에 비건이라고 말하고 다니고 있습니다.

그다음에는 아마추어 취미인데 전 운동하는 거 되게 좋아해요. 필라테스와 철봉, 달리기를 하다가 최근에는 제 안의 어떤 폭력성을 해소하기 위해서 헬스를 하고 있습니다. 제 몸무게보다 무거운 것을 들면서 운동을 하고 있어요. 정말 좋더라고요. 헬스장에서 충분히 비명을 지르거나 신음소리 같은 걸 내고 오면 오후에는 맑고 깨끗한 사람이 되어 있습니다.

글쓰기와 나의 역사

제가 글쓰기를 택한 이유는 글쓰기가 좋아서이기도 하지만 그거 말고는 딱히 잘하는 게 없어서예요. 어렸을 때 친구들이랑 어울리는 게 너무 힘들었는데, 외톨이고 말을 잘 못하는 사람이 글을 쓸 확률이 좀 높다고 생각해요. 지금은 외톨이가 아니지만 당시엔 외톨이였습니다.

좋아하는 책들을 읽다가 글을 쓰게 된 이유도 있어요. 좋아하는 책들은 계속 여러 인생을 살도록 도와주는 것 같거든요. 다른 예체능 분야와는 달리 글쓰기는 초기 자본이 거의 들지 않습니다. 악기나 미술을 배우는 것보다 강습료도 싸고요. 재료비도 들지 않죠. 그래서 선택한 것도 있습니다.

마지막으로는 거짓말을 살짝 보태는 게 좋아서 그랬어요. 저는 신문방송학과를 입학할 때 자기소개서에 기자가 되고 싶다고, 정확히는 인터뷰를 많이 하는 기자가 되고 싶다고 썼고 ≪씨네21≫의 김혜리 기자님을 언급하기도 했습니다. 그렇게 해서 신문방송학과에 입학했는데요. 신문이랑 방송, 여타 미디어를 배우면서 기사를 쓰는 훈련을 했는데 기사를 써 가면 최영묵 교수님이 왜 기사를 써 오라 했는데 소설을 써 오냐고 하시는 거예요. 그래서 생각을 해봤어요. 제가 사실은 기자가 되고 싶은 게 아니라 소설가가 되고 싶다는 생각을 일깨워주신 분이에요. '아, 내가 소설을 너무 쓰고 싶구나, 어떤 사실을 봤을 때 어떤 가공을 더하면 이 이야기가 더 효과적이고, 이게 사실은 아니지만 오히려 진실을 가리키는 이야기가 될 수도 있구나'라는 생각이 들었습니다. 그렇다고 기사의 필요성을 무시하는 게 아닙니다. 그렇지만 제가 잘할 수 있는 것은 '가공함으로써 더 드러낼 수 있는 것'이라고 느꼈어요. 그래서 최영묵 교수님이 혼내실 때 기분이 너무 좋았어요. 장래희망을 깨달아서요.

● 일간 이슬아 구독신청 페이지

　글쓰기를 계속 하다가 '일간 이슬아'를 시작한 건, 만화가 중에 '잇선'이라는 분 때문이에요. 제가 활발히 웹툰 연재를 하는데 고정적인 수입이 없어서 한탄을 하던 중 이 '잇선'이라는 사람이 저한테 '독자와의 메일 거래 형식의 서비스를 하면 어떻겠느냐'라고 했는데 어쩌면 잘될 수 있겠다는 생각과 돈에 대한 계산이 돌아갔죠. 해보지 않은 일이기 때문에 자신은 없었지만 일단 시작을 했습니다.

당시는 학자금 대출 상환을 시작하라는 문자가 오기 시작했을 때였어요. 2000만 원인 줄 알았는데 나중에 보니까 2550만 얼마더라고요. 아주 많았습니다. 이미 프리랜서로 4~5년 정도 글 쓰고 있을 때인데 집필하는 품과 노동에 비해 원고료가 너무 적은 액수라고 느꼈습니다. 좀 전에 김창남 교수님이랑 얘기를 좀 나눴는데 교수님도 1980년대 후반에 연재노동자이셨더라고요. 그런데 당시의 원고료와 현재의 원고료가 별로 차이가 나지 않는다는 걸 알고 정말 너무 큰 충격을 받았어요. 왜 이렇게 안 올랐을까. 물가는 엄청 올랐는데요. 그리고 원고료를 주긴 주는데 언제 주는지도 모릅니다. 6개월 뒤에 줄 수도 있고 8개월 뒤에 줄 수도 있고, 제 생활을 계획할 수가 없는 거예요.

그것보다 더 싫은 것은 제 원고를 수정하는 것이었어요. 뭐라고 쓰면 자꾸 자신만만하고 발칙한 〈섹스 앤 더 시티〉처럼 원고를 고쳐와요. 그런 거 때문에 매체들에 불만이 있었습니다. 또 제가 일간 연재를 시작할 수 있었던 이유는 생각하기 전에 몸이 먼저 튀어나가는 사람이라서 그랬던 점도 있어요. 원래 생각을 많이 안 해요. 글쓰기를 하고 있다는 게 신기할 정도로 생각이 별로 없고, 그냥 냅다 시작해 버리는 일들로 지금까지 왔습니다.

다음이 정말 중요한데요. SNS가 없었다면 '일간 이슬아' 프로젝트는 시작이 안 됐을 거라고 생각합니다. 애초에 제가 알려지지 않았을 거라고 생각해요. SNS에서 호기심, 호감, 비호감 등을 받았기 때문에 이게 모였던 거라고 생각합니다. 독자가 SNS에서 제 게시물에 '좋아요'를 눌러준다고 해서 그 사람이 저한테 한 달에 만 원을 내는 독자가 되는 건 아니잖아요. 실제 구독 수랑 유료 구독자 수는 차이가 나는데요. 유료 구독자가 어쨌든 일부 등장했기 때문에 시작할 수 있었습니다. 요즘에는 많은 콘텐츠가 무료로 풀려 있기 때문에 사실 군이 돈을 안 내도 볼 수 있는 재미난 것들이 너무 많습니다. 근데 그런 사람들이 제가 하루에 한 편씩 뭘 보낸다고 했을 때 과연 돈을 낼까? 그게 너무 궁금했는데 그런 사람들이 있었어요. 심지어 첫 달 구독자들은 제가 아무것도 안 보냈는데 믿은 거잖아요. 이 프로젝트를 하루도 경험해 보지 않은 사람들이 믿고 돈을 보내주신 거죠.

그렇게 해서 2018년 2월에 이 프로젝트 첫 모집 홍보글로 시작했는데요. 이거 쓸 때만 해도 제가 무얼 쓸지 모르는 상태였어요. 결국 저는 제가 매일 쓸 거라고 예상했던 것의 네 배 분량의 글을 매일 썼습니다. 글을 정말 잘 쓰시는 분들은 짧은 분량으로도 잘 쓰시는데요. 저는 짧게 설득하는 법을 잘 몰라서 길게 쓰게 됐습니다. 지금보다 짧고 좋은 글을 쓰는 것이 여전히 저의 목표입니다. 저돌적으로 쓰고 그걸 팔아야 했어요. 왜냐면 급하니까. 돈이 급하니까.

그렇게 해서 한 달하면 성공이라고 생각했었는데 제가 무려 6개월을 했습니다. 유럽 갔을 때는 '주간 이슬아'로 진행했습니다. 유럽은 와이파이가 안 터지는 곳도 많고 여행지에서 매일 쓰는 게 너무 잔인한 일인 것 같아서 일주일에 한 편만 해서 5000원으로 내렸습니다. 그리고 8월호를 끝으로 2018년 연재는 반 년 만에 완료하고 책을 만든 상태입니다.

누구나 각자의 픽션으로 이야기를 완성한다

제가 무엇을 썼는지에 대해서 많은 질문을 받는데요. 사실 매일 뭘 쓸지 그때그때 고민을 했어요. '픽션이냐, 논픽션이냐'에 대한 질문을 가장 많이 받았던 거 같습니다. 왜냐면 제가 제 일상으로 보이는 것들을 많이 그려냈기 때문에 그런 것 같아요. 근데 저는 솔직하다는 평을 들을 때마다 이상한 기분이 들어요. 왜냐면 별로 솔직하지 않기 때문에. 저는 제 일상을 진실되게 드러내는 것에는 관심이 없고 그런 것은 사랑하는 사람과 둘이 얘기하는 것으로 충분하다는 생각입니다. 이야기해야 하는 것은 좋은 이야기, 재밌는 이야기 혹은 슬퍼도 좋은 이야기인 것 같고, 솔직하다는 것만으로는 아무런 가치가 없다고 생각해요. 어떤 솔직함은 되게 끔찍하죠. 서로의 마음을 투명하게 바라볼 수 있다면 정말 끔찍한 세계가 될 거예요. 그렇기 때문에 저는 솔직한 글을 쓴 적이 없다고 얘기하고 싶어요. 《뉴요커》라는 잡지에서 40년 동안 편집장이었던 윌리엄 맥스웰William Maxwell이라는 사람이 이렇게 얘기했어요. '과거에 관한한 우리는 입만 열면 거짓말을 한다'라고요. 같은 사람이라도 어제랑 오늘 과거를 다르게 이야기하기도 하고 혹은 어떤 경험을 하고 난 뒤 자기 인생에 대한 평가가 변하기도 하죠. 기억이라는 것이 너무 제멋대로니까. 그래서 '일간 이슬아'에서 제가 아주 중요한 과거의 경험을 꺼내었다고 해도 그것은 여러 가지 버전으로 다시 쓰일 수 있는 이야기라는 것이죠.

특히 저는 아빠의 노동 이야기, 엄마의 노동 이야기를 굉장히 많이 썼는데 제 동생이 글을 쓴다면 또 다른 글이 나올 거예요. 같은 집에서 자랐는데도 말이죠. 그리고 엄마가 쓴다면 또 다를 것이고 아빠가 써도 다를 거예요. 그러니까 어차피 완벽하게 팩트인 건 없으니까 이왕 그렇다면 잘 가공하고 창출하자. 이것이 제 목표였습니다. 과거가 뒤죽박죽이니까 글쓰기를 시작하면 자기 안에 있는 이야기꾼이 나서서 상황 정리를 하는 것 같아요. '이 얘기 이 부분이 중요했고 이때 그 여자가 이 말을 하진 않았지만 여기 대사가 들어가면 완성도가 높아질 텐데' 하고 이야기꾼이 막 뭔가를 하는 느낌이 듭니다. 많은 소설가가 그런 식으로 작업을 하고 있다고 생각해요. 그래서 '픽션', '논픽션' 중에 그냥 'ㄴ픽션'이라고 말하기도 합니다.

글벗은 나의 힘

글쓰기는 혼자 하는 일이에요. 피아노는 연탄곡을 쓸 수 있어요. 주걸륜周杰倫, 저우제룬이 나오는 영화 〈말할 수 없는 비밀〉 보면 그렇게 하잖아요. 근데 한 컴퓨터 앞에 두 사람이 앉아서 타자기에 손을 엇갈려서 네 개의 손으로 글을 쓸 순 없어요. 온전히 혼자 완성할 수밖에 없는 일이지만 그래도 저는 글쓰기를 계속 누군가와 함께했다고 느껴요, 저의 무서운 합평동아리 친구들과. 이 문장은 김소연 시인이 말한 건데요. "누군가의 글이 좋아졌다면 반드시 정말 반드시 그의 곁에 누군가가 있었다. 그의 글을 사랑하는 마음으로 그의 글을 봐주는 사람 그리고 반대로 누군가의 글이 갑자기 안 좋아졌다면 그가 떠났을 가능성이 높다." 이런 식으로 말을 했는데 이 말에 동의합니다. 글 쓰는 사람으로서 혼자 성장하는 건 별로 없는 것 같아요.

저는 십 대 때부터 글쓰기를 계속 함께했던 친구들이 있어요. 각자 쓰지만 정확히 피드백과 합평을 같이 했어요. 내가 써온 것에 대해서 친절한 말과 욕을 하는 친구들이죠. 저도 다른 친구들의 글에 대해서 그렇게 하고요. 그것을 저는 글방이라고 부르는데 그 글방에서 너무 많은 일들이 있었습니다. 이를테면 많은 열등감과 많은 질투와 뭐 그런 것들. 항상 저보다 다른 방식으로 잘 쓰는 친구들을 보면서 열등감과 질투를 느끼면서 써왔어요. 저도 어느 날은 누군가한테 그런 친구였을 수 있겠고, 아무튼 엎치락뒤치락하면서 함께 꾸준히 써왔어요. 이 친구들이 '일간 이슬아'도 구독해 줬는데 얼마나 무서웠는지 몰라요. 절대 빈말로 칭찬을 안 해주거든요. 좋았다는 말을 별로 안 해줘요. 심지어 추천사를 부탁했는데, 추천사에도 살짝 욕을 써놨어요. 그런 친구들이 무섭게 뒤를 지키고 있기 때문에, 또 저도 매의 눈으로 걔네들의 글을 보기 때문에 늘 긴장을 놓을 수 없습니다. 그래서 만약 누가 글을 쓰고 싶다면 옆에 동료가 꼭 있었으면 합니다. 그래야 계속 같이 잘할 수 있으니까요.

일간 이슬아, 그리고 낭독의 발견

'일간', '주간', '월간' 중에 '일간'이 제일 힘들잖아요. 누가 매일 그렇게 마감을 하겠어요. 근데 매일 쓰는 것 자체는 별로 안 힘들었는데 누구한테 보여야 한다는 것 자체가 힘들었고 그것보다 더 힘들었던 것은 실시간으로 피드백이 도착한다는 것이었어요. 김창남 교수님이 글을 많이 쓰실 때는 '댓글'이라는 것이 없었더라고요. 이메일도 없었고 원고지에 글을 써서 봉투에 담아서 신문사에 넘겼대요.

그런데 저는 메일로 보내니까 보내고 수신확인을 누르면 누군가 바로 봐요. 그리고 한 몇 분 뒤에 답변이 속속 오는 것이죠. 좋은 답장이 올 때도 있지만 '오늘 글 정말 재미없네요', '돈을 냈는데 왜 일기를 쓰시나요', '그 생각에 정말 동의 안 합니다', '당신의 글이 방금 여자를 모욕했습니다, 여성 차별에 일조했습니다' 아니면 뭐 여러 가지. '왜 브래지어를 안 하시나요' 이런 답변들이 와요. 그런 것들 때문에 너무 힘들었어요. 수명이 깎인다는 느낌이 들었습니다.

아침에 일어나면 청소기를 돌리고 화분에 물 주고 고양이를 챙기고 책상에 딱 앉아서 마치 사무직 직원처럼 일을 합니다. 구독자의 문의에 대한 답장, 피드백에 대해서 꼭 대답해야 할 것 등 여러 가지 일을 합니다. 출판사 업무도 있고요. 낮 시간에는 회사원처럼 일을 하고 저녁 시간에는 마감을 하는 것이 저의 인생인데 너무 힘들어서 혼자 울곤 합니다.

몸과 마음의 관리를 열심히 하는 것이 힘들었습니다. 하지만 이제는 몸에 배서 할 수 있습니다. 돈을 벌어야 해서 2019년도에 시즌2로 돌아왔는데요. 약간 변한 것이 있어요. 일단 장르가 다양해졌어요. '일간 이슬아'를 하면서 좋은 플랫폼을 창조한 것인데 제 주변에는 저보다 잘 쓰는, 정말 재능 많은 탁월한 친구들이 많거든요. 그들 모두가 저처럼 글쓰기로 생계를 하고 있는 것은 아닙니다. 근데 같이 잘되면 좋잖아요. 같이 잘되고 싶어서 친구 코너를 만들었어요. 빛나는 재능의 친구들의 글을 많이 모셨습니다. 제 글보다 반응이 좋았던 글들도 있고, 각자 개인 출판을 하는 친구도 있고. 원래는 개인 지면이었다면 지금은 이슬아가 주관하는 잡지처럼 도약을 한 셈이죠.

저는 친구 코너에 원고를 모시는 데 한 달에 100만 원 넘게 돈을 쓰고, 만화도 사고 글도 사오고 그리고 사진 촬영하는 데 주고, 그렇게 한 150만 원 정도가 나갑니다. 그래서 나중에는 '일간 이슬아'가 이름이 '일간 이슬아'가 아니어도 좋을 만큼 종합 플랫폼이 되면 좋겠다는 생각을 해요. '이 사람이 만드는 잡지에 가면 좋은 담론들과 재밌는 글이 많아' 이런 얘기를 들었으면 좋겠어요.

시즌2에서는 이렇게 장르가 늘어났는데, 인터뷰 코너도 만들었어요. 새로운 장르를 하는 게 너무 어렵더라고요. 그리고 시간이 훨씬 오래 걸리더라고요. 근데 그게 수련을 하는 느낌이라서 좋습니다.

저는 어려움을 느끼면 이 장르의 본좌들에게 전화를 해서 물어봅니다. 예를 들어 얼마 전에 정혜윤 PD와 인터뷰를 했는데요. 이분은 제 '인터뷰이'이기도 했지만 '인터뷰어'로서 15년 넘게 일을 해온 사람이기 때문에 '본좌'예요. 그래서 전화를 해서 '분량 조절을 못 하겠다', '너무 길다' 하면 저한테 충고를 하는 거죠. '인터뷰이의 말을 존중하고 잘 듣는 거는 좋은 일이지만 너무 존중한 나머지 해야 될 글도 못 빼고 있다. 좀 더 과감하게 쳐낼 필요가 있다.' 여러 가지 조언을 듣는 거죠. 그런 식으로 배워가면서 하고 있는데 매번 배운다는 것도 피로한 일이긴 하지만 열심히 하고 있습니다.

그다음에는 '낭독'이라는 코너가 추가됐는데 제가 작년 연재를 하면서 제 구독자 중 시각장애인이 있다는 사실을 알게 됐어요. 시각장애인 선생님께서 저한테 메일을 보냈거든요. 근데 이것이 어떤 시스템으로 그분한테 들리는 건지 궁금해서 물어봤더니 시각장애인 전용 컴퓨터가 있고 그 컴퓨터가 제 글을 읽어주는 것이었어요. 근데 그 목소리가 너무 궁금해서 그 파일을 보내달라고 부탁드렸는데 받고 너무 큰 충격을 받았습니다. 왜냐면 너무 빨랐기 때문에. 재생속도에 약간 문제가 있는 거 같았어요. 그래서 이거 문제가 있다, 한 8배 속으로 재생이 된다. 그랬더니 문제가 있는 게 아니라 우리는 원래 그렇게 듣는다, 그러시더라고요. 시각장애인들은 듣기에 너무 훈련이 된 나머지 빨리 들을 수 있는 거예요. 우리가 말하는 속도는 너무 느리대요. 굉장히 충격적이었습니다. 어쨌든 그분은 굉장히 빠른 속도로 제 글을 소화하고 계시죠. 제가 하루 종일 써서 보낸 글을 한 40초 만에 소화하시는 거죠. 그래서 어느 날은 꼭 제 호흡과 낭독으로 쓴 걸 보내드리고 싶었어요. 한 달에 한 번은 독자가 직접 내 목소리를 듣는 게 있었으면 좋겠다 싶어서 낭독 코너도 추가했습니다.

망망대해 출판업계에서 헤엄치다

저는 출판사 사장으로 독립 출판을 하고 있습니다. 하지만 사무실을 얻을 돈이 없어서 그냥 저의 집에서 1만 부를 소화한 것입니다. 그런데 1만 부가 다 들어가면 저희 집이 꽉 차거든요. 그렇기 때문에 1000부, 2000부씩 나눠 받았는데, 매번 일주일에 한 번씩 용달차가 오면 그걸 옮기는 것이 저의 일이에요. 아까 말씀드렸던 이 '일간 이슬아'에서 쓴 모든 글을 책으로 내서 직접 팔고 있습니다.

제 출판사의 이름은 헤엄출판사입니다. 당연히 인세보다는 많이 받아서 좋지만 생각보다 비용이 엄청 많이 들더라고요. 제작비도 생각보다 비싸고 유통비가 정말 비싸더라고요. 서점에서 얼마나 남는지 알고 계신가요? 예를 들어 책이 만 원이면 서점과 작가가 어떻게 나누는지 아시나요? 혹시 책 내실 분들 있을지 모르니까 개인적으로 제게 질문 주시면 제가 다 말씀드리겠습니다.

제가 사무직 직원으로 일하면서 두 가지 컴플레인에 응대하는데, 하나는 어제 쓴 글에 대한 컴플레인이고 두 번째로는 출판사에 대한 컴플레인이에요. 인쇄도 사람이 하는 일이라서 완벽하지 않아요. 1000권을 찍으면 한 10권 정도는 정말 이상한 책이 나와요. 어느 인쇄소나 마찬가진데 그걸 받은 독자는 정말 화가 나는 거죠. 전화해서 '왜 이렇게 만들었냐'고 하면 '죄송합니다'라고 하는 거죠. 아무튼 헤엄출판사를 설립해서 하고 있고 대표가 저고, 복희와 웅이 두 사람을 직원으로 두고 있어요. '복희'는 저의 엄마, '웅이'는 저의 아빠입니다. 출판을 전문적으로 배우지 않은 이 세 사람이 협동해서 몇 만 부를 함께 판 것이죠.

제 집에서 모든 일이 일어나고 있거든요. 물론 제 부모님은 집이 따로 있습

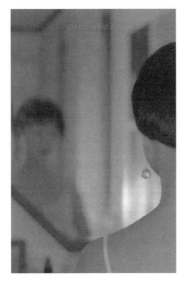

● 헤엄 출판사에서 펴낸
『일간 이슬아 수필집』

● 이슬아 인터뷰집 『깨끗한 존경』

니다. 이웃이라서 자주 왔다 갔다 해요. 그래서 저의 서재에서 원고 집필을 하고 택배포장을 하고 엄마가 회계를 하고 아빠가 포장을 하고 둘이 싸우고 제가 말리고 이럽니다. 그렇게 1만 부를 팔았습니다.

이제는 두 사람이 같은 일을 한꺼번에 하면 너무 분란이 심해서 노동 출퇴근 시간을 조정해 달라고 부탁하더라고요. 어차피 탄력근무제니까. 근데 엄마가 '이제 저 아저씨 오면 나 출근 안 하겠다' 그래서 '대표는 정말 힘들구나'라는 생각이 들었어요. 아무튼 이렇게 하고 있습니다. 이렇게 말하지만 저 두 분 정말 사랑해요. 헤엄출판사란 이름도 아빠가 수영 가르쳐줘서 그렇게 지은 것이거든요. 아빠가 수영 강사이자 잠수사였습니다.

관계 속에서 찾은 '나'

1만 부를 돌파하면서 여러 가지 굿즈를 만들었는데 제가 사실 굿즈를 만드는 걸 너무 싫어합니다. 대부분 쓰레기 때문이죠. 만든다면 꼭 필요하고 아름다운 굿즈를 만들고 싶어서 첫 번째로 만든 것이 '향'이었어요. 수필집에 있는 어떤 문장을 읽고 상상되는 것으로 조향을 직접 해서 만든 것입니다. 다음 굿즈는 혜엄출판사 물품이었어요. 이것은 수필집에 있는 것 중 아빠의 잠수 일에 대한 생각을 문구로 넣은 건데, 제가 '일간 이슬아'에서 내내 쓴 내용이 이것 같아요. 내가 사랑하는 사람들이 무엇으로 고생을 하는가, 그리고 고생스러운데도 왜 계속하는가. 제가 잠수 일을 해보지 않았잖아요. 저는 물속에서 숨을 오래 참을 수 있지만 잠수사가 하는 것은 물속에서 쓰레기를 치우거나 콘크리트를 치거나 용접 같은 걸 하는 일이거든요. 근데 그 세계를 경험을 안 해봤는데 '어떻게 아빠의 이야기를 소설처럼 쓸 수 있을까'. 그 답은 엄청나게 물어보고 듣는 거밖에 없겠죠.

저는 아빠의 이야기를 외워서 할 수 있을 때까지 많이 물어봤어요. 그래서 그 부분 중 하나를 썼습니다. 아빠가 노련한 잠수사인데도 겁에 질리고 패닉이 돼서 일을 못 하겠을 때 가까운 기둥을 향해 혜엄쳐서 그 기둥을 껴안고 있다는 이야기를 들었습니다. 대학을 나오지 않은 부모들이 어떤 노동을 하는지 그런 것들이 궁금했던 거 같아요. 제가 아까 말씀드렸던 글방에서 저희 스승님이 했던 얘기를 참 좋아해요. 어디 다닐 때마다 꼭 말합니다. '남의 슬픔이 내 슬픔처럼 여겨질 때 작가의 글쓰기는 겨우 확장된다.'

처음에는 무슨 말인지 몰랐어요. 왜냐면 나 슬픈 게 제일 슬프잖아요. 근데 어떤 순간에 어떤 사람을 경험하면 다른 사람의 슬픔도 꼭 내 슬픔처럼 아프기도 한 것 같아요. 그리고 그때 그 사람한테로 좀 확장되는 문장을 쓸 수 있는 것 같고요. 쉽지는 않죠. 왜냐면 나 아픈 게 제일 소중하게 느껴지니까요. 글 쓰기가 좋고 어려운 이유가 나는 어차피 나로밖에 못 사는데 다른 사람의 삶을 계속 상상해 보고 이해해 보고 그 사람의 몸인 것처럼 문장을 잘 써야 하니까 어려운 것 같아요. 근데 그렇기 때문에 평생을 다 바쳐서 해도 할 일이 남아 있는 너무 좋은 일이라고 생각합니다.

제가 좋아하는 또 하나의 말은 정혜윤 PD가 한 말입니다. "이젠 나의 외로움에서 벗어날 때가 되었어. 다른 사람의 얼굴을 읽을 때가 되었어." 제가 너무 자기연민에 빠진 날에 꼭 저 문장을 기억합니다. '나의 외로움 그만 생각하자. 뭔가 나보다 더 그 깊고 힘든 슬픔 가진 사람들 너무나 많고 그런 사람들 앞에서 염치가 있지. 너무 징징댄다, 슬아야'라고 생각할 때 이 문장을 기억합니다.

제가 초등학교 글쓰기 수업에서 내준 글감인데요. 제가 물어봤어요. 네가 왜 유일무이하냐고. 네가 왜 유일무이한 것 같은지 써보자고 했을 때 열한 살짜리 남자애가 이런 글을 썼어요. '나는 돌팔이 박사인 형의 조수였다. 형이 나한테 생체실험을 했는데 그런 고통스러운 경험을 겪은 나는 유일무이하다. 그리고 우리 학교에서 제일 안 좋은 선생님 반에 걸렸는데 그런 선생님의 모습을 무서워하고 웃겨하는 나의 모습이 유일무이하다.' 또 다른 열 몇 살짜리 여자애는 '나는 오늘 어떤 여자의 비밀을 유일하게 들은 사람이다. 그래서 나는 유일무이하다'라고 하는 거예요. 그러니까 나의 특별함이나 나의 고유함이나 유일무이성을 찾을 때 저는 제 몸 안에서 찾으려고 했는데 그 애들이 알려주는 거죠. 관계성에서 생긴다는 걸요. '어차피 우리가 누구와 관계를 계속해서 맺고 살아가고 그 관계 속에서 어떤 사람인지 걔한테 내가 무슨 의미였는지를 통해 겨우 그것을 통해서만 새로워질 수 있다'는 생각이 들었습니다. 그게 절망적이지도 않았고 오히려 희망에 가까웠던 것 같아요. 아무튼 그래서 제가 드리고 싶은 말씀은 나만 챙기는 글쓰기 그만하고 싶다는 것이에요. 그건 제 다짐과도 같아요. '일간 이슬아'가 개인의 일기장이 아니라 굉장히 많은 사람에게 뻗어가는 좋은 이야기이기를 원하는 마음이죠. 이렇게 성장하려고 많은 걸 했던 것 같습니다.

질의응답

정혜윤 PD님 말씀을 해주셨는데 어떻게 만났는지, 연결됐는지 궁금하고요. 어떤 부분에서 도움을 받으셨고 이슬아 작가님 삶에 어떤 영향을 미쳤는지 궁금합니다.

이 질문을 만약에 정혜윤 PD가 들었다면 그 사람은 이런 식으로 대답했을 것 같아요. '제가 정혜윤이라는 사람에 대해서 알려드릴까요? 정말 매력적인 사람인데….' 그분은 다른 사람에 대해서 재밌게 얘기하는 걸 너무 좋아하는 분이거든요. 그분을 처음 만난 것은 바로 이 '매스컴 특강'에서였습니다. 제가 원래 그분 책을 너무 좋아하는 애독자였는데 어느 날 김창남 교수님이 그분을 데려오셨어요. 그분이 민소매 원피스를 입고 너무나 아름다운 모습으로 오셨어요. 그분 책이 정말 좋거든요. 글만 그런 것이 아니고 모습이 너무 아름다워서 넋을 놓고 보고 있었는데, 강연 시작하실 때 민소매 원피스 팔뚝 쪽으로 한쪽 브래지어 끈이 내려왔어요. 보통 끈이 내려오면 추켜올리잖아요. 강연 두 시간 넘게 하셨는데 모르시더라고요. 왜냐면 워낙 말을 많이 하느라 바빠서.

그래서 '저 사람 신기하다'라고 생각했어요. 그때 왜 끈을 안 올리셨는지 물어봤는데 말을 하느라 너무 바빴다, 자기는 자기가 말하는 목소리를 듣느라 정신이 없다, 그럴 시간이 어딨냐, 그리고 그때 세월호 유가족들 이야기하느라 정신이 없었다고 하셨어요. 아무튼 제가 학부생이던 그때 처음 만났고 당연히 그분은 저를 기억하지 못하셨죠. 나중에 제가 CBS에 출연할 일이 있었는데 CBS에 간 김에 그분 찾아가 '좋아한다. 제가 오랫동안 좋아해 왔다'고 말했고 선물을 드렸습니다. 그리고 '내가 당신을 인터뷰하는 것이 꿈이다. 당신이 인터뷰를 잘 하지 않는 사람인 것을 알고 있지만 부탁하겠다'. 인터뷰를 허락해 주셔서 그저께 좋은 인터뷰 시간을 보냈습니다. 제가 닮고 싶은 사람입니다.

마음에 드는 문장이나 '내가 생각해도 정말 잘 썼다'라는 글이 있는데, 전체적인 흐름이나 분위기에 맞지 않으면 어떻게 하시나요? 또 글을 쓰면서 남에게 보여지는 글을 쓴다는 회의감이 많이 들더라고요, 어떻게 하면 남에게 솔직하게 보일 수 있을까 하는 생각으로 글을 쓰는 것 같아서. 이런 문제들을 어떻게 하시나요?

너무 어려운 질문을 주셨네요. 그런데 멋있으려고 쓴 문장은 독자한테 빨리 들키는 것 같아요. 내가 실제로 별로 그렇지 않은데 어떤 척을 하고 쓴 문장들은 단번에 들켜 쪽팔리는 것 같아요. 제가 어딘글방이라는 곳에서 계속 훈련했던 게 어떤 척하지 않는 것, 나에게 잘 맞지 않는 포즈를 취하지 않는 것이었어요. 그래서 글을 쓰고 피드백을 받을 때도 비문이나 그런 것에 대해서가 아니라 계속 태도에 대해 지적을 받았죠. '네가 이런 포즈를 취하고 썼잖아', '네가 쿨해 보이는 포즈를 취하고 썼잖아', '네가 위선적인 포즈를 취하고 썼잖아.' 이런 식으로요. 글을 쓸 때 내 마음의 포지션이나 태도? 그런 것에 대한 지적을 가장 많이 들었어요. 사실 저도 계속 실패하는 부분이라, 저도 그 부분을 고민하고 있고요. 엄청 어려운 것 같습니다.

글쓰기로 돈을 벌기 시작하면 단지 글쓰기를 좋아하던 때와 느낌이 달라질 것 같아요. 그 간극을 어떻게 메우는지 궁금해요. 또 '일간 이슬아' 쓰실 때는 하루 한 편의 글을 쓰시는 거잖아요. 글감이 없을 때도 있고 자극을 받지 못하는 날도 있을 텐데 그럴 땐 어떻게 하시나요, 마감에 대한 스트레스가 엄청날 것 같은데?

알아주셔서 감사해요. 좋아하는 일이 업이 됐을 때 너무 좋은 것도 있고 그것 때문에 받는 상처도 있는 것 같아요. 좋아하는 일을 취미로만 할 때는 너무 안전하잖아요. 돈벌이랑 연결되지 않아도 좋고. 그런데 내가 가장 좋아하는 장르로 시장에서 정면승부를 해야 하니까 훨씬 어렵고 힘들죠. 그런데 제가 좋아하지 않는 일로 돈을 벌어봤는데 그건 그것대로 되게 싫더라고요. 예를 들어서 제가 글쓰기 전에 카페 알바도 하고 누드모델도 오래하고 여러 가지 했어요. 그리고 심지어 싫어하는 글로도 돈을 벌었어요. 잡지사 기자하면서 써보지도 않은 제품을 광고하는 글도 쓰고, 근데 그게 더 상처가 되더라고요. 모멸감이 들고. 내가 왜 이런 걸 해야 할까, 시간이 너무 아깝다. 그래서 어차피 돈벌이는 힘드니까 좋아하는 일로 힘들면 덜 힘들지 않을까? 그런 생각도 했는데 해보니까 똑같이 힘들고요. 소재가 없는 느낌은 정말 자주 들어요. 어떻게 매일 완성할 만한 이야깃거리가 있겠어요. 그런 파란만장한 삶은 살지 않고 더군다나 저처럼 굉장히 규칙적으로 패턴을 가지고 사는 사람은 별일이 없거든요. 중요한 이야기란 무엇인가를 매일 생각하는 거 외엔 방법이 없죠. 그래서 되게 많이 읽고 사람을 많이 만나진 않더라도 엄청 유심히 봐요. 과거를 많이 추측하고 그래도 아직 고민은 고민이에요. 좋은 질문 주셔서 감사합니다.

몸과 마음을 유지하는 데 익숙해지셨다고 하셨는데 저한텐 아주 버거운 일이고 존경스러운 일로 느껴지거든요. 그게 어떻게 가능한 건지 여쭙고 싶어요.

몸이랑 마음이 매번 새롭게 아프시지 않나요? 익숙한 통증도 있지만 매번 새롭게 발견되고 여기만 아픈 줄 알았는데 이 새로운 통증은 뭐지? 내 몸은 정말 하나의 우주라는 생각도 들고. 그런 익숙하지 않은 통증이 찾아오면 힘들고. 저는 돌도 씹어 먹는 젊음 이런 말 뭔지 모르겠거든요. 또 제 친구들 중에 아픈 애들이 많아요. 진짜 통증이 실재하는 사람들이 많고. 그래서 저는 운동이랑 규칙적인 식사를 꾸준히 하고 있는데 운동을 바꿔보니까 도움이 됐어요.

글 쓰는 게 고민을 정말 많이 해야 하고 우울한 글을 쓰다 보면 자기도 우울해지고 슬럼프에 빠질 때가 오잖아요. 그럴 때 어떻게 극복하시는지, 또 작가 생활하려면 어느 정도 각오가 되어야 할 수 있는지 궁금해요.

저 그렇게 각오가 있지 않고요, 힘든 거 되게 싫어해요. 근데 말씀하신 대로 힘든 글을 쓸 때 마음이 아프잖아요. 특히 엊그제 세월호 관련 인터뷰를 정리하면서 정말 많이 울었어요. 너무 힘이 드는 이야기라서. 듣는 것만으로 진이 빠졌는데 정리하면서도 눈물이 나더라고요. 하지만 그게 저의 우울로 오진 않아요. 왜냐면 감히 제가 뭐라고. 그걸 겪은 사람도 있는데 바로 옆에서 일한 사람도 있는데 저는 고작 이야기를 듣고 독자에게 옮기는, 정말 편한 일을 하는 거잖아요. 제가 글에서 쓴 사람들은 인생의 너무 중요한 부분이 망가진 사람들이에요. 제가 힘을 내서 쓰고 그 사람들이 오해받지 않도록 해야지, 제가 우울할 겨를이 없다는 생각이에요. 제가 우울할 자격이 있나 하는 생각도 들었어요. 내 얘기밖에 몰랐을 때는 우울하고 무기력할 때가 있었는데 사람들 얘길 찾아서 들을수록 정신 똑바로 차리게 되는 것 같아요.

아무리 사소하고 하찮아 보이는 고통이라고 해도 남들이 나만큼 힘들거나 남들이 나보다 더 힘들다고 해서 내가 안 힘든 게 아니잖아요. 그래서 저는 그 고통을 아무렇지도 않게 만들어버리는 게 '좀 그렇다'고 생각했어요. 모든 사람들의 고통과 슬픔이 그 크기가 얼마만큼이든지 그 자체로 존중받을 수 있었으면 좋겠다고 생각했고 나 스스로 징징거리면 안 된다고 생각하면 다른 사람의 징징거림에 대해서도 관대해질 수 없다고 생각을 했어요. 슬아 님이랑 반대되는 생각인 거 같아서 얘기를 나눠보고 싶었어요.

반대되는 생각 아니고요. 저 너무 공감하고 저도 엄살이 엄청 많고 그렇습니다. 제가 원하던 것보다 더 징징대는 사람이기 때문에 반대로 가고 싶어질 때가 많거든요. 그래서 다짐 같은 느낌으로 그 인터뷰를 정리했던 것 같아요. 당연히 사소한 고통 다 존중받아야 한다고 생각하고, 인터뷰에서 '그렇게 힘들어?'라고 묻는 건 맥락이 다른 것 같아요. 예를 들어 온몸에 화상을 입은 사람 앞에서 내 새끼손가락에 박힌 가시를 굳이 얘기하지 않는 그 정도의 예의를 말하는 거라 생각해요. 새끼손가락에 박힌 게 안 아프다는 것이 아니고 화상 입은 사람 앞에서 굳이 얘기하지 않는 것. 저는 정혜윤 PD가 말한 게 바로 그런 예의라 생각해요. 정혜윤 PD도 개인적으로 힘든 일이 많겠죠. 그런데 세월호 유족 앞에서 굳이 말하지 않는 예의. 너무 큰 슬픔을 당한 사람 앞에서 잠깐 떠올리게 되는 겸허함이라고 전 받아들였어요. 근데 제 일상으로 들어와 보면, 제 중심적으로 생각하게 되죠. 저도 조금 아픈 거 정말 힘들거든요. 비슷한 이야기를 하고 있다고 생각해요. 가끔은 내 고통보다 더 중요한 고통도 헤아리고 싶은 것이죠. 왜냐면 제 인생이 대부분 안 그러니까요. 제가 너무 오만한 사람이니까요. 근데 아주 반복되는 훈련을 통해서만 가끔씩 그래, 남의 고통도 나보다 더 힘들지, 이거를 저도 노력해야 떠올리는 사람이거든요. 그래서 정혜윤 PD의 말이 저한텐 좋은 다짐이 되었던 것 같습니다. 그게 다른 고통을 무시하는 글로 안 읽히길 바랐는데요. 제 설명이 충분했으면 좋겠습니다.

요새 글을 쓰면서 가장 힘들고 많은 고민이 되는 지점이 있어요. 작가가 자기 글을 써서 내놔야 하잖아요. 작가님도 데뷔하시고 상도 받으셨더라고요. 요새는 그런 것을 보고 '내가 재능이 있을까?'란 생각이 굉장히 많이 들어요. 그러니까 나 말고도 글을 쓰는 사람이 많을 텐데 '내가 그 경쟁 상대들을 다 제치고 뭔가를 쓸 수 있을까'라는 생각. 그래서 글을 아예 못 쓰고 있는데, 혹시 작가님은 그런 생각이 들진 않으셨는지 이런 생각이 드셨다면 어떻게 극복하셨는지 궁금합니다.

저는 글쓰기에는 재능이 별로 필요 없다고 생각해요. 계속 하면 무조건 어떻게든 되는 장르라고 느껴요. 제가 글쓰기에 몇 십 년 종사한 게 아니라서 단언할 순 없지만 저는 글쓰기만큼 꾸준한 게 그대로 드러나는 장르가 없는 것 같거든요. 예를 들어 스포츠나 체육, 음악 쪽으로 가면 재능이 결정적인 부분들이 있잖아요. 그런데 글쓰기는 그냥 계속하는 사람이 제일 센 것 같아요. 꾸준히 하는 사람이 제일 잘하는 것 같아요. 저도 제가 글쓰기에 재능이 있다고 생각하진 않았고 하다 보면 는다고 해서 용기내서 계속 한 것 같거든요. 그리고 노력하는 비용도 안 들고. 싸니까. 시작하기 전에 돈이 많이 드는 거라면 심사숙고해서 해야겠지만 초기 비용이 별로 안 드니까 일단 꾸준히 해도 괜찮을 것 같고. 등용문이 좁은 건 분명한 것 같아요. 예를 들어 등단을 하는 게 너무 어려운 일이죠. 사실 '일간 이슬아'도 그래서 한 건데, 문단에 들어가기도 너무 어렵고 문단에 소속된다고 해도 먹고살 수 없어요. 그럼 뭐 하러 그렇게 노력하나? 그런 생각도 들고 그냥 등단을 목표로 안 하면 어떨까 하는 생각도 들고. 한편으로는 등단하면 마치 좋은 대학 가는 것처럼 편하니까 하고 싶기도 하고 그래요.

20년 후에 이슬아 작가님 본인에게 하고 싶은 말이 있다면 어떤 말인지 듣고 싶습니다.

20년 후면 마흔여덟 살인데 미래의 저를 '미슬'이라고 부르거든요. 미슬이가 꼭 집이 전세도 월세도 아닌 자가로 있었으면 좋겠고 출판사로서 잘 성장했기를 바라고 주변에 더 많은 좋은 작가들과 작업하면서 그때

도 뭔가를 왕성하게 배울 수 있기를 바라고요. 더 많은 이들을 비건으
로 만든 뒤일 거라고 짐작해봅니다. 그리고 그때도 군살 없는 탄탄한
몸이었으면 좋겠습니다.

7

우리 아이들에게 어떤 세상을 물려줘야 할까

장준환

영화감독 데뷔작 〈지구를 지켜라〉(2003)가 비평가들의 찬사를 받으며 각종 영화제에서 수상했지만 흥행에 참패했다. 하지만 이 영화는 오랫동안 마니아들의 사랑을 받고 있다. 한동안 새 영화를 찍지 못하다 2013년 두 번째 장편영화 〈화이 : 괴물을 삼킨 아이〉로 돌아왔다. 이어 2017년에는 1987년 6월항쟁의 역사를 정면으로 다룬 영화 〈1987〉이 흥행에 성공하고 높은 평가를 받았다.

"영화라는 예술은 너무 많은 사람들이 관여하기 때문에, 각자의 의견을 내고 하다 보면 중심이 안 생기는 경우가 많아요. 이야기의 핵심이 안 생기고 산으로 갈 가능성이 많습니다. 그걸 하나의 깔때기 혹은 필터를 통해 걸러내야 그나마 하나의 이야기로 작동할 수 있어요. 감독이 깔때기 혹은 필터 역할을 하는 것입니다. 그게 영화 예술에서 감독의 역할인 듯합니다."

첫 작품 〈지구를 지켜라〉보다는 영화 〈화이〉와 〈1987〉로 감독님의 이름이 대중에게 알려졌다고 생각됩니다. 그런 감독님을 보고 한 매체에서는, 대중과 점점 가까워지는 대기만성형 감독이라 평가하는데, 감독님 자신은 어떤 작품에 가장 애착을 느끼시는지 궁금합니다.

저더러 대기만성형이라 불러주시는 분들이 간혹 계십니다. 사실 잘 생각해 보면 〈지구를 지켜라〉 같은 경우는 당시 전국 관객 7만이라는 기록적인 폭망을 한 영화이기는 하지만 그 당시에도 굉장히 좋아해 주시는 마니아 분들이 계셨고, 지금까지도 젊은 분들이나 학생 분들이 찾아서 보고 계시는 듯합니다. 그래서 〈1987〉이 더 많은 관객을 만났을까 아니면 〈지구를 지켜라〉가 더 많은 관객을 만났을까 하는 궁금증이 생기기도 합니다.

내가 만든 작품들을 보면 내가 배 아파 낳은 아이 같은 애정이 느껴집니다. 너무 소중하죠. 하지만 아이의 운명은 사실 엄마든 아빠든 해결해 줄 수 없습니다. 그런 것처럼 그 아이가 나가서 사람들한테 사랑받고 칭찬받고 따뜻한 어떤 교류를 하고 사회 안에서 잘 자라기를 바라는 마음이라서 결론적으로는 깨물어 안 아픈 손가락 없다는 생각이 듭니다.

감독님의 작품을 보신 분들은 공감하시겠지만, 감독님의 작품에는 사회적인 영향으로 변화한 인물이 항상 등장합니다. 〈화이〉에서는 여진구가 그런 역할을 맡았고, 〈1987〉에서는 김태리가 그런 역할을 맡았습니다. 그들을 통해서 사회의 부조리를 고발하는 듯한 느낌을 받았습니다. 그런 작품들로 인해, 매체에서 흔히 감독님을 정의감 있는 이미지로 비추는데, 거기에 대한 부담은 없으신지 궁금합니다.

부담스럽습니다. 제가 대단한 사람이 아니거든요. 저도 흡연자이기 때문에 요즘은 골목에서 숨어 피우더라도 민망할 때가 많은데 저도 안 보는 데서 코도 파고 하는 똑같은 인간입니다. 또한 사람들이 같이 살아가는 것에 대해서, 우리가 어떻게 하면 다 같이 행복하게 살 수 있을까 그런 문제를 고민하기도 하는 사람입니다. 나이가 들면 세상이 좀 보이고 우리가 어떻게 가야 되는지 길이 보이고 그럴 줄 알았는데, 그렇지 않았습니다. 아직도 계속 우리가 어떻게 하면 잘 살아갈 수 있을지 고민해 나갈 뿐입니다.

영화에 나오는 인물들을 보면 아시겠지만, 그냥 착한 인물들만 등장하는 것이 아니라 굉장히 복합적인 인물들이고 그들이 하는 행동, 생각하는 바가 꼭 정의롭고 그렇지는 않습니다.

세상도 복잡하고 우리 사람들의 마음도 복잡합니다. 그 복잡함을 인정하고 제대로 들여다볼 때 같이 살아갈 수 있는 진정한 첫걸음을 뗄 수 있는 것이 아닌가 하는 생각이 듭니다.

우리는 우리 안에 정의로움만 있다고 믿거나 혹은 착한 사람만 이야기해야 한다고 믿는 경향이 있습니다. 보기 싫은 것들을 가려버리고 보기 싫은 진실을 애써 보지 않으려 합니다. 하지만 이런 것들을 감추고 외면하면 무엇에 대해서도 제대로 된 논의를 할 수 없고 세상을 제대로 볼 수 없다고 생각합니다.

〈화이〉 같은 영화에서는 들여다보기 힘든 인간의 무서운 부분까지 들여다봐야 한다는 생각을 했습니다. 그래야 세상을 좀 더 잘 이해할 수 있다고 생각합니다. 제가 영화를 많이 만든 것도 아니지만 그런 작업들을 하면서 우리가 어떻게 같이 잘 살 수 있을까를 계속 고민하고 있는 것 아닌가 생각합니다.

영화 〈1987〉은 현재까지도 회자될 만큼 많은 사람들을 울린 좋은 영화라는 생각
이 듭니다. 실화를 바탕으로 한 영화라는 점에서 흥미로운데, 왜 하필 '1987'이었
는지 궁금합니다.

〈1987〉은 제가 기획한 시나리오는 아닙니다. 제작자가 기획을 해서 가
져온 초고를 가지고 고민했던 영화입니다. '1987'을 택한 데에는 여러
가지 이유가 있습니다. 사실 1980년 광주에 대해서는 수많은 영화, 소
설, 논문들이 있는데 이에 비해 그와 역사적으로 맥을 같이하고 있는
1987년 시민항쟁에 대해서는 별로 조명된 바가 없다는 생각을 했습니
다. 1980년 광주에 대해 많은 진실을 조금씩 알아가게 되면서 많은 국
민들이 어떤 죄책감과 답답함 같은 것들을 갖게 되었고 이게 폭발한 게
1987년이라 보는데, 왜 이런 얘기들을 아무도 하고 있지 않은지 그런
답답함과 안타까움이 컸습니다.
시나리오를 받았을 때는 박근혜 정권 시기였기 때문에 영화로 만들기
어렵겠다는 고민이 있었습니다. 그렇게 고민하던 차에 신촌에 있는 이
한열 열사 기념관에 갔습니다. 거기서 여러 가지 자료들, 옷가지들, 덩
그러니 놓인 신발 한 짝을 보았을 때, 말로 설명할 수 없는 많은 느낌이
들었습니다. 그러면서 내가 아버지로서 아이들한테 어떤 세상을 물려
줘야 할까 하는 생각이 들었습니다. 요즘은 예전에 비하면 더 잘 먹고
더 빨리 가고 훨씬 편해진 세상인데 왜 이렇게 사람들이 뾰족해지고 서
로 분노를 조절하지 못하고 각박해지는 걸까, 그런 고민이 있었어요.

그러던 차에 우리 아이를 위해서라도 이런 이야기는 잘 정리해서 들려주는 게 좋겠다는 생각을 했습니다. 그래서 그냥 영화를 해보기로 결정했습니다. 신발과 관련된 이야기들, 그런 것들을 떠올리면서 각색 작업을 시작했습니다.

영화 〈화이〉로 여진구라는 배우는 충무로의 기대주라는 수식어가 붙을 만큼 국민배우가 되었고, 또 〈1987〉로 김태리라는 배우는 대중에게 더 사랑을 받게 되었습니다. 그런 관점에서 장준환 감독님이 배우를 캐스팅하는 기준에 궁금증을 가진 분들이 많으십니다.

• 2013년 작 〈화이〉

영화 일이 어려운 게 복잡한 사람의 마음을 다루고 세상사를 다룬다는 겁니다. 어떤 이야기를 우리가 믿을 수 있게, 문학적으로나 예술적으로 감동 있게 만들기 위해서는 굉장히 다양한 측면들을 고려하면서 작업을 해야 한다는 겁니다.

사실 캐스팅도 그 배역에 따라 이미지가 중요할 때도 있고, 연기력이라든지, 다른 부분이 더 필요한 경우도 있지요. 그런가 하면 인연이라는 게 있는 것 같습니다. 누군가가 적역인 것 같았지만 다른 배우한테 가서 빛을 발하는 캐릭터들도 있지요.

그런 많은 요소들이 섞여서 이뤄지는 과정이기 때문에 캐스팅하는 감독의 입장에서도 많은 부분을 고려할 수밖에 없습니다. 그래도 제일 중요한 걸 꼽으라 하면 연기를 잘할 수 있는가, 그게 제일 우선이죠. 사실 많은 영화가 감독들이 배우들을 멋지게 만들어내고 연기를 잘 지도해서 잘된 것 같지만 사실은 캐스팅을 잘해서 그렇게 된 경우가 많습니다.

잘할 수 있는 가능성이 있는 배우를 골라 꼼꼼하게 들여다보고 작업해나가면서 배우의 가능성을 충분히 발휘할 수 있게끔 도와주는 것뿐이지 감독이 연기를 어떻게 교정하거나 그런 건 할 수 없는 것 같습니다. 그것은 배우의 능력이고 하늘에서 내려준 재능인 거죠.

캐스팅을 잘 하는 것은 진짜 힘든 일입니다. 흔히들 영화는 감독의 예술이다 하는데 그것은 감독이 잘나서, 뛰어나서, 천재여서, 예술가여서가 아닙니다. 영화라는 것은 연기자를 포함해 미술, 카메라, 음악 등 셀 수도 없이 많은 스태프들이 모여 만들게 됩니다. 어떤 작업을 해보면 알겠지만 똑같은 내용인데도 어떻게 이렇게 다른 해석을 하지? 이럴 때가 많아요. 영화라는 예술은 너무 많은 사람들이 관여하기 때문에, 각자의 의견을 내고 하다 보면 중심이 안 생기는 경우가 많아요. 이야기의 핵심이 안 생기고 산으로 갈 가능성이 많습니다. 그걸 하나의 깔때기 혹은 필터를 통해서 걸러내야 그나마 하나의 이야기로 작동할 수 있어요. 감독이 깔때기 혹은 필터 역할을 하는 것입니다. 그게 영화 예술에서 감독의 역할인 듯합니다.

〈화이〉, 〈1987〉은 많이 유명한 작품이지만, 첫 작품 〈지구를 지켜라〉는 대중에게 많이 알려지지 않았습니다. 〈지구를 지켜라〉는 국내외적으로 작품성을 인정받고 수상도 한 걸로 알고 있습니다. 이 영화가 알려지지 않은 이유는 홍보 실패라는 말이 많죠. 심지어 홍보 실패의 교과서로 불리기도 합니다. 재평가받아야 하는 영화 1순위로 소개되기도 했습니다. 감독님의 첫 영화 〈지구를 지켜라〉에 어떤 마음을 갖고 계신지, 홍보 실패에 대해 아쉬움은 없으신지 궁금합니다.

• 2003년 작 〈지구를 지켜라〉

〈지구를 지켜라〉가 단지 홍보 실패만의 문제였던가. 지금 돌아가서 다시 홍보를 잘한다면 각광받을 수 있었던 영화인가. 과연 그럴까? 그 당시 상황에, 2003년에? 그런 질문도 스스로 해보게 됩니다. 지금이라고 해도 사실은 굉장히 낯설 수 있는 영화지요. 너무 많은 장르들이 섞여 있고 굉장히 도발적이고, 마지막에 지구가 폭발해 버리는 엽기적인 내용의 영화인데 지금이라고 해도 관객들이 흔쾌히 즐겁게 받아들일 것 같진 않습니다.

굉장히 복잡하고 독특한 영화였기 때문에 홍보하시는 분들도 이 영화를 어떻게 자리매김하고 어떻게 관객들한테 소개해야 되는지 어려웠을 것 같습니다. 그런데 그래도 그 당시에 하나 배웠던 것은 있습니다. 〈지구를 지켜라〉를 만화 같은 가벼운 코미디 영화처럼 소개했는데 사실은 그 영화의 속성은 그렇지 않습니다. 굉장히 진지한 드라마이기도 하고 공포물이기도 하고 그런 부분이 있어요. 그런데 그 당시에 왜 그렇게 홍보를 했냐 하면 당시에 〈조폭마누라〉 같은 코미디 영화들이 홍행하던 시기였어요. 제작사에서 걱정이 많았어요. 관객들이 안 오면 어떡하지? 이 영화에 제일 팔 만한 게 뭐가 있을까, 그냥 웃기다고 하자. 해서 그렇게 간 겁니다. 영화를 코미디처럼 홍보했는데 그것은 사실 관객을 속이는 것이고 영화의 본질을 왜곡한 것입니다. 그러다 보니까 코미디를 기대하고 오신 분들도 실망하게 되고 그렇게 된 거죠. 그러니까 본질에 정직하지 않으면 결국은 어떤 마케팅이라도 성공할 수 없습니다. 〈지구를 지켜라〉의 폭망을 경험하면서 그런 것들을 당시에 깨달았습니다.

〈화이〉의 여진구와 〈지구를 지켜라〉의 신하균, 〈1987〉의 김태리를 보면 외부적 영향으로 자신의 정체성이 흔들리고 결국 변하는 모습으로 그려지고 있습니다. 이처럼 장준환 감독님의 영화에는 공통적으로 소시민 혹은 사회적 환경에 상처 혹은 영향을 받은 인물들이 등장하는 이유가 궁금합니다.

사실은 나도 왜 그런 인물들에 관심이 가는지 잘 모르겠어요. 〈지구를 지켜라〉의 병구 같은 경우 세상에 상처를 받고 점점 미쳐가고 있는 인물이고, 〈화이〉는 사회가 잉태해서 태어나게 한 악마 같은 아버지들 사이에서 자란 아이죠. 또 여학생 김태리는 민주화운동에 대해 회의하는, 사람들이 모여서 그 힘으로 세상을 바꿀 수 있다는 믿음을 갖지 못한 학생이죠.
왜 이런 인물들에 관심이 가는지 내 스스로도 잘 모르겠으나, 생각해 보면 결국은 우리가 같이 살아가야 할 사회이기 때문 아닐까. 이 지구가 우리가 같이 살아가야 할 행성인데 그렇다면 우리가 어떻게 같이 잘 살아갈까, 그리고 우리의 욕망과 욕심 그 모든 것들이 어떤 식으로 기능해서 악마를 만들고, 미친 사람을 만들고 세상에 희망이 거세된 젊은이를 만드는가, 그런 것에 대해서 고민하는 것이 맞지 않는가 생각합니다. 제가 평론가가 아니라 잘 모르겠지만 어렴풋이 그렇게 생각합니다.

보통은 한두 명의 주인공을 가지고 감정 이입을 시켜 영화를 전개하는데 감독님의 작품 〈1987〉은 딱히 주된 주인공이 없다고 생각됩니다. 그렇게 구성한 이유가 무엇입니까.

완성된 시나리오를 보고 그런 부분을 걱정해 주신 분들이 많았습니다. 주인공이 누구야? 박 처장이야? 악당이 주인공인 영화야? 주인공이 너무 많잖아, 혹은 누구한테 집중해서 관객들이 이 영화를 보겠어? 하고 걱정해 주신 분들도 있었어요.

사실은 1987년 시민항쟁 자체가 이 모든 인물들, 교도관, 의사, 검사, 신문기자 등 많은 사람들이 언급되지 않고서는 설명될 수가 없습니다. 어떻게 이런 아름다운 기적이 일어날 수 있었는가 하는 것을 들여다보려는 영화였기 때문에 이 모든 사람들이 주인공이 될 수밖에 없었죠. 광장에 나온 국민들이 주인공이 되는 그런 영화를 만드는 게 목표였어요. 내 나름대로의 어떤 예술적 도전이라 생각한 것은, 안타고니스트anta-gonist, 악당을 하나의 축에 넣고 수많은 프로타고니스트protagonist들이 부딪혀서 깨지고 깨져가면서 결국에는 광장에 수많은 시민들이 나오게 되고 혁명과도 같은 일이 이루어지는 과정 자체를 표현하는 것이었어요. 그 과정 자체가 내용과 형식이 같이 맞물려 돌아가고 있다는 게 저한테는 굉장히 흥미로운 면이었어요. 오히려 이렇게 주인공이 많아야 이 영화는 그 이야기를 제대로 할 수 있는 것이라 생각했습니다.

하지만 그렇게 하기 위해서는 이 많은 인물들을 하나하나 굉장히 선명하게 조각해 놓아야 했어요. 각 등장인물이 각기 선명한 인상을 남기고 이야기를 계속 이어나갈 수 있어야 했지요. 그렇기 때문에 캐스팅부터 시나리오, 적절한 양적 분배의 문제 등 고민스러운 부분이 많았고 이야기를 자연스럽게 만들기 위해서 많은 공을 들였습니다.

감독님께서 사전 인터뷰에서 말씀하시길 영화 〈1987〉의 시나리오를 처음 받았을 때는, 연희가 청춘이면서 단순히 이성에 관심 있는 여학생으로 그려져 있었다고 말씀하셨습니다. 그런데 영화에서는 어떤 계기로 인해 새롭게 사회운동가의 면모를 띠는 학생으로 그려졌습니다. 연희라는 캐릭터가 발전된 이유가 궁금합니다.

연희는 영화 〈1987〉에서 유일한 가상의 인물입니다. 사실은 역사가 그런 평범한 민초들, 대중을 기록하지 않아서 그렇지 그 당시에는 수많은 연희가 존재하고 있었다고 생각합니다. 수많은 실존인물을 대변하는 인물이고 가장 중요한 것은 작품에서 유일하게 변화하는 인물이라는 것입니다. 이 영화의 핵심 주제가 양심을 지켜가는 개개인들이 있었기 때문에 우리가 혁명적 전환을 할 수 있었다는 것이거든요. 이 부분을 상징적으로 보여주는 인물이 연희였어요. 그렇기 때문에 초반 시나리오에는 이한열 열사와 엮이는 역할 정도밖에 없었지만 변화의 주체로 바꾼 거지요. 이 이야기의 핵심은 후반부에 관객에게 전달할 수 있는 정말 중요한 인물이라 생각했습니다. 물론 다른 인물들에도 집중을 했지만, 특히 연희가 어떻게 마지막에 광장 앞에 서서 손을 높이 들게 할 것인가, 그런 부분이 이 영화에서 가장 드라마틱한 부분이기 때문에 굉장히 많이 고민했습니다.

감독님이 말씀하신 것처럼 영화 〈1987〉에 나오는 인물들은 대다수 실존인물들이고 주요 캐릭터 중 한 명인 연희만 가상인물로 그려졌는데, 왜 연희라는 인물을 여성으로 설정했는지 궁금합니다.

당시의 역사를 보면 실존인물들이 각자 자기 역할을 해요. 예컨대 여기 나오는 보안계장 같은 사람은 그 당시에 정치범들한테 굉장히 가혹하게 교도소를 운영하기도 했던 사람이에요. 아직까지도 그 후유증에 시

● 2017년 개봉한 〈1987〉

달리고 계시는 분들도 있거든요. 그런데 그분이 그렇게 기자한테 옥중에서 그 정보를 전달하지 않았더라면 〈1987〉은 없었을 수도 있어요. 그러니까 정확하게 역할을 한 사람들이 있고 정확한 팩트들이 있는데 이를 어떻게 영화에 잘 담아내는가. 굉장히 민감하고 조심스럽게 다뤄야 되는 문제였어요. 그런데 실제 사건들을 따라가다 보니 전부 남자들 밖에 없는 거예요. 또 어떻게 이한열 열사를 이 드라마에 자연스럽게 들어오게 할 것

인가도 고민이었어요. 사실 박종철 열사의 죽음에서 생기는, 장르로 치자면 스릴러적인 요소를 가지고 중반부까지 계속 긴장을 갖고 가는 건데, 이한열 열사 이야기는 별로 알려진 사실도 없고, 영화적인 긴장감이 없었습니다. 두 이질적인 이야기들을 하나의 이야기로 만들려는 여러 과정 중에서 자연스럽게 연희라는 인물을 생각하게 됐고 그 당시에 많은 보통 사람들을 대변하는 여러 가지 역할을 하게 된 거죠. 연희가 여성이긴 하지만 여성만을 대표한다고 생각하진 않습니다. 그 당시의 많은 국민들을 대표하는 여러 가지 요소들을 자연스레 보여줄 수 있는, 이 영화의 가장 중요한 주제, 말하고자 하는 바를 드라마적으로 보여주는 인물이었다고 생각합니다.

혹자는 최근 천만 관객 영화들이 범람하는 한국 영화시장의 성공이 예술적 성취라기보다는 상업적 성장에 가깝다고 평가합니다. 상업적 가치가 지배하는 영화시장에서 감독님은 앞으로 어떤 영화를 만들고 싶으신가요?

〈지구를 지켜라〉부터 〈화이〉까지 10년의 시간이 흘렀어요. 사실 〈지구를 지켜라〉가 그렇게 폭망을 하고도 좀 더 도전적이고 영화적으로나 여러모로 뾰족하고 날카로운, 우리가 그냥 편하게 웃거나 팝콘 먹으면서 볼 수 없게 만드는 영화를 계속 하고 싶었습니다.
그렇지만 한국 영화가 차츰 산업화되어감에 따라 뾰족한 부분보다는 많은 관객들한테 골고루 사랑받을 수 있는 영화들을 추구하는 경향이 많아졌습니다. 그건 자본의 기본적인 성격이기도 하고, 산업화의 또 다른 측면이기도 하죠. 저로서는 그런 트렌드하고 계속 부딪혔습니다. 내가 하려는 이야기는 시장에서는 받아들여지지 않는데 저는 어떻게든 해보려고 했지요. 많이 부딪히고 꺾이고 그렇게 10년이란 세월이 훌쩍 갔어요. 그래서 많이 괴롭기도 하고 힘들기도 했었습니다. 그러다가 〈화이〉라는 시나리오를 보게 됐는데 사실 〈화이〉도 그렇게 상업적인 시나리오라고 보기에는 어려운 부분이 있죠. 어두운 부분을 자꾸 들여다보라고 강요하는 영화니까. 하지만 이 정도면 내가 이 산업과 어느 정도 타협점을 찾을 수 있겠다, 생각했습니다. 그렇게 하나씩 하나씩 내 마음을 속이지 않으면서 이 산업 시스템과 어떻게 만날 수 있는가를 계속 고민하면서 영화를 만들고 있습니다. 앞으로도 그런 작업들이 되지 않을까 생각해요. 언젠가는 〈지구를 지켜라〉 같은 그런 미친 영화도 다시 만들어보고 싶기도 하고. 그 사이 사이에서 진동하면서 살아가고 있는 것 같습니다.

영화감독으로서 데뷔작이 2003년이었으니 현재는 16년 차 감독입니다. 감독님이 보시기에는 영화 제작 환경에서 과거와 현재의 다른 점이 있으신지요.

우선 필름에서 디지털로 전환되기도 했고 여러 가지 변화들이 있었죠. 좀 더 조직적인 시스템을 가지고 움직이기 시작했고요. 조금 안타까운 것이 있다면 예전에는 서로 조금씩 다 서툴기는 해도 제작자부터 감독, 스태프 막내까지 우리가 같이 영화를 만들고 있어, 하나의 영화를 같이 만들어가고 있는 거야, 그런 맥락의 고민과 열정을 공유하면서 영화를 만들었던 것 같아요. 그런데 요즘은 개개인들이 계약을 따로 하고 그러다 보니까 어떤 기능은 약간은 소모품처럼 취급이 된다든가, 또 그 이상을 하려고 하지 않는 풍토가 보이는 게 있어요. 옛날 사람의 마인드인지 꼰대 마인드인지 모르겠지만 조금 서툴러도 힘들어도 다 같이 마음을 모아서 좋은 장면들을 만들어보려고 노력했던 시절의 함께하는 즐거움, 그런 것들이 조금은 사라지고 좀 삭막해진 게 아닌가 하는 생각을 해봅니다.

박근혜 최순실 게이트로 많은 국민들이 광장에 나와 촛불을 들었고, 그 당시에 많은 대학생들도 거리로 나와 촛불을 들고 시위에 참여했습니다. 또 얼마 전은 세월호 희생자 5주기이기도 했고요. 영화 〈1987〉 속 대학생들이 현재의 청년들에게는 어떤 의미로 받아들여져야 할까요.

본질적인 부분은 같은 것이지 않을까요. 그 당시는 굉장히 폭력적인 시대였습니다. 권력자의 폭력뿐만 아니라 많은 부분에서 폭력이 만연했어요. 요즘도 가끔 그런 뉴스가 나오긴 하지만, 학생들도 선후배 사이에서 서로 폭력적으로 기강을 잡고 그런 것들이 많았어요. 폭력이란 것을 당연한 것처럼 여겼죠. 부모자식 간의 폭력도 그렇고. 물론 군사정권의 폭력성이야말로 최악이었죠. 당시 우리나라 최루탄을 이집트인가 어디 다른 나라에 수출했는데, 그쪽에서 이런 걸 어떻게 사람한테 쓰냐며 반품했다는 얘기를 들었어요. 그 정도로 굉장히 강한 최루탄을 썼던 폭력적인 정권이 있었지요. 그러다 보니 거기에 저항하는 사람들도 당연히 폭력적일 수밖에 없죠. 맞고만 있을 수는 없으니까.
하지만 그 최루탄이 다 소진될 정도로 거리로 뛰어나와 민주화를 외쳤던 우리나라 국민들이 대단하다는 생각이 들어요. 그 무서운 폭력에 맞

서서 그렇게 용기를 내고 부르짖을 수 있었던 그 힘이 무엇일까. 거기에는 어떤 아름다움이 있다 생각해요. 그래서 〈1987〉에서도 이 이야기에 우리 역사의 정말 아름다웠던 순간을 기억하고 싶었어요. 요즘 금수저, 흙수저 이런 얘기도 있고 사회가 갈등과 분열로 혼란스러워 보이지만 어찌됐든 우리 뒤에는 그런 든든한 역사가 있습니다. 우리 국민들이 조금은 다혈질이기는 하나 약자들끼리 서로 막 상처를 주기도 하고 싸우기도 하고 그러다가도 어느 순간에는 이렇게 아름다운 일을 만들어낼 수 있는 그런 가능성이 있다, 이런 부분이 나에게 중요합니다.

감독님이 보시기에 현재 민주주의는 제도적 차원을 뛰어넘어 바람직한 방향으로 발전했다고 생각하시나요?

민주주의가 무엇인가에 대해서, 영화를 만들면서 계속 더 생각하게 되었던 것 같습니다. 과연 우리는 민주주의라는 것을 언제부터 받아들이고 어떻게 성장해 왔으며 또 우리 각자 개개인은 민주주의라는 것을 연습해 본 경험이 있었는가. 그런 생각을 많이 했습니다. 우리 세대는 다 외우라는 주입식 교육을 받고 대학을 가는 것이 최대 목표였고 그것만이 성공의 척도인 것처럼 그렇게 살아왔을 뿐이지 토론을 통해서 서로의 의견을 조율하고, 어떤 결론을 내리고 그걸 실행해 나가고 그 결과물들에 대해 또 다른 비판과 혹은 평가와 이런 것들을 계속 이어나갔던 기억들이 별로 없습니다. 우리가 민주주의라는 것을 하고 있다고 하는데, 물론 제도적으로는 전 국민이 투표권을 가지고 어떤 식으로든 민주주의의 형식을 가지고 있지만 모든 사람이 민주적이고 평등하고 평화롭게 사는 민주주의를 우리가 앞으로 어떻게 성취해 나갈 수 있는가, 여전히 고민할 문제가 많습니다.

요즘 학생들도 사실 입시 위주의 환경에서 자라다 대학교에 들어오니 토론을 하면서 우리가 뭔가를 배워보자 하는 게 또 다른 힘겨운 과제처럼 느껴진다고 그러더라고요. 한 번도 민주적으로 서로 얘기하면서 무언가를 해본 적이 없는데 갑자기 너희들은 굉장히 멋진 수업을 하는 거야, 토론 수업을 하는 거야, 이렇게 강요하는 것 같다고 들은 적이 있어요.

우리가 더디더라도 쑥스럽더라도 옆에 있는 사람과 어깨동무를 하고 발을 맞춰 갈 수 있는 연습을 조금씩은 해나가야 하는 게 아닌가. 그냥 나 혼자 살기도 팍팍한 느낌이 있어서 그것을 언제 어떻게 어디서 시작해야 하나 하는 막막함도 있지만 그래도 조금씩은 앞으로 나아가고 있는 게 아닐까 생각합니다.

≪경향신문≫과의 인터뷰에서 아이가 생기고 아빠가 되면서 사회를 보는 시각에 현실적인 부분이 생겼다고 말씀하신 걸 봤습니다. 이어서 '아이에게 어떤 세상을 물려줘야 할까'와 같은 고민이 생겼다고 밝히셨는데, 감독님께서 꿈꾸시는 세상에 대해서 말씀해 주셨으면 합니다.

같이 살아가는 그런 세상을 생각한다고 했는데, 그게 내가 특별히 정의롭고 착한 사람이라서가 아니라 우리가 같이 교감하고 살아갈 수 있을 때 더 평화롭고 덜 위험하고 더 행복할 수 있을 것 같기 때문입니다.

아이를 키우면서 교육에 관해서나 여러 문제에 관해 자꾸 고민을 하게 되는데 우리 아이에게만 엄청난 교육을 시킨다고 해서, 유학 보내고 사교육을 한다고 해서 우리 아이가 과연 그렇게 행복해질 수 있을까 하는 생각을 해요. 아이는 그 또래집단과 숨바꼭질하고 교감하고 하는 것이 삶의 질에서 중요한 부분이 아닌가 해요. 다들 내가 더 많이 더 빨리 부자가 되고 더 빨리 많은 걸 누리고 더 많이 보고 SNS에 자랑하고 그러고 싶은 마음이 인지상정이겠죠. 하지만 그렇게 산다고 해서 행복할 거 같지가 않습니다.

그냥 교과서에서 배우는 이념적인 민주주의가 아니라 우리한테 실질적으로 작용하고 그 모든 것들이 현실에서 이뤄질 수 있는 그런 관계를 혹은 제도를 우리가 만들어가고자 하는 것이 아닐까 싶습니다. 저도 사람이다 보니 누가 나보다 앞서 가면 혹은 아무것도 안 했는데 아파트 사서 돈 벌고 그러면 이게 무슨 일인가 화도 나고 나도 뭐 더 하고 싶고 하는 건 당연하지만 자꾸 그렇게 계속 가다 보면 끝이 어딜까요. 지구상에는 굉장히 어려운 나라들도 있고 북구 사회처럼 사회적 합의가 잘 되어 잘 사는 나라들도 있는데 그런 것들을 자세히 들여다보고 우리네 모습 또한 자세히 들여다보면서 노력해 가야 하지 않을까 생각해요.

삶이란 게 고달프고 아프기도 하고 그 속에 또 다른 즐거움도 있고 그렇지요. 내가 내 인생의 주인공인데 이 인생을 어떻게 살아가야 할까 누구나 그런 고민을 하지요. 저는, 나 혼자가 아니라 다른 사람들과 같이 살아가는 게 가장 중요하다고 생각합니다. 나 혼자 동떨어져 살 수는 없거든요. 다른 사람들이 다 불행한데 나 혼자 행복할 수는 없어요. 나는 이게 그저 서로 착하게 살자, 도와주며 살자, 뭐 이런 차원이 아니라 이 세상이 지속가능하게 하고 우리 자손들이 살아가게 하는 데 있어 굉장히 현실적인 문제라고 말하고 싶습니다.

저는 그래서 뉴스도 많이 들여다보게 되고 지구의 또 다른 나라들, 이를 테면 남미의 폭력적인 상황이나 마약카르텔 이런 것처럼 인간의 폭력성을 들여다보게 하는 것들에도 관심이 있고, 이른바 선진국이라는 나라들도 관심 있게 들여다보고 있습니다. 어찌됐건 저는 제 행복을 위해서 관련된 일이면 뭐든지 다 고민하는 편입니다. 그 모든 게 다 연관되어 있으니까. 우리는 아이들에게 어떤 세상을 물려줄 것인가, 내 아이가 행복해지려면 내 아이 옆에 있는 아이들부터 행복해져야 같이 행복할 수 있는 거다, 그런 생각을 해봅니다.

감독님 영화를 보면서 감독님이 캐릭터에 참 애정이 많으시다는 생각이 들었습니다. 영화 〈1987〉에서도 박 처장이라는 캐릭터는 확실한 안타고니스트이기 때문에 모든 사람들이 그를 미워해야 마땅하지만 어린 나이에 가족이 공산주의자들에게 처참하게 살해당하는, 박 처장이 악역을 자처하게 된 숨겨진 역사를 영화에 삽입하셨죠. 그래서 이야기에 깊이가 생기긴 했지만, 반면 전하려는 메시지에 조금 차질이 생길 수도 있는데 왜 그런 위험을 감수하면서까지 그런 장면을 더했을까 궁금하고요, 또 〈지구를 지켜라〉에서도 순이라는 캐릭터 또한 굉장히 독특한 설정이라 생각했습니다. 모든 사람들이 좋아할 만한 예쁜 캐릭터를 내세울 수도 있었을 텐데, 그 시대에는 상업영화에서 볼 수 없었던 굉장히 덩치가 있고 또 감당할 수 없을 정도로 소녀스러운 그런 모습들을 깊이 있게 다루신 이유가 궁금합니다.

사실 〈1987〉에서 박 처장의 역사를 자기 스스로 사진을 놓고 설명하는 부분이 굉장히 조심스러운 대목이었습니다. 대부분의 관객은 좋은 사람이 나쁜 사람과 싸우고 좋은 사람이 어려움을 겪고 그걸 극복하고 나쁜 사람이 벌을 받는 권선징악적인 구조의 이야기에 익숙해 있습니다. 하지만 〈1987〉 같은 경우에는 실제 일어났던 일이고 우리 현대사에서 굉장히 중요한 큰 흔적 중 하나인데 이 역사를 그저 아름답고 착하게만 그린다고 해서 설득이 되겠나? 이 이야기는 진짜라고 관객들이 받아들여야 할 텐데. 그런 의미에서 박 처장뿐만 아니라 많은 인물들이 착한 면과 나쁜 면을 같이 가지고 있다는 생각으로 작업을 했습니다.

물론 이한열 열사나 이런 분들에 대해서는 또 다른 조심스러움이 있지요. 그런 분들을 너무 인간적으로 그리는 게 굉장히 조심스러운 부분이지만, 그냥 열사로 박제된 사람으로 그리고 싶지 않은 욕심이 있었어요. 그런 욕심들이 상충하면서 작업이 되었던 것 같습니다.

박 처장의 이야기에서 생각해 봐야 할 것은 우리의 어떤 역사가 박 처장 같은 괴물을 만들어냈는가 하는 점이죠. 우리 역사는 그렇게 쭉 이어져 오고 있다는 거죠. 1987년이 변화를 만들어내면서 그때 헌법재판소가 생겼고, 그곳에서 박근혜 정권이 탄핵 심판을 받았던 것처럼, 눈에 선명히 보이는 역사적 인과관계도 있지만, 일제강점기를 겪고 해방을 맞이하고 전쟁을 겪고, 특히 한국전쟁을 통해 인간에게서 악마의 모습을 본 세대에게 그 공포가 어떻게 또 다른 폭력으로 재생산되고 그게 우리에게 어떤 영향을 미치는가. 이런 부분들을 같이 들여다보기를 원했어요. 그와 동시에 좀 더 예술적으로 중의적인 표현들을 같이 하면 어떨까, 박 처장의 말을 그대로 믿을 수 있는 건가, 이런 부분까지도 더 생각해 볼 수 있기를 바랐어요. 어떻게 보면 뿌연 느낌일 수 있지만, 우리가 지나온 역사가 늘 그렇게 이중적이고 그런 게 우리에게 주어진 현실입니다. 지금도 시청 앞 광장에 태극기 휘날리면서, 저한테는 굉장히 폭력적인 느낌을 주는 그런 운동들을 하고 계시는 분들이 존재하는 거고, 그걸 부정하고 살 수는 없는 거 아닌가. 그런 생각에서 조심스럽지만 여기까지 가봐야겠다는 생각으로 작업을 했습니다.

〈지구를 지켜라〉 순이 얘기를 들어보니까 이 영화가 괜히 망한 게 아니구나, 하는 생각이 드네요. 역시 굉장히 비상업적인 선택들을 해놓고 사랑받기를 바랐던 건가 이런 생각.

'앤서니 퀸Anthony Quinn'이 출연한 〈라 스트라다La Strada〉, 우리 말로 '길'이라는 이탈리아 영화가 있는데 거기 나오는 '젤소미나'라는 캐릭터가 있어요. 그 캐릭터에 대한 오마주 같은 부분이 있었습니다. 순수한 감정, 순수한 마음을 갖고 있는, 세속적인 눈으로 보기에는 아름답지 않을 수 있으나 그 마음이 얼마나 순수하며 아름답고 그 희생이 얼마나 강한 힘이 있는가. 그런 부분들을 얘기하고 싶었던 게 아닌가 해요. 〈라 스트라다〉를 보면 '잠파노'라는 주인공이 나중에 '젤소미나'의 죽음을 알게되고 오열하는 장면으로 영화가 끝을 맺어요. 우리에게는 그런 소중한 존재들이 주변에 있는데 그것을 잘 깨닫지 못하고 사는 건 아닌가 하는 그런 생각들이 모여서 아마 그런 캐릭터를 만든 것이 아닌가 싶습니다.

영화감독이라는 직업을 선택하시게 된 이유가 궁금하고 또 한 가지 더 여쭤보고 싶은 것은 최근 사회적으로 연예계나 정치계를 불문하고 많은 이슈들이 있는데 그런 이슈들 중 다루고 싶은 소재가 있는지 혹은 없더라도 지금 현재를 살아가는 사람들한테 전해주고 싶은 메시지가 있으신지 궁금합니다.

다른 영화감독들 중에는 시네필(영화광) 출신들이 많아요. 류승완 감독님이나 봉준호 감독님, 박찬욱 감독님, 이런 분들. 어렸을 때부터 영화를 너무 좋아했고 사랑했고 전 세계의 영화를 거의 다 섭렵한 그런 분들이 꽤 많은데, 저는 그런 시네필 출신은 아니에요. 사실은 영화를 좋아하고 즐겨보는 평범한 관객이었을 뿐입니다.

어렸을 때부터 그림은 좀 그렸습니다. 미술부 활동을 하면서 뭔가 만들고 창작하고 다른 사람들에게 보여주고 나누고 그런 걸 좋아했습니다. 그런데 미대를 가겠다니까 가족들이 밥 굶는다며 반대를 많이 해서 미대로 진학을 못했는데 대학교 4학년 때에 '영상촌'이라는 영화 동아리가 있다는 것을 알게 되고 거기에 가서 '한국영화아카데미'라는 데가 있다는 것도 알게 되었습니다. 처음에는 영화를 하겠다는 생각보다는 그냥 영상매체를 알아보고 그림 그리듯이 즐겨보고 싶다는 그런 마음이었어요. 지금이야 영화감독, 영화 일을 하는 사람들이 그래도 직업인으로서 주목을 받기도 하지만 그 당시만 해도 누군가 영화를 한다고 하면 쟤가 머리에 뭐가 씌었나보다, 쟤는 삶을 포기한 애구나, 사회의 시선이 냉담한 상황이었습니다.

그런 선입견도 있었습니다. 영화감독 하면 수염 많이 나고 빵모자 쓰고 현장에서 소리 막 지르고 공사장 지휘하듯이 그런 카리스마가 있어야 되는 거 아닌가 싶었는데 봉준호 감독 같은 친구들을 보니까 그런 사람만 있는 건 또 아니었습니다. 순하고 착하고 저같이 말주변 없고 숫기 없는 사람도 많더라고요. 조금씩 일이 좋아서 시나리오도 써보고 조감독 일도 해보고 하다가 자연스럽게 내가 해도 되는 거구나, 창작의 희열이 다시 느껴지는구나, 그러면서 자연스럽게 영화 연출을 하게 된 것 같습니다.

요즘 시나리오를 어떻게 써야 하나 싶을 정도로 현실의 일들이 너무 드라마틱하고 스릴러나 추리소설 보는 것처럼 황당하고 어이없고 그런 일들이 많잖아요. 한의학에서는 명현현상이라는 게 있더라고요. 우리 몸이 어디서부터 잘못됐을 때 그게 언젠가 한 번은 발현이 돼야 치료의 다음 단계로 갈 수 있다는 말도 있는 것 같아요. 우리가 그동안 남들 아랑곳하지 않고 얼마나 자신의 욕망을 추구했었던가, 그런 부분이 알려지면서 또 많은 사람들한테 열패감 혹은 분노로 작용하게 되는 일들이 많잖아요. 그런 게 터져 나올 바에는 다 터져 나와야 한다고 생각해요. 다만 저는 그 분노들이 우리의 관계를 단절시키는 요소로 작용하지 않기를 바라고 있고요.

항상 우리 아이에게 어떤 세상을 물려줘야 하는가, 그러기에 앞서 나부터 어떻게 살아야 될 것인가, 고민합니다. 죽을 때까지 계속 고민해야 하는 게 아닌가 생각합니다.

이명박 정부 때 블랙리스트에 포함됐는데 실제로 불이익이나 피해를 입은 적이 있었는지 궁금합니다. 그리고 역사나 민주주의를 다룬 영화들은 정치권에서도 많은 관심을 가지는 것으로 압니다. 문 대통령과 민주당 인사들은 〈1987〉을 관람한 반면, 당시 자유한국당 의원들은 남북관계를 다룬 〈강철비〉를 상영회까지 열어서 관람했습니다. 영화를 제작한 감독으로서 일각에서 〈1987〉을 정치적인 진영 논리로 해석하는 것에 대해 어떻게 생각하시는지 궁금합니다.

아까도 말씀드렸지만 1987년에 일어났던 아름다운 일에 대해서 너무 한쪽으로 치우친 하나의 의견만을 가진 이야기로 만들지 않으려고 노력했어요. 하지만 세상의 모든 발언과 행동은 정치적이라는 말도 있듯이 어떤 분들은 '영화에서 학생들의 폭력적 성향은 왜 안 보여주나, 미화했다', 이렇게 얘기하실 수도 있겠지요. 그렇지만 저는 그 시대의 아름다움에 관하여 최대한 관객들한테 그 핵심을 전달하는 게 최우선이었기 때문에 그런 논리와 원칙에 따라서 영화를 만들었던 것 같습니다. 1987년의 양상을 그래도 최대한 기본 전제를 해치지 않는 한에서 더 사실적으로 보여주기 위해 노력을 많이 했습니다.

그렇지만 〈1987〉 영화가 보여준 건 그 시대의 개론에 가깝고, 그 각론에 들어가면 운동권 안에서도 또 다른 생각들이 굉장히 치열하게 부딪혔던 시대였기 때문에 여기 개론에서 다룰 수 없었던 많은 이야기들이 존재하고 있지요. 거기에 대해서 더 많은 이야기들을 할 수 있으면 좋겠다고 생각합니다. 말씀드린 것처럼 이런 기적과 같은 아름다운 일을 우리가 어떻게 해냈는가 그 맥락을 보기 위한 작업이었지만 사실은 그 후에 우리는 그 세대들이 어떻게 살아왔는지, 소위 386세대라고 하는 사람들, 그 광장에서 「그날이 오면」이라는 노래를 부르고 구호를 외치며 민주주의의 최선봉에 섰던 그 세대들이 만들어놓은 세상은 어땠는지, 어땠길래 사람들이 또다시 광장에 나오고 있는지, 아파트 값이 이렇게 오르는데 그 사람들이 기여한 바는 없는 건지, 이런 많은 또 다른 이야기와 질문들이 이어졌으면 좋겠다는 생각을 했어요.

여러분 세대도 광장을 겪었잖아요. 1987년의 광장이랑 다르다면 다를 수 있지만 본질적으로는 같은 맥락이라 생각하거든요. 우리가 좀 더 힘들고 귀찮고 그래도, 어차피 세상 다 그렇게 사는 거지 그렇게 넘어갈 게 아니라 같이 이야기할 수 있는 장이 됐으면 좋겠다고 생각해요.

블랙리스트에 대해 물으셨는데 나는 블랙리스트에 올랐는지도 몰랐어요. 어떤 사람들은 나더러 결혼을 잘못해서 그렇다고도 하더군요. (웃음) 아무튼 저는 그 사람들이 그렇게 세심하게 나를 챙겨주는지 몰랐습니다. 내가 사회적 발언을 적극적으로 한 적도 없었는데 말이죠. 어차피 내가 일도 별로 없던 때라 크게 불이익을 받은 것도 없습니다.

하지만 당시 그 블랙리스트에 이름이 올랐던 사람들 가운데 특히 연극계처럼 지원을 받지 못하면 굉장히 힘든 분야가 있는데, 그런 분들한테는 굉장히 치명적인 일이었을 겁니다. 누군가의 생각을 그렇게 암암리에 그것도 경제적인 알량한 권력을 가지고 컨트롤하려고 했다는 것은 엄청나게 큰 범죄라고 생각합니다. 그것은 우리의 존재에 대한, 인간으로서의 존엄과 연결이 되어 있는 굉장히 큰 범죄라고 생각합니다. 뭘 훔친 것보다 오히려 그런 범죄가 아주, 훨씬, 더 나쁜 것이라고 생각합니다.

8

매일매일
다르게 놀기

정진영

대학 연극반 활동을 시작으로 연극 무대에서 활동하다 1991년 장산곶매가 제작한 〈닫힌 교문을 열며〉에서 전교조 해직교사 역을 맡으며 영화 경력을 시작했다. 이후 〈약속〉, 〈왕의 남자〉, 〈달마야 놀자〉 등 많은 영화에 출연했다. 한동안 SBS의 〈그것이 알고 싶다〉를 진행하기도 했다. 2020년에는 직접 각본을 쓰고 연출한 〈사라진 시간〉으로 어린 시절 품었던 영화감독의 꿈을 이루었다.

"배우라는 일의 특성 중 하나가 계속 새로운 사람을
만나야 한다는 데 있는 것 같아요. 내가 만나는 사람이,
내가 맡은 역할이 내가 아는 사람일 수도 있고 모르는 사람일 수도
있어요. 전혀 엉뚱한 사람일 수도 있고 제가 비슷하게 떠올릴 수
있는 사람일 수도 있는데 그게 재미있는 것 같아요. 작가는
이야기를 만들잖아요? 배우는 그 이야기 속의 이 사람을
구체화하는 것인데 그 일이 재미있습니다.
즉 새로운 사람을 만나는 일이 이 직업의 모든 것이에요."

저희가 오늘 행사 제목을 "정진영과 함께 놀자"라고 정했어요. 그만큼 오늘 편안한 분위기에서 소통이 잘 되었으면 좋겠습니다. "정진영과 함께 놀자"라는 제목을 보시고 어떤 느낌을 받으셨어요?

'논다'는 건 참 좋은 겁니다. '논다'는 것을 영어로 하면 '플레이play'로 번역될 텐데 플레이라는 게 여러 가지가 있어요. 공연을 할 때도 플레이고, 연기를 하는 것도 플레이, 게임을 할 때도 플레이라고 합니다. '논다'는 게 일한다는 것과 같은 말인 것 같아요. 우리말에서는 '논다'는 말이 쉬고, 먹고, 일하지 않는다는 말로 폄하되어 있는데, '논다'라는 것은 어쩌면 자기가 가진 에너지나 열정이 극대화된 상황이 아닐까 생각을 합니다. 연기 쪽으로 이야기하면, 우리 옛말에는 "저 배우 참 잘 노네" 그런 말이 있었어요. 요즘은 그런 말을 안 쓰는데 "연기 참 잘하네"란 말을 "잘 노네"라고 표현했거든요. 카자흐스탄에 가면 고려인 국립극장이 있는데, 오래전에 이주했던 고려인의 후손이 하는 극장이에요. 거기 분들은 그 말을 아직도 써요. 제가 한 20년 전에 일 때문에 그곳에 갔다가 그 말을 듣고 '야 참 멋진 말이다' 싶었어요. 그래서 저는 '논다'는 말을 참 좋아합니다.

영화나 TV에서 뵐 때마다 느끼는데 목소리가 굉장히 멋있으십니다. 그래서 실제 생활에서는 어떤 모습일까 하는 궁금증이 듭니다. 선생님은 영화, 방송에서 보이는 모습이랑 실제 모습이 차이가 있다고 생각하세요?

아마 다르겠죠. 배우로서 연기하는 것은 제가 아니라 제 롤role이거든요. 제가 맡은 어떤 사람의 역할이지 제가 아니에요. 제가 일상에서 살아가는 모습은 원래의 저, 정진영이겠죠. 물론 어차피 제가 어떤 사람의 역할을 하지만 그 역할에는 본래 제가 가지고 있는 여러 가지 성격이나 생각이 조금씩은 반영되겠지요. 하지만 배우 역할을 떠난 저는 완전히 다른 사람이라고 생각합니다.

제가 이제 50대 중반을 넘어서면서 시간이라는 것에 대해 많이 생각해요. 여러분들에게 어울리는 이야기는 아닙니다. 내게 남은 시간이 얼마일까? 내가 지금 이 시간에 어떻게 존재하고 있는가? 그런 생각을 해보죠. 사람 사는 것은 다 비슷해요. 그의 직업이 무엇이든, 무슨 일을 하든, 어떤 상황이든 말이죠. 다만 저는 요즘 영화 속 역할을 떠나 나 자신으로서, 한 시민으로서 지금 무엇을 하고 있나, 무엇을 해야 하나, 이런 생각을 자주 하게 됩니다.

아마 자주 들은 질문일 텐데 연기를 시작하게 된 계기를 말씀해 주실 수 있으세요?

계기라는 게 딱 한 개라곤 할 수 없을 것 같아요. 살다보면 단 하나의 이유라는 게 존재하지 않더라고요. 몇 가지가 겹쳐지기도 하고 그러지요. 처음부터 하나의 목표를 설정하고 거기까지 가야지, 이런 식으로 되는 일은 별로 없는 것 같습니다. 계기라기보다도 시작점은 분명히 하나 있는데, 제가 어릴 때 교회를 다녔어요. 중·고등학교 시절 교회에서 크리스마스 때 연극을 했어요. 근데 그 교회가 약간 진보적이어서 김지하 선생의 희곡 같은 것들을 가지고 연극을 했어요. 요즘 김지하 선생은 한편에선 비판도 받고 있긴 하지만 1970년대엔 가장 치열하게 사시면서 많은 존경을 받았던 분이세요. 고1 때였던 것 같습니다. 공연을 끝내고 집에 오는데 그날 눈이 많이 왔어요. 깊은 밤이었어요. 가로등이 있는데, 옛날엔 가로등이 노란 빛이었어요. 노란 빛에 펄펄 내리는 눈을 맞으면서 집에 걸어가는데 그 길이 굉장히 새롭더라고요. 맨날 제가 다니는 길이었는데 연극을 끝내고 돌아오는 그 길이 뭔가 달라보였어요. 그게 제게 깊게 남아 있는 하나의 사건이었던 것 같습니다.

저는 그전까지 심리학자가 되고 싶었어요. 그런데 그날 고1 겨울방학 연극을 끝내고 돌아오던 그날이 저에게 좀 다른 기운을 줬던 것 같습니다. 막연하지만 '아, 예술을 하면서 살면 좋겠다'라는 생각을 했어요. 아직 배우를 하면서 살아야겠다는 생각은 못했고, 그보다는 영화감독 일을 하고 싶었어요. 그날 1980년 겨울 그때 내리는 눈 때문, 아니 '덕분'이라고 해야겠죠? 그 후에, 원래는 영화 연출의 꿈을 갖고 있었는데, 제가 다녔던 학교에는 연극영화학과가 없었어요. 그래서 문학 전공이 가장 가까우니까 문학 공부를 하게 되었죠. 사실 그냥 적을 둔 거죠. 공부를 했다고 표현할 수는 없을 것 같고. 그러면서 연극반에 들어가게 되었습니다. 사실은 영화 연출이 꿈이었다면 영화 서클에 들어가야 마땅한데 우연찮게 연극반에 들어갔어요. 인생이란 건 참 이상한 플롯의 연속이거든요. 의도한 것과 관계없이 뭔가 벌어져요. 제가 영화 동아리에 안 들어가고 연극반에 들어가게 된 이유가, 신입생들을 위한 오리엔테이션 때 여러 동아리 선배들이 들어와서 자기 동아리 소개하고 신입생 모집도 하고 그러거든요. 그런데 영화 동아리에서는 그런 것을 안했어요. 왜냐하면 당시 영화 동아리는 학교 전체에 하나만 있고 단과 대학별로는 조직이 안 되어 있었거든요. 제가 입학한 단과대학 오리엔테이

선에서는 연극반 선배가 와서 연극반에 들어오면 '뭣도 하고, 술도 많이 마시고…' 거기에 넘어간 거죠.

스웨덴의 유명한 '잉마르 베리만Ingmar Bergman'이라는 영화감독이 있습니다. 예술영화의 거장이시죠. 그분이 아주 존경받는 영화감독이면서 스웨덴 왕립극장의 극장장이고 연출가예요. 제가 이분 영화를 좋아하다 보니 '아, 연극이 영화의 기본인가 보다'라는 생각을 하게 된 거죠. 그렇게 연극반에 들어가게 되었습니다. 1980년대라면 대충 아시겠지만 좀 험악한 시대였고, 젊은이들에겐 기쁨보다는 좌절과 울분이 더 많던 시절이었어요. 연극하는 사람들은 굉장히 끈끈하거든요. 그 속에서 술도 많이 마시면서 재미있게 지냈습니다. 배우를 한다는 생각은, '앞으로 배우가 돼야지'라는 생각은 못했었어요. 근데 연극반 하다 보니 당연히 연기도 해야 했죠. 대학교 나온 이후에 자연스럽게 당시 대학교 연극반 출신 선배들이 모여서 만든 진보적인 젊은 극단에 들어가 연극을 하게 되었던 거죠.

돌이켜보면 인생에서 단 하나의 계기라는 건 없는 것 같습니다. 몇 가지가 계속 겹치는 것 같아요. 인생의 길목에서 만나는 작은 계기들이 연결되다 보면 어느 순간 어떤 자리에 와 있게 되는 것 같아요. 그래서 여러분도 어떤 일을 할 때 내가 무엇을 하고 싶은데 '이리로 가는 길이 가장 빠른 길이다'라고 생각하면서 달려가려고 하지 않았으면 좋겠어요. 그것보다 더 풍부하게 내게 다가오는 여러 가지 상황들, 사람들, 사건들, 과제들과 계속 부딪히는 것. 그 경험이 소중하고 그것들이 어느 순간 또 하나의 선으로 연결된다는 거죠. 그래서 가장 빠른 길, 가장 정확한 길에 너무 몰두해서 그 길을 찾으려고 노력하지 않으셔도 된다고 생각합니다.

배우가 아닌 첫 감독 데뷔작*이 올해 발표가 되는 걸로 압니다. 배우로 사시다가 감독으로서 새 일을 시작하게 된 계기는 무엇인가요.

제가 어릴 때 꿈이 영화 연출이었는데 사실은 그 길로 가는 계획이 잘 안 짜여 있었어요. 연극반 생활을 하면서 연기 쪽에 더 가까웠고, 그렇게 살다가 30대 초반인가? 제가 어떤 영화 출연 제의 때문에 감독님을 만났는데, 감독님이 저에게 '너 영화 연출을 해보지 그래?' 그러시는 거예요. 그래서 '저는 그런 꿈은 어릴 때 있었는데 지금 되겠어요? 나이도 많

• 감독 데뷔작인 〈사라진 시간〉

은데!'라고 말씀 드렸죠. 지금 생각해 보면 우스운데 옛날에는 30대 초반이면 인생 다 산 줄 알았거든요. 그랬더니 그 감독님께서 '아니야 늦지 않았어, 해봐.' 그때 감독님과 미팅했던 건이 『나는 빠리의 택시 운전사』라고 홍세화 선생이 쓰신 책을 영화화하는 프로젝트였어요. 감독님

• 배우 정진영 씨는 당시 첫 영화 연출작 〈사라진 시간〉을 마무리하고 있었다. 이 영화는 2020년에 개봉했다.

께서 '이 영화 파리에서 찍을 건데 너 파리 와서 배우도 하고, 연출부도 하고 그러면서 영화 공부해. 그렇게 시작하면 돼'라고 하시는 거예요. 그게 확 꽂힌 거죠. 그래서 자취방도 다 내놓고 기다리는데 몇 달 동안 연락이 안 와요. 프로젝트가 엎어진 거죠. 영화 제작 기획이 무산이 된 거예요. 근데 이미 제가 영화 연출을 해보겠다는 마음이 컸기 때문에 그 연장선으로 여러 감독님들 밑에서 연출부를 했습니다. 그 가운데 작품이 완성된 것으로는 이창동 감독님의 〈초록 물고기〉예요. 연출부 막내를 했죠. 그 작품을 하고 나서도 연출에 꿈을 갖고 있었는데 이런저런 이유로 다시 배우를 하게 되었습니다.

사실은 배우를 하다가 영화 연출을 해야지라고 생각하면서 연기에 대한 열정이 좀 식었었어요. 원래 제가 속했던 극단이나 저희 문화 패거리, 동아리 모임들이 있었는데, 당시 시대 상황 속에서 정치적인 이념을 전달하는 작업들을 많이 했거든요. 1990년대 초반 전 세계적으로 혼란스러웠던 시기가 있었습니다. 사회주의가 몰락하고 그러면서 전체적으로 좀 흔들렸던 시기가 있었어요. 그 당시에 '내가 하는 게 뭐지?'라는 회의가 들면서 열정이 좀 식었다는 생각이 들더라고요. 그 속에서 이제 새로운 길로 연출을 해보자라는 마음을 갖고 있었는데, 그때 결혼을 한 거죠. 결혼하고도 한동안 혼자 시나리오를 쓰고 있었는데 색시가 다시 배우를 해보라고 했어요. 그래서 다시 연기를 했어요. 아무것도 안 가진 남편에게 시집와 준 색시가 다시 연기를 해보라고 그러는데 말을 들어야죠.

그런데 몇 년 만에 무대에 섰는데 너무너무 재미있는 거예요. 연극을 한창 할 땐 그게 정말 재미있어서 하는 거거든요. 누가 시켜서 하는 것도 아니고. 어느 순간 열정이 식으면 그 일을 절대 못합니다. 근데 다시 몇 년 만에 연극을 하는데 너무너무 재미있더라고요. 그러고 그 뒤에 아주 운이 좋게 영화 쪽에서 제안이 들어와 배우로 지금까지 살고 있습니다. 그런데 오히려 영화를 하면서 저한테는 연출자의 능력은 없다는 생각을 했어요. 왜냐하면 제가 했던 영화들이 대부분 좀 규모가 큰 작업이었는데 '내가 저런 큰 작업을 감당할 능력이 없을 것 같다'는 판단이 들더라고요. 영화는 자본도 많이 들고, 많은 배우와 투자자들, 스태프들이 다 있는 건데 내가 능력이 안 되면 투자자의 돈도 책임 못 지고, 스태프와 배우의 인생에도 누가 되고, 관객 분들에게도 2시간과 만 원의 관람료를 뺏는 강도짓이라는 생각을 하면서 나는 못하겠다는 생각을 했습니다. 실제로 인터뷰하거나 그럴 때 제 연출부 이력을 아는 기자들이 물어보면 "아휴, 전 못 합니다. 절대 안 합니다"라고 했어요. 그런데 '절대'라는 말은 절대로 하면 안 되는 말입니다. 한 2년 전부턴가 다시금 하고 싶어졌어요. 문득이죠. 그야말로 문득! 나는 지금 뭐지? 뭘 하고 싶지? 어릴 때 갖던 꿈을 지금 다시 한번 생각해 보면 어떨까? 내가 뭘 하고 싶었지, 라는 생각을 문득 떠올리게 됐어요.

홍상수 감독님이랑 영화작업을 한 적이 있어요. 칸에 가서 영화를 찍었는데 스태프가 없어요. 촬영감독 1명, 조명도 없고, 녹음감독 1명 그게 끝이에요. 그분은 모든 영화를 그렇게 찍거든요. 그래서 '이래도 영화가 되는 건가?' 좀 미심쩍어하면서 갔는데 영화가 되더라고요. 저한텐 좀 쇼킹했어요. 그래도 최소한의 규모가 있어야 영화가 된다고 생각했는데 그게 아니었구나. 나도 옛날에 생각하던 영화나 예술이나 연극이라는 게 원래 다 저런 거였는데, 저렇게 하면 되는 건데 내가 지금 뭔가 좀 놓치고 있었던 것 같다, 이런 생각이 들었죠. '그럼 나도 해볼까? 한 2명만 같이하면 될 것 같은데?'라는 생각을 하게 됐어요. 그러니까 어떤 이야기를 어떻게 할 것인가가 중요하지, 뭐 자본으로 해야 된다는 선입견을 갖지 말자. 스태프 한두 명하고 배우 몇 명 정도면 내가 지금해 놓은 걸로 차비 주면서 할 수 있지 않을까라는 생각으로 시작했던 겁니다. 독립영화예요. 독립영화로 애초에 시작했는데, 생각보다 좀 커졌어요. 약간 투자도 좀 받게 되었고. 그래도 여전히 저예산 영화인데, 그렇게 작업을 해서 마지막 후반작업 중입니다. 질문하신 게 계기였죠? 그것은 어릴 때 꿈과 함께 있었던 씨앗이었단 생각이 듭니다. 아직 영화가 개봉도 안 했기 때문에 어떻게 될진 모르겠어요. 계속 연출 작업을 할지 모르겠어요. 다만 시나리오를 쓰고 준비하고 촬영하면서 굉장히 행복했습니다. 정말로 행복했어요. 영화계에서 저를 아는 많은 후배들이나 여러 사람들이 '현장에서 너무 행복해 보여서 참 좋았다'라고 저에게 이야기하더라고요. 정말로 행복했어요. 재미있었거든요. 재미있는 게 굉장히 중요해요. 잘 놀았던 것 같아요. 이제 개봉을 앞두고 후반작업을 하는데, 그건 참 힘들어요. 맨 처음엔 굉장히 용감하게 시작을 했습니다. 사실 오랫동안 영화를 만든다는 걸 엄두를 못낸 이유가, 좀 겁이 났던 것 같아요, 창피할까 봐. 만들어 놓고 창피하면 어떡하지? 이런 게 겁이 났었는데 50대 중반이 되니까 '그게 뭐 그리 대단해? 창피한 게?'라는 생각을 갖게 되더라고요. 그런데 막상 개봉을 앞두니까 살짝 창피한 게 걱정이 되긴 해요. 뭐 어쩌겠습니까? 그리고 돈을 투자한 사람도 있으니까 약간 흥행의 부담이 들 수밖에 없더라고요. 아무튼 그런 상황에 있습니다. 저의 원래 생각은 애초 구상대로 하면 독립영화예요. 아무도 모르게 만들고 아무도 모르게 끝나요. 그런 생각을 했는데 역시 어떻게 될진 모르지만 어쨌든 여러분들 앞에 선보일 날이 다가옵니다.

배우라는 직업이 늘 우리 곁에 있는 것 같으면서도 거리가 느껴지는 직업 같아요. 배우가 가진 특별한 매력이라는 게 있을까요?

배우뿐 아니라 모든 일에 매력이 다 있지요. 특히 예술 분야는 창의적인 일이고 재미있는 것이고 잘 노는 것이라는 공통적인 특징이 있고요. 배우라는 일의 특성 중 하나가 계속 새로운 사람을 만나야 한다는 데 있는 것 같아요. 내가 만나는 사람이, 내가 맡은 역할이 내가 아는 사람일 수도 있고 모르는 사람일 수도 있어요. 전혀 엉뚱한 사람일 수도 있고 제가 비슷하게 떠올릴 수 있는 사람일 수도 있는데 그게 재미있는 것 같아요. 작가는 이야기를 만들잖아요? 배우는 그 이야기 속의 사람을 구체화하는 것인데 그 일이 재미있습니다. 즉 새로운 사람을 만나는 일이 이 직업의 모든 것이에요. 내가 맡은 그 역을 어떻게 이해할 것인가가 배우가 해야 할 제일 중요한 일입니다. 어떻게 연기를 통해 표현할 것인가는 그다음 일이라는 생각이 들어요. 그것은 그 역을 이해한 다음에 나올 수 있는 일종의 기술, 테크닉이죠. 테크닉도 중요하지만 그 사람을 어떻게 파악할까가 제일 중요한 일이고 그것 없이는 다른 것들은 잘 되지 않는다고 생각합니다.

연기를 하면서 이런저런 역을 많이 맡아봤어요. 근데 저에게는 사실 다양한 역이 들어오진 않아요. 배우란 게 좀 묘해서 제가 선택을 다양하게 하고 싶어도 한 번 이 사람이 이쪽에 잘 어울린다 그러면 비슷한 것들이 오거든요. 그게 좀 아쉽긴 한데 그때마다 최선을 다해서 여러 사람을 만나려고 하죠. 그래서 어떤 연기를 할 때의 관건은 내가 이 사람을 얼마나 아는가, 모르는가, 그리고 알아가려는 노력을 통해서 알 수 있는가, 그래도 계속 모르는가, 거기에 달려 있습니다. 어떤 경우에는 이 사람을 점점 더 잘 알게 되고 그 사람과 거의 같아지는 경험들이 있어요. 이게 좀 거짓말 같지만 실제로 있습니다. 그때는 특별히 연기 플랜을 안 짜도 돼요. 연기도 계획들을 다 짜거든요. 근데 어느 순간 딱 합이 맞으면 그냥 쭉 대본을 읽으면 연기가 됩니다. 그런데 '이 사람 전혀 모르겠어'라고 하면 끝까지 안 돼요. 제가 실패한 것이죠. 접근이 안 되는 경우도 있어요. 가끔 저 배우가 연기를 왜 저렇게 하지? 연기 저렇게 하는 사람이 아닌데? 그럴 때 있죠? 그런 경우에는 접근이 안 된 거예요. 그런 경우가 모든 배우에게 다 있습니다. 그래서 배우는 여러 사람을 만나는 일이고 그것이 배우가 갖고 있는 아주 독특한 매력이라고 생각합니다.

인생에서 가장 돌아가고 싶은 과거나 가장 행복했던 순간이 있으세요?

돌아가고 싶은 과거는 모르겠어요. 좀 조심스러운데, 제가 나이 좀 먹고 나이 많은 사람이란 걸 인정한 뒤로는 젊은 분들 앞에서 옛날이야기를 잘 안 해요. 그게 꼰대가 되는 지름길이거든요. "아, 그때가 좋았지." 이런 얘기 하면 큰일 나요. 제 아들한테도 옛날이야기 잘 안 해요. 왜냐하면 지금 제가 우리 아들한테 조언할 게 별로 없어요. 제가 우리 아들이 처해 있는 전제조건을 잘 몰라요. 제가 세상을 먼저 알았으니까 안다고 생각하고 뭘 이야기하는 자체가 잘못된 것이라는 생각이 들더라고요. 그래서 아들이 대학교 들어간 이후론 이야기를 잘 안 해요.

다만 그런 생각은 들어요. 너무 미래에 대해서 생각하지 말라고 젊은 분들에게 말씀드리고 싶어요. 지금 세상이 얼마나 빨리 바뀌는데, 지금 여러분이 보는 미래가, 미래가 아닐 수도 있어요. 그러니 '내가 미래에 어떻게 돼야지'라는 생각을 너무 많이 하지 말고 지금 여러분에게 존재하는 여러 가지 상황들과 조건 속에서 뜨겁게 사시라는 말씀을 드리고 싶어요. 과거 한창 젊을 때 세상은 험악하고 힘들었지만 함께하던 친구들과 재미있게 열심히 놀았던 기억이 나요. 참 바쁘게 이것저것 많이 하고 돌아다녔어요. 그런 순간들이 있었기에 지금 오늘도 사는 것 같고. 어려운 질문인데 가장 돌아가고 싶은 과거는 없고, 가장 행복했던 순간은 너무나 많고 그렇습니다.

평소 즐겨하시는 취미가 있으신가요?

별로 없어요. 참 재미없게 살죠? 그런데 배우란 게 여러 사람을 만나야 된다고 했잖아요? 그래서 그때마다 배워야 될 것이나 공부해야 될 것이 생깁니다. 예컨대 음악영화라면 악기 연주도 배워야 하고, 춤영화라면 춤도 배워야겠죠. 영화 주제와 관련된 공부를 해야 한다든가, 책을 읽어야 한다든가, 계속 새로운 게 오기 때문에 특별한 취미를 별로 갖고 있지 않아도 심심하지 않더라고요. 물론 연기를 할 땐 그걸 하느라 딴 걸 아무것도 신경 못쓰고 친구도 못 만나고 집에도 못 들어가고 그래요. 연기할 때는 쭉 그걸로 시간이 가고, 그 일을 하면서 재미있게 놀고요. 일 안 할 때, 즉 프로젝트가 없을 때는 작업실에 주로 있어요. 집에 있으면 좀 게을러지니까. 거기에서 책도 보고 생각도 하고. 제가 만든 영화도 거기서 시나리오 썼어요, 그게 제 영화사였고. 스태프랑 영화도 만들었고. 저희 같은 일은 계속 뭔가 자극이 있어야 돌아가거든요. 그래서 그런 자극이 되는 일을, 리프레시할 수 있는 일을 만나는 걸 좋아합니다. 근데 그게 뭐가 될지는 몰라요. 어떻게 다가올지도 모르고.

정진영 님에게 인생영화는? 단 본인 작품은 제외하고.

인생영화라…. 제가 어릴 때는 요즘처럼 극장이 많지도 않고 비디오도 없었어요. 그 시절 영화를 볼 수 있는 중요한 소스 중 하나가 TV 영화 프로그램이었습니다. 〈주말의 명화〉 같은 거. 그때 TV에서 좋은 영화 많이 했어요. 아까 말씀드렸던 잉마르 베리만 감독의 〈제7의 봉인〉이란 영화를 TV에서 봤는데 굉장히 와 닿았어요. 지금 구하려면 구하실 수도 있을 텐데 아마 지루해서 못 보실 거예요. 워낙 옛날 영화고, 진지한 영화고, 인생을 이야기하는 그런 영화인데, 그 영화가 제게 영화 연출의 꿈을 갖게 만들었다는 생각이 듭니다.

대학 시절에는 프랑스문화원에 자주 가서 영화를 봤어요. 프랑스 아트 영화, 예술영화를 틀어주던 공간이 있었거든요. 지금도 있는데 예전과 성격이 좀 바뀌었죠. 거기서 봤던 〈겨울 원숭이〉인가 그런 영화가 있었는데 제게 굉장히 많은 자극을 줬어요. 한 늙은 남자와 중년의 남자가 만나 이리저리 일을 벌이다가 그 늙은 남자에게 중년남자가 자극을 줘서 늙은 남자가 어디로 떠난다는 그런 이야기예요. 자극과 시작, 그런 것에 관계된 이야기죠. 그리고 보니 제가 그런 걸 좋아하나 보네요. 자극과 출발 같은 것이요. 근데 그 두 번째 영화는 정체를 잘 몰라요. 영화 공부하는 사람들한테 물어봐도 잘 모르더라고요. 유명한 영화가 아니었던 모양이에요. 유명하든 아니든 간에 저에게는 어느 순간에 큰 자극을 줬던 영화입니다. 저의 인생영화를 하나만 꼽으라면 〈제7의 봉인〉이 되겠네요.

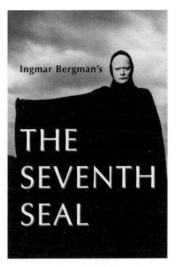

● 잉마르 베리만 감독의 〈제7의 봉인〉

오랜 시간 배우 생활을 하시면서 슬럼프가 있으셨나요?

슬럼프가 별로 없었던 것 같아요. 슬럼프가 없었다는 말은 거꾸로 이야기하면 '전성기도 없었다'는 이야기지요. 저는 늘 비슷한 정도로 해 왔어요. 슬럼프라는 게 객관적인 상황이라기보다는 일종의 우울증이거든요. 조건의 문제가 아니라 본인의 문제라고 저는 생각해요. 물론 조건이나 상황이 잘 안 맞을 때도 있고 운이 안 따를 때도 있는데, 가장 중요한 것은 자신이 그때의 상황을 어떻게 느끼느냐의 문제지요. 그게 일종의 우울증 상황하고 비슷해요. 그래서 슬럼프를 잘 극복해야 하는데, 생각해 보니 제게도 비슷한 때가 있었던 것 같네요. 결국에는 다시금 나를 돌아봐야 된다는 생각이 듭니다. '내가 원래 뭐하려고 했지?라는 생각. 기본으로 돌아가서 보는 것이 필요하단 생각이 들어요. 저는 큰 전성기가 없었기에 큰 슬럼프도 없는 상황이고 앞으로도 큰 전성기가 올 것이 아니기 때문에 앞으로도 큰 슬럼프가 없을 것이라는 생각이 듭니다.

그냥 좀 재미있게 놀고 싶어요. 어떤 일을 앞으로 하게 될진 모르겠습니다. 배우를 계속 하고 싶지만 그렇다고 해서 계속 배우를 하게 될지도 모르는 것이고, 연출은 더 말할 나위도 없고. 또 다른 무엇이 어떻게 올지 모르겠는데 가장 나쁜 것은 매너리즘 같아요. 슬럼프하고 매너리즘이 깊이 연관되어 있다는 생각이 드는데 '늘 이래야 되는데 왜 이렇지 않지?'라고 할 때 사람들이 슬럼프를 많이 느끼거든요? '내가 뭘 하면 히트쳐야 하는데 왜 안 되지? 내가 공 던지면 스트라이크 들어가야 하는데, 내가 배트 휘두르면 홈런 터져야 하는데 왜 안 되지?' 이런 생각이 들 때를 슬럼프라고 하는데 그 또한 일종의 매너리즘이라고 할 수 있어요. 자기가 늘 배트를 휘두르거나 공을 던지거나 하던 방식 그대로 했기 때문에 오는 것일 수도 있거든요. 그래서 내가 어제 했던 대로 오늘 해도 되겠지 하는 생각을 버리는 것이 중요하단 생각이 듭니다. 매너리즘에 빠지면 틀림없이 슬럼프가 와요. 그 누구에게나. '어제처럼 했는데 오늘은 왜 안 되는 거야?'라고 하죠. 근데 어제처럼 해서 오늘 되지 않아요. 모든 게 바뀌는데. 똑같은 태도와 똑같은 방식으로 뭐가 되겠습니까? 가급적이면 전 매너리즘에 빠지지 않으려고 노력하는 편이에요. 그렇게 하고 있습니다. 여러분도 어제와 오늘이 같다고 생각하지 마시고 매일매일 다르다는 생각으로 사시면 좋겠어요.

이번에 감독으로 데뷔하시는데, 작품을 기획할 때 제일 중요하게 여기시는 부분은 무엇인지 궁금합니다.

그거 잘 모르겠는데. 지금 제가 만든 영화는 지극히 개인적인 입장에서 시작을 했어요. 보통 상업영화를 기획하면 '이 이야기를 관객이 좋아할까?' 이것을 제일 많이 따지거든요? 근데 저는 그런 생각을 전혀 안 했어요. 좋아하든 말든 '내가 하고 싶은 이야기니까 한다'였어요. 그러니까 일반적인 기획과는 좀 다른 출발점인데, 앞으로도 그럴 것 같습니다. 만일 내가 또 작업을 한다면, 상업적으로 흥행을 노리는 영화 쪽은 안 하게 될 것 같고 제가 하고 싶은 이야기를 하게 될 것 같아요. 아직 영화를 선보이지 않았기 때문에 이야기를 하는 게 좀 쑥스러운데, 그렇게 하는 게 제일 재미있는 일인 것 같습니다. 그래야 잘 놀 것 같아요.

배우로서 한정된 역할만 맡으셔서 좀 아쉬운 부분이 있다고 하셨는데 혹시 맡아보고 싶은 배역이 있는지 궁금하고요. 또 '나는 무엇이 재미있지?', '나는 무엇을 하고 싶지?' 하는 질문은, 감히 짐작하자면 제 또래에서 가장 많이 하는 고민이라고 생각해요. 내가 지금 무엇을 하고 싶은지 모르는 채 그냥 걷고만 있는 사람들에게 해주고 싶으신 말이 있는지, 제가 무엇을 하고 싶은지 저도 잘 모르는데 그것에 대한 팁이 있는지 궁금합니다.

두 번째 질문부터 말씀드릴게요. 어려워요. 내가 뭘 하고 싶은지를 안다는 게 어렵습니다. 여러분만이 아니라 30대도 모르고 40대도 모르고 은퇴하신 분들도 모를 수 있어요. 그래서 중요한 것 같아요. 쉽게 답이 나오는 것이면 학교에서 가르쳤겠죠. 초등학교 때나 중학교 때. 자기가 좋아하는 일이 무엇인지를 아는 것, 그건 정말 인생을 걸고 해야 하는 큰 과제예요. 쉬운 일이 아니에요. 여러분이 어려워하는 게 너무나 당연한 일이죠. 그래서 또 결국에는 공교롭게 '논다'라는 말을 다시 끌어와야 될 것 같은데 좋아하는 일은 재미있어야 해요. '뭐 할 때 내가 재미있지?'라는 생각을 해보면 좋겠습니다. 물론 술 먹을 때 재미있는데, 술 먹을 때 재미있는 것하고 좀 다른 경험이겠죠? 컴퓨터 게임하는 것도 재미있죠. 그래서 프로게이머로 사는 분도 있겠으나, 다 될 수 있는 일도 아니고 어려운 일이에요. 저는 그런 말씀을 드리고 싶네요. 미래에 대해서 너무 많이 생각하지 마라, 그건 또 바뀐다. 내가 예상하는 10년 뒤를 예상하면서 타임 테이블을 놓고 나를 지금 만들지 말라고 말씀드리고 싶어요. 10년 뒤에 뭐가 어떻게 바뀔지 몰라요. 지금 내가 뭘 좋아하는가는 자신에게 계속 물어봐야 해요. 그런데 아마 여러분에게 어떤 계기들이 있었을 거예요. 그건 누구에게나 있어요. 그것이 무엇이었는지 한번 찾아보시고, 그 길로 한번 노력해 보는 거죠.

저는 배우 일을 하려고 하는 후배한테 질문을 받으면 그렇게 이야기합니다. '어떤 일을 하려면 제일 먼저 떠오르는 게 재능이다. 재능이 있어야 한다, 근데 재능이 없어도 그 일 할 수 있다. 재능이 있다고 해서 그 일을 계속 하게 되는 게 아니다.' 그렇잖아요? 그 일을 좋아해야 그 일을 해요. 암만 공을 잘 차면 뭐합니까? 정말 천재적인 재능이 있는데 그 사람이 축구를 안 좋아하면 안 되는 거예요. 좋아해야 돼요. 그러니깐 내가 그 일에 재능이 있나, 없나를 너무 생각하지 말고 그 일을 내가 '좋아하나, 좋아하지 않나'를 생각해야 해요. 그랬으면 좋겠어요. 더 중요한 것은 내가 좋아하는 일의 성과가 언제 나올 것이라는 조바심 갖지 말고 인내심을 갖고 버텨야 해요. 그 세 가지가 필요하다고 말씀드리고 싶네요. 내가 정말 좋아하는 일은 찾기 어렵지만 곰곰이 생각해 보면 있을 것 같습니다. 요즘 젊은 분들이 살기가 얼마나 힘든 세상이에요. 취업도 안 되고, 우리 아들도 대학교 3학년이지만 전망이란 게 누구에게나 뚜렷하게 보이지 않아요. 그러니까 정말로 여러분이 무엇을 좋아하는가를 파고 또 파는 게 필요하다는 생각이 듭니다. 항상 재미있는 일을 찾기 바랍니다.

첫 번째 질문이 무슨 역을 하고 싶냐는 거였죠? 그것은 제 뜻대로 되는 게 아니에요. 근데 저는 좋은 사람 역이 많이 들어와요. 아주 못된 놈도 하고 싶은데 그게 잘 안 들어와요. 배우 일은 제가 계획을 한다고 해서 되지 않거든요. 누군가가 만들어서 제안을 해야 되기 때문에. 앞으로 어떻게 될지 모르겠습니다.

영화 〈왕의 남자〉에서 연산군 역할을 맡으셨잖아요. 연산군 연기를 하시면서 키워드로 삼았던 게 있으신지 여쭤보고 싶습니다.

쉽지 않은 역이었어요. 외로움이라는 키워드를 갖고 연기했습니다. 제가 어떤 작품을 할 때 눈치를 보게 되는 경우가 있어요. 예컨대 〈와일드 카드〉라는 영화는 형사 역할이었잖아요? 그러면 '형사들은 이걸 어떻게 생각할까? 내가 욕보이면 안 될 텐데.' 또 유니크한 코미디 영화지만 〈달마야 놀자〉라는 영화를 할 때는 스님 역할인데 '스님들이 영화를 보고 기분 나빠하면 어떡하지?'라는 생각을 했어요. 〈황산벌〉을 찍으면서

• 2005년 개봉한 〈왕의 남자〉

김유신을 그렸는데 '김유신의 후손들이 뭐라고 하면 어떡하지?' 뭐 이런 생각을 했어요. 근데 연산군을 연기하는데 눈치를 볼 사람이 아무도 없는 거예요. '아, 이 사람은 이렇게 외로운 사람이구나' 하는 생각을 했던 것 같아요. 그게 키워드였어요. 돌아봐도 아무도 변명을 해주지 않는 한 사람. 그래서 난 아직도 그 사람을 생각하면 기분이 이상해져요. 우리가 연기를 하면서 감정을 계속 닫고 있거든요. 다 잊었는데 뭐 하나가 어디 있는 거예요. 지금도 〈왕의 남자〉 음악을 들으면 막 기분이 이상해요. 그래서 영화 끝나고 벗어나는 데 좀 힘들었어요.

좋아하는 일을 하고, 재미있는 일을 하다 보면, 더 잘하고 싶고, 뭔가 내가 원하는 바를 위해서 좀 더 달려가고 싶을 때가 있는데 그러다 보면 내가 좋아하는 것으로부터 스트레스받고 고통받을 때가 있더라고요. 그럴 때 어떠한 마음과 자세로 임하는지, 그리고 그런 순간에 어떠한 생각이 드시는지 궁금합니다.

스트레스를 견뎌야죠 뭐. 좀 엉뚱한 비유인데 연애로 비유해 봅시다. 제가 어떤 이성을 좋아해요. 좋아해서 연애를 잘하고 싶은데 잘 안돼요. 스트레스죠. 그래도 좋아하는데 어쩌겠어요. 어떤 일을 잘하기 위해서 동반되는 스트레스는 어쩔 수 없는 일이라고 생각합니다. 그거는 참아내야 해요. 참아내는 수밖에 없어요. 제가 어떤 영화를 하면서, 악기 연주를 해야 돼서 레슨을 받았거든요. 그때 배우면서 든 생각 중 하나가 역시 악기는 사람을 겸손하게 만드는구나. 머릿속에선 음이 날아다니는데 손과 입은 그렇게 안 돼요. 머릿속에는 다 들어 있는데 나는 그렇게 못해요. 그때 받는 스트레스가 굉장히 커요. 그때 동료 배우 몇 명이 같이 했거든요. 다들 머리를 부여잡고 있는 거예요. 그건 어쩔 수 없는 일이에요. 근데 우리가 해야 되니까 두어 달 만에 촬영을 할 수 있을 정도까지는 되었죠. 그럴 때 자기를 좀 달래는 방법 중 하나가 '어, 나 원래 그거 못해'라고 생각하면 돼요. '나 이거 원래 못하는데, 좋아, 어쩌란 말이야'라고 생각하면 좀 나아요. 낫다는 말이지 답이란 말은 아니에요. 한 인간이 가진 재능이란 것은 그 누구도 몰라요. 남들이 봤을 때 '쟤는 재능이 있어, 없어'라는 객관적인 시선이 있을 수는 있지만 그 또한 알 수 없는 일이에요. '어, 쟤는 재능이 뒤늦게 나왔네?' 그런 경우도 있잖아요? '재능이 늦게 터졌네'라는 말은 그때 잘못 봤다는 이야기거든요. 그런 것과 마찬가지로 재능이 있는지 없는지 모르겠으나 그냥 '난 재능이 없는데 내가 좋아해'라고 생각하는 게 제일 마음이 편해요. 그러면 스트레스가 좀 덜 올 거예요. 제일 나쁜 것은 '나는 재능이 이렇게 많은데 왜 안 되는 거야?'라고 화내는 거예요. 그것은 말 그대로 죽도 밥도 안 돼요. 그 재능은 그 인간을 옭아매는 큰 독이 될 거예요. 그래서 스트레스가 되겠지만 '내가 없는 재능에 여기까지 왔네, 그래 열심히 좀 더 해보자'라는 마음을 갖는 게 나은 것 같아요.

가장 나쁜 건 자기를 괴롭히는 거예요. 제가 말씀드리는 '나는 무엇인가'는 자기를 혼내라는 말이 아니라 자기를 사랑하라는 말이거든요. 나에게 물으라는 이야기는 나를 꾸짖으라는 말이 아니고, 오히려 자기를 격려하라는 말로 바꿔 말씀드려야 할 것 같아요. 자기를 좀 격려하고 사랑해 줘야 될 것 같아요. 우리가 얼마나 소중한 사람인데요. 너무 꾸짖지 말고, 반성은 하되 너무 괴롭히진 마세요. 자신이 자기를 인정해 주지 않으면 누가 날 인정해 줍니까? 자기가 자기를 예뻐해 주지 않으면 누가 예뻐해 줘요? 우리 자신을 예뻐해 줘야 해요. 그러니까 자학하지 마세요. 꾸짖지 마세요. 우리 다 잘난 사람들이에요.

필모그래피를 보면 조연, 주연 가리지 않고 여러 가지를 선택하시는 모습을 볼 수 있었어요. 작품 선택에서 어떤 철학이나 신념 같은 게 있으신지 궁금합니다.

작품을 선택할 때 몇 가지 기준들이 있습니다. 일단 시나리오가 '어떤 이야기를 담고 있는가?' 그건 이념의 문제가 아니라 '어떤 이야기를 하려고 하는가, 그게 정확하게 잘 쓰여 있는가'를 보죠. 물론 아주 말도 안 되는 이념으로 구성된 작품을 제가 절대 할 리가 없고요. 그다음에 같이 할 연출자가 어떠한가, 또 내 역이 도전할 만한가. 그런 걸 보면서 작품을 하죠. 주연, 조연 심지어 단역도 해요. 단역은 대부분 어떤 인연 때문에 하는 거예요. 우정출연 같은 걸로. 예컨대 제가 오래전에 출연한 영화의 연출부 막내가 데뷔를 했어요. 〈사바하〉도 그런 경우였는데, 〈사바하〉 감독이 연출부 막내 출신이에요. 그런 영화들이 몇 개 있습니다. 도와줄 수 있으면 도와주는 거예요. 제가 뭐 대단한 배우가 아니에요. 대단한 주연만 계속해 온 것도 아니고. 나이 먹으면서 점점 더 역도 작아질 것이고, 비중도 적어질 것이고, 너무나 당연한 거예요. 당연한 거니까 전혀 저에게는 이상하지 않아요. 누구든 영원하지 않거든요. 모든 건 다 그대로 똑같이 가지 않아요. 그것을 인정해야 돼요. 사람이란 존재도 태어나서 죽는 게 당연하고, 모든 게 다 그런 건데 어떤 상황이 항상 똑같겠습니까? 그걸 기본적으로 저는 너무나 당연하다고 생각해서 크게 어려움이 없습니다. 지금도 현장에 나가 연기할 때 재미있어요. 그런데 나이 먹으니까 현장에서 나이가 제일 많은 사람이 되는 게 불편해요. 스태프도 감독도 나보다 어리고, 나보다 연세 많으신 선배님도 두세 명밖에 없고 그런 경우가 점점 더 많아져요. 그건 좀 재미없는데 나머지 상황은 여전히 다 재미있습니다.

9

일상 밖으로
탈출하라

탁재형

대학을 졸업한 후 오랫동안 외주 제작사에서 다큐멘터리를 제작하는 PD로 살아왔다. 그의 전문 영역은 오지 여행 다큐멘터리. 스스로 유목민을 자처하며 재미없고 안정적인 삶보다 재미있고 불안정한 삶을 택해온 사람답게 PD 일에 흥미를 잃을 무렵 홀연히 직장에 사표를 냈다. 현재는 〈탁PD의 여행수다〉라는 팟캐스트를 진행하며 간간이 여행단을 모집해 여행 프로그램을 운영한다.

"그러니까 여행도 그렇고 여러분의 진로 문제도 그렇고 사실은
많은 부분이 우연이라는 영역에 맡겨 있을 수밖에 없어요. 근데 그
우연에 대해 너무 겁을 내고 부정을 하고 도망 다니기만 하고
그러면 오히려 인생에서 가장 재미있는 부분, 가장 박진감 넘치고
흥미진진한 한 부분을 잃게 되는 거라고 생각해요."

네팔의 양어머니

저는 다큐멘터리 PD이고, 〈탁PD의 여행수다〉라는 팟캐스트를 진행하는 팟캐스터이자, 작가이자, 여행저널리스트인 탁재형입니다.

우선 자유여행에 대한 이야기를 한번 해볼게요. 자유여행. 제가 여행하는 사람으로 많이 알려졌는데 그건 일종의 '프로파간다'고요. 실제 여행을 그렇게 많이 하진 못합니다. 여행을 많이 하기 위해선 돈이 많아야겠죠. 물론 돈 없이 여행하는 방법도 있습니다만 제 나이가 40대 후반으로 들어오니까 그런 방법들을 알지만 쓰고 싶지 않아요. 그렇지만 어쨌든 제가 지금 계속해서 여행 팟캐스트를 하고 있고 오프라인 여행도 많이 진행하고 있어요. 그런 이유 중 하나가 여행을 많이 다니고 싶어서예요. 남의 돈으로.

완벽하게 자기 돈으로 가지 않는 여행은 어느 정도는 일이라는 성격을 띨 수밖에 없죠. 왜냐면 다른 사람들에게 "이런, 이런 점들이 좋습니다! 여러분 함께 갑시다! 가격적으로도 내용적으로도 메리트가 있고 제가 함께 감으로써 그 여행의 퀄리티를 다르게 해주겠습니다!"라고 홍보하고 사람들이 선택해서 가는 여행이기 때문이죠. 어쨌든 혼자 가는 것보다는 스트레스가 있을 수밖에 없으나 과거에 방송 촬영으로 갔던 것들을 상기해 보면 아무리 제 앞에서 진상을 떠는 분들이 계셔도 귀엽게 보입니다. 스트레스도 과거 방송 만들 때의 30분의 1이라고 말씀드릴 수 있어요. 제 나름대로는 지속 가능한 여행을 위한 상당히 좋은 모델을 찾아냈다고 생각해요. 최근 다녀온 곳이 네팔이에요. 그래서 제가 지금 얼굴이 이 모양이죠.

이번에 5000m까지 올라갔어요. 그 전전날 폭설이 내린 데다가 그 당일은 구름 한 점 없이 맑아서 자외선이 아주 엄청났고 선스틱을 SPF 50짜리를 발랐음에도 불구하고 굉장히 촌스러운 얼굴이 됐습니다. 작년에는 혼자 여행을 했었는데 그때도 네팔이었어요. 이 인연이 묘한데 세가 방송다큐멘터리를 2000년부터 시작해서, 2014년에 프로덕션을 나왔으니까 한 15년 했어요. 그 뒤로도 간혹 작품을 하나씩 하긴 했는데 지금은 뭐 거의 전업 팟캐스터로 봐도 좋을 정도죠. 아무튼 취재를 다니는 과정에서 굉장히 많은 인연이 생겼어요. 그래서 네팔에 지금 양어머니가 계세요.

옛날엔 다 산골에 사셨는데 요샌 그분들도 다 페이스북 메신저를 해요. 갑자기 2017년 말쯤에 저한테 페이스북 메신저로 축제가 있으니 좀 와달라고. 축제의 이름이 '푸트 푸테이'래요. 네팔에 제가 아는 동생들이 많은데 '푸트 푸테이가 뭐니?'라고 물어봤어요. 자기는 모르겠대요. 알고 보니 '구룽족'에만 있는 축제예요. '구룽족'은 아이가 다섯 살 정도까지 머리를 안 잘라요. 보통 다섯 살 정도 됐을 때 이제 '푸트 푸테이'를 해야 하는 건데 우리로 말하면 100일 잔치의 확장된 개념인 것 같아요. 사실 옛날에는 영유아 사망률이 높았으니까 100일 될 때까지 생존하리라는 것에 확신이 없는 거죠. 그래서 100일이 되면 비로소 '아, 그래도 얘가 앞으로 계속해서 사람 구실을 할 가능성이 크구나'라고 해서 잔치하는 게 100일 잔치잖아요? 거기는 좀 더 오래 기다리는 거예요. 한 3~5년 정도 기다려보고 '이제 진짜 사람이 되겠구나'라고 해서 그때 머리를 잘라주고 큰 잔치를 엽니다.

네팔의 제 양어머니 가족이 있는 곳은 고르카 지역이에요. 고르카가 어디냐면 포카라를 중심으로 하는 지역인데 그 고르카는 옛날부터 남자들이 해외 나가서 돈 버는 게 굉장히 활성화돼 있었어요. 가보면 아시겠지만 네팔에 산지 지역, 척박한 지역만 있는 건 아니에요. 네팔도 남쪽으로 오면 인도 접경 지역에는 굉장히 비옥한 땅이 있고, 거기에는 1년에 쌀농사를 세 번씩 지을 수 있는 곳도 많아요.

하지만 고르카라는 지역은 관광업이 활성화되기 이전까지는 정말 제대로 된 땅도 없던 지역인 거예요. 아무리 거기서 계단식 밭 갈고 수수 같은 거 가꾼 다고 해도 한계가 있다 보니 남자들이 일찍부터 해외로 눈을 돌렸어요. 가장 많이 하면서 가장 널리 알려지고 인기 있는 직업 중 하나가 용병이에요. 그래 서 '구르카 부대'라는 말이 생겼어요. 그 '구르카'는 '고르카'의 잘못 알려진 표 현이에요. 영국군에는 이 고르카 사람들만을 위한 한 개의 연대가 정식 편제 돼 있어요. 그래서 구르카 부대에 가게 되면 거의 네팔에서는 성공한 거죠. 우 리로 따지면 약간 판검사 느낌이에요. 왜냐면 거기 들어가면 보통 네팔 사람 들에 비해 굉장히 고액연봉을 받는데 또 군부대 특성상 돈을 많이 쓸 일이 없

● 네팔 고르카 지역의 떡사르 마을 전경. 북쪽으로 안나푸르나 산군이 펼쳐져 있다. 가파른 산비탈에 계단식 밭을 일궈 수수 농사를 짓는다.

잖아요. 먹여주고 재워주고 하니까요.

거기에서 은퇴하면 연금이 나오고 영국 시민권도 받을 수 있죠. 그러니까 영국에 정착할 수도 있고 아니면 마을로 돌아와 안정된 생활을 할 수 있어요. 그게 안 돼도 인도군의 용병으로 간다든지 싱가포르나 말레이시아 이런 데 경찰로 간다든지 이런 선택지들이 있어서 제일 인기 있죠. 그게 아니더라도 어차피 남자는 성년 때 해외 나가 돈을 버는 게 일반적이에요.

그러다 보니 제 양어머니 가족의 제 조카뻘 되는 아이가 초등학교 3학년 정도 된 아이인데 그 축제할 나이가 지났음에도 불구하고 아직까지 축제할 돈도 없었고 부모는 계속 일본에 있었던 거예요. 일본의 호텔에서 일하는데 거기에서 귀국을 해버리면 비자 때문에 다시 못 들어가는 상태가 되니까. 어떻게 보면 불법과 합법의 경계에서 영주권이 나올 때까지 버틴 건데 그게 5년 걸렸어요. 5년 동안 네팔을 한 번도 못 가고 5년 동안 자기 자식을 한 번도 못 본 거예요. 오로지 페이스북으로만 보고 메신저 같은 거로만 얘기하고 했던 거죠. 일본 영주권을 받고나서 아이를 위한 그 축제를 하게 된 거예요. 그 축제에 저를 초대해서 보러 갔어요. 정말 특별한 경험이었어요. 해외에서 그런 인연이 생긴다는 것은 그리고 그런 가족같이 지내는 사람들이 생긴다는 것은 굉장히 특별한 경험이에요.

나를 행복하게 해주는 것들의 데이터베이스, 취향

저는 그래도 남들보다는 여행을 많이 하는 편이지만 사실 여행이라기보다는 출장이죠. 출장을 정말 많이 가다 보니까 여행에 대한 갈망이 점점 더 커진 거죠. 출장을 다니다 보니 여행하는 사람들과 많이 마주치게 되었죠. 제 경력 중 많은 분들이 기억하시는 것은 여행 프로그램인데 그것을 굉장히 오래 했어요. 여행 프로그램을 만들기 위해 갔는데 촬영 팀의 일정이나 그 안에서 사람들이 행동하는 양식이나 이런 것들이 일반인들의 보통 여행처럼 돼버린다면 그건 반드시 망합니다. 그 프로그램은 일단 프로그램으로 만들 수가 없어요. 그 안에서는 엄청난 스트레스와 싸우면서 여행과는 전혀 동떨어진 논리, 그러니까 일의 논리에 의해서 움직여야 해요. 그렇게 만들어지는 게 여행 프로그램이죠. 어쨌든 저는 여행 다큐멘터리를 하면서 여행하는 사람들을 많이 만났고 그러면서 저 스스로 여행에 대한 갈망도 커져만 갔죠. 그러다 자발적으로 여행을 일부러 더 하게 되었어요.

여행 다큐멘터리를 오래 하다 보니 제 나름의 노하우가 있어요. 결론은 이런 거예요. 여행을 비교적 많이 해본 사람 입장에서 여행에서 얻을 수 있는 가장 값진 것은 두 가지예요. 하나는 취향이에요. 저는 취향을 이렇게 정의하고 싶어요. 나를 행복하게 해주는 것들의 데이터베이스. 행복이라는 것은 우리 모두가 추구하는 것이죠. 어떻게 보면 우리 삶의 목표가 될 수도 있겠죠? 근데 이 행복해지는 방법은 저마다 다를 것이고 그 방법을 깨닫게 되기까지 굉장히 오랜 시간이 걸리죠. 그런데 많은 경우에 내가 그것을 보거나 입거나 먹으면 그 즉시 행복해지는 것들이 대체로 취향입니다. 우리는 행복을 위해 의식적이든 무의식적이든 나아가고 있는 것 아니겠어요? 그래서 그런 것들을 쭉 돌이켜보면 그게 어느 순간 데이터베이스화가 돼 있고 그것들을 자기 자신이 명확하게 알고 있으면 굉장히 쉽고 빠르게 효율적으로 행복해질 수 있다고 생각해요. 거기에는 많은 돈도 비효율적인 탐색도 필요치 않은 거죠. 내가 그걸 잘 알고 있으면 되는 거예요. 내가 지금 기분이 우울해, 그렇다면 나는 지금 이런 걸 하면 내가 기분이 즉시 나아지고 빠르게 좋아질까 생각하죠. 예를 들면 오늘 내 자존감이 좀 떨어지는데 그럴 때 '나는 이렇게 생긴 누빔 가죽 장식과 이렇게 생긴 금속 버클 장식이 달려 있는 백을 매면 행복해져'가 성립된다면, 나는 굳이 명품 브랜드가 아니어도 그런 스타일의 백만 매면 행복해지는 사람인 거예요. 사실 데이터베이스화하는 데 어느 정도 시간이 필요해요. 이런 데이터베이스를 만들기 위한 탐색의 범위를 확 넓혀줄 수 있는 체험이 여행이라고 생각합니다.

우연으로 시작된 인연

여행이라는 것은 '여행하는 과정을 통해 싱싱한 취향들이 살아 움직이고 있는 수족관'라고 생각해요. 거기에 가서 그걸 건지려는 마음자세가 있어야겠죠. 뭐가 중요한지 알아야 합니다. 그리고 여행을 통해 얻을 수 있는 또 한 가지가 바로 인연인 거죠. 여행을 통해 우리가 건질 수 있고 발견할 수 있는 또 한 가지 보석이라고 한다면 그게 바로 인연이에요. 인연은 굉장히 여러 가지 형태가 있죠. 현지인과의 만남, 여행하는 다른 사람과의 만남, 또는 함께 여행 갔던 사람의 재발견. 이런 것들이 모두 인연에 속할 수 있는 건데, 저는 여행을 통해 많은 인연들을 만났어요. 이를테면 지금 함께 〈여행수다〉라는 팟캐스트를 하고 있는 파트너의 경우 2008년에 볼리비아 사막, 우유니 사막 한가운데서 만났어요. 저는 취재였고, 그 친구는 세계 일주 여행이었죠. '볼리비아 우유니 사막'을 들어본 분들이 많으실 텐데 서울시 넓이의 2배 정도 되고 소금으로 이뤄진 사막이에요. 많은 사람들이 그곳에 가는 것을 일생의 버킷리스트로 꿈꾸는 그런 곳인데 저는 거길 세 번을 갔어요. 취재 때문에. 어쨌든 거기를 갔다가 사막 한가운데에서 온천을 하고 있는 두 명의 머리 까만 남자를 발견했어요. 사막 한가운데 온천이 있거든요.

취재를 가면 그런 게 귀찮아요. 지구 반대편으로 갔는데 우리 일행 말고 머리 까만 사람들이 내 영상에, 내 앵글에 들어온 순간 이건 별로 멀리 안 간 영상이 돼버려요. 그들이 어디에 있든 피해서 찍는데, 거기서 '이거 세계테마기행인가? EBS인가봐!' 이러면서 인사를 해요. 그러면 대충 인사를 하고 헤어지죠. 그런데 그로부터 한 사흘 있다가 우유니 사막 옆에 있는 마을에서 또 만난 거예요. 하필이면 그때 마을 전체가 정전이었어요. 그래서 식당이 식탁을 밖으로 내놨어요. 낮이기도 하고 또 거기는 창문이 아주 작아서 안에 채광이 안되니까 모든 사람들이 식탁이랑 테이블이랑 이런 걸 바깥으로 다 들고 나와 밥을 먹고 있었어요.

저희가 지나가다가 그 사람들을 본 거죠. 이제 촬영은 다 끝났고 다음 촬영으로 이동해야 되는 상황은 좀 여유가 있잖아요? 마침 그쪽에서 반가워하며 앉으시라고 해서 함께 앉아 밥을 먹다가 이야기를 했죠. 알고 보니 이 친구가 군대에서 받은 퇴직금으로 세계 일주를 한다는 거예요. 제가 학군단 출신이거든요. '군대에서 받은 퇴직금으로 세계 일주? 장교출신이시구먼. 그러면 출신이? 음, 몇 기냐?' 그다음에는 '44기입니다. 충성.' 이렇게 되는 거죠. 이제 '응. 난 35기야.' 이러면서 인연이 시작되었어요. 솔직히 그땐 지금까지 인연이 계속될 줄 몰랐죠.

제가 말씀드렸던 양어머니도 정말 우연히 만난 분이죠. 제가 2007년에 네팔 취재를 갔는데 취재하러 갔던 아이템 중 하나가 '사두'라는 거였어요. '사두는' 힌두교의 성직자예요. 정확히 말하자면 수행자죠. 그런데 굉장히 재미있는 수행을 하는 사람이 많아요.

　기본적으로 힌두교에서는 신도가 자기 몸을 혹사시키면서 신에 대한 자신의 믿음, 신에 대한 자신의 공경을 아주 혹독하게 오랜 시간 동안 표현을 하면 신은 반드시 그 신자의 소원을 들어줘야 된다고 해요. 그래서 힌두교 신화에 보면 그런 사례들이 많이 나와요. 최소 단위로는 500년부터 시작해요. 500년에서 1000년, 길게 하면 5000년을 계속해서 수행을 하는 거예요. 이를테면 여름에 거대한 보낙불 두 개를 피워놓고 그사이에 들어가 신의 이름을 외치면서 신을 찬양하는 노래를 계속 불러요. 겨울이 되면 강에 들어가서 폭포수를 맞으면서 부르고. 이걸 한 1000년 정도 하면 신이 나타나 '너 도대체 왜 그래? 내가 왔다, 왔어. 그래. 뭐. 소원이 뭐야?' 힌두교 신화의 도입 단계는 이런 식으로 되어 있어요.

　그러다 보니 신도들도 1000년을 살순 없지만 예를 들면 '나도 오늘부터 시바 신에게 영광을 표현하기 위해서 이 왼팔을 치켜들고 내리지 않겠어.' 이런 거죠. 이 왼팔을요, 한 달만 안 내리잖아요? 못 내립니다. 그다음부턴 관절이 굳어서. 그런 사람들이 있어요. 아니면 '나는 신에 대해 영광을 표현하기 위해서 오늘부터 구덩이를 파고 목만 내밀고 이 자세로 1년 살겠어!' 이런 분들이 있어요. 그렇게 주변에서 가져다주는 음식 먹고. 실제로 있어요.

　근데 문제는 그런 분들이 다 깊은 산속에 있어요. 그러니까 그 카트만두에서 '내가 사두다!' 하고 돌아다니는 분들은 대체로 다 "Photo. Photo with me. One dollar. One dollar photo. photo it's very looking good, one dollar." 이런 분들이에요. 지금 같으면 '그들이 어떻게 사기를 치며, 그들이 어떻게 왜 그런 일을 하게 되었는가' 이런 것들을 더 재밌게 만들었을 것 같아요. 그때만 해도 그 정도의 주변머리는 없었고 가봐도 보이는 게 사기꾼들이라 너무 큰 절망에 빠진 거죠.

제가 주저앉아서 '진짜 망했네, 진짜 대박 위긴데 이거.' 이러고 있는데 그때 제 앞을 아주머니 50명에 남자 20명이 전통의상을 입고 노랠 부르고 북을 치고 춤추면서 지나가는 거예요. 거기 '파슈파티나트'라는 아주 큰 사원이 있는데 그나마 제가 어느 정도는 훈련된 PD였기 때문에, 그때 '어 이거 심상치 않은데? 따라가면 뭔가 되겠는데?' 하면서 무작정 그분들을 쫓아다니기 시작한 거예요. 훈련되지 않은 PD였으면 그나마 최소한의 훈련도 없는 PD였으면, 더 초년생이었으면 '아, 정신 사나워 죽겠는데 빨리 가' 이랬을 거예요. 근데 그때 당시에 나는 어느 정도 훈련을 통해 재밌는 것들은 우연에 의해 발견되고 그것들을 조금 구조화해서 접근하면 거기서 뭐가 됐든 나온다는 것을 알고 있었기 때문에 그 사람들을 쫓아간 거죠. 그래서 사흘에 걸쳐 그분들을 쫓아다녔는데 알고 보니 이런 거였어요. 네팔이 2008년에 왕정이 무너지거든요. 네팔이 세계에서 가장 젊은 민주주의 국가예요.

그때 마오이스트들에 의해 왕정이 타도되긴 하나 공산국가가 된 건 아니에요. 그래서 마오이스트당을 중심으로 한 몇 개 정당의 연합체가 정권을 차지했고 그 뒤로 의원내각제에 의한 민주주의 국가가 됐어요. 근데 그 2007년은 아직 왕정이 무너진 건 아니고, 왕이 이 이상 내가 버티면 국물도 없겠구나 싶어서 양위한다는 서명을 하고 일단 정부를 마오이스트들로 구성하는 것까지 받아들인 상황이었어요. 그래서 그 전까지 산골에서 정말로 게릴라 활동을 하던 분들이 이제 내각의 장관이 되고 하던 이런 시기였어요. 그분들의 마을은 포카라에서도 더 들어간 산 중에 있는 '떡사르'라는 마을이었어요. '떡사르' 마을 사람들 중 한 분이, 게릴라가 장관이 된 거예요. 교육부장관. 원래는 거기 교사였어요. 그 마을의 교사였는데 현실에 너무 염증을 느끼고 게릴라 활동을 열심히 해서 마침내 그 정당 안에서 높은 지위를 차지하게 되면서 마침내 교육부장관이 된 거죠. 그분이 취임하면서 자기 동네 사람들을 다 부른 거예요.

그 동네 사람들이 취임식에 초대를 받아서 난생처음 구경 오니까 기분이 얼마나 좋았겠어요. 그래서 그분들이 이러고 다니는 걸 그때부터 제가 취재하기 시작한 거죠. 취재하다 보니 이 사람들의 마을이 궁금한 거죠. 이제 이분들이 마을로 돌아가는 날이 돼서 '제가 좀 따라가도 되겠습니까?' 해서 그분들을 따라 마을까지 가게 됐죠. 그분들이 올 때 35인승 되는 버스를 타고 왔어요. 우리 일반적인 관광버스보다 작은 거. 그게 인도제 버스인데 사륜구동이에요.

왜냐하면 거기는 다 비포장이기 때문에 우리 약수터 가는 그런 길 있잖아요? 거길 고속버스가 다녀요. 35명 타는 그 버스에 어떻게 70명이 탔을까요? 일단 가운데 통로에 목욕탕 의자 같은걸 놓고는 한 15명 정도 더 앉아요. 그러면 안에 50명 탔죠? 그럼 20명은 어디 탈까요? 버스 지붕 위에 탔죠. 가서 보니까 버스 지붕이 그림이 좋고 좀 시원할 거 같고 안쪽은 너무 복닥복닥 할 것 같아서 위에 탔어요. 12시간 달리는 걸 몰랐죠. 그 버스를 타고 비포장을 12시간 가는 거예요. 거기 아주머니들 완전 흥 부자들이에요. 지붕 위에서도 계속 북을 치면서 노래를 불러요. 처음에는 좋았죠. 근데 그분들도 한 2시간 정도 노래를 하면 더 이상 부를 노래도 없고 지쳐요. 그 후는 그냥 꾹 잡고 가는 거예요. 그러다 이제 산길이 나오잖아요? 거기다 졸음도 와요. 졸다가 손을 놓쳐 아래로 떨어지면 그냥 바로 죽는 거예요. 한 300~500m의 낭떠러지로요.

그러니까 이제 안 자려고 고추장 같은 걸 먹어요. 고추는 안데스에서 아마존으로 내려가는 정글 지역이 원산지예요. 거기엔 먹으면 정말 사람이 죽는 고추가 있어요. 그걸 먹으면 사람이 죽어요. 고추가 전 세계에 전파가 됐는데 우리나라 고추는 그나마 단맛이 있고 어느 정도 감칠맛이 있는 고추예요. 아

● 네팔의 조카, 라즈 람차네 구룽의 푸트 푸테이 의식을 마치고 구룽 족 가족과 함께 (앞줄 맨 왼쪽이 양어머니 넌더마야 라마 구룽)

무리 청양고추라 해도 그렇게 매운 고추가 아니에요. 서남아시아, 인도, 네팔에 카레에 들어가는 고추가 있는데 이것도 거의 죽는 수준의 고추예요. 그걸로 소스를 만들어둔 게 있는데 그걸 먹어요. 먹고 다시 노래를 불러요. 한 30분 동안 다시. 그런 버스에 매달려 저도 그 마을까지 갔던 거죠.

거기에서 정말 다른 데서 볼 수 없는 체험들을 했죠. 그때 부녀회장을 맡고 계시던 분이 저한테 '난 딸만 둘 있는데, 네가 내 양자할래?' 그래서 '하겠습니다' 하고서는 인연을 맺었죠. 그때만 해도 마을에 남자들이 없었어요. 그때 마을 인구 구성이 여자 50명에 남자는 다 할아버지인 거예요. 마을을 가보면 일할 수 있는 나이의 사람들은 다 밖으로 나갔어요. 예를 들면 한국에 와 있다든가 아니면 두바이 건설현장에 가 있다든가 아니면 정말 영국군에서 용병으로 근무하고 있다든가 이런 식으로 돈을 벌어와요. 그래서 한 마흔다섯 정도가 되면 은퇴를 하는 거예요. 은퇴를 하고 고향으로 돌아와서 그때부터 군인 했던 사람들은 연금이 나오니까 그 돈 가지고 편하게 사는 건데 그런 모습들이 상당히 재밌었어요. 그러다 보니 부녀회가 힘이 엄청 세거든요. 마을의 대소사를 부녀회에서 처리하는데, 부녀회 회장이던 분이 저를 양자로 삼은 거죠.

우연의 다른 이름, 기회

제가 방송하는 후배들에게 늘 하는 말이 있어요.

"네가 해외 출장을 갔어. 네가 상황이 A라고 생각하고 A에 대한 구성을 다 짜서 갔어. 근데 현장을 가보니 B야. 그러면 넌 어떻게 할래?" 여기서부터 이제 하수의 길과 중수의 길, 고수의 길이 갈리는 거죠. 하수의 길은 우겨요. "아니야. 이건 B일 리 없어. A라고. A란 말이야! A야!" 그리고서는 B를 가지고 A처럼 만들려고 해요. 우겨서. 그렇게 어떻게든 해서 "그래도 나는 했어." 그러면서 만들었다고 와요. 진짜 이상하죠. 당연히 재미있을 리가 없죠. 거짓된 재료들을 가지고 거짓말을 한 거니까 그게 재미가 있겠어요, 진정성도 없고.

중수들은 그래도 냉정해요. 상황판단이라도 빨리 해요. "와. 이거 B네. 도망가자." 그래서 거기서 포기하지 않고 A가 있는 데를 찾아가요. 수소문을 해서. 어떻게든 A의 길로 가요. 그래서 어쨌든 A 비슷한 거라도 발견해서 뭘 만들어 와요. 여기까지 대충 현장에서 문제가 해결이 되면 중수예요.

그럼 고수는 어떤가. 고수는 "어? 이게 B네." 그러면 차근차근 들여다봐요. "가만 있자. 요것도 뭔가 나오겠는데? 오히려 이게 더 재밌겠어." 현장에서 이런 판단이 돼요. 그럼 그때 가서 작가가 써준 구성안을 버리고 현장에서 구성안을 새로 써요. 그래서 마치 처음부터 B를 만들려고 한 것처럼 만들어내는 거죠. "사실 나 원래부터 알고 왔어", "원래 B 만들려고 간 거야." 이렇게 해서 만들 수 있으면 고수예요. 쉽게 말해 완전 원재료로 방송을 만들 수 있는 실력이 되는 사람이죠.

그러니까 여행도 그렇고 여러분의 진로 문제도 그렇고 사실은 많은 부분이 우연이라는 영역에 맡겨 있을 수밖에 없어요. 그런데 그 우연에 대해 너무나 겁을 내고 부정을 하고 도망 다니기만 하고 그러면 오히려 인생에서 가장 재미있는 부분, 가장 박진감 넘치고 흥미진진한 한 부분을 잃게 되는 거라고 생각해요. 그 A와 B 얘기로 다시 돌아가면, 우리가 한국에서 아무리 구성안을 짠다고 하더라도 대부분 작가와 PD가 가보지도 않고 짜는 겁니다.

인터넷을 뒤지고 도서관에 가서 자료도 찾고 그렇게 계획표를 만들었단 말이에요. 근데 내가 막상 현장에 가서 보니까 '다 구라야. 거짓말이야. 이거 될 리가 없어. 말도 안 돼.' 이렇게 되는 거지요. 그런데 내가 현장에서 발견하는 것들과 한국에서 짜온 구성안으로 만드는 것 중에 어느 것이 더 생생하고 생동감 있고 그러겠어요? 당연히 전자라는 거죠. 그런데 처음에는 이게 너무 무서운 거예요. 방송 PD로서 모든 불확실한 요소들을 다 배제하고 싶고. 사전에 거기 사는 한국 사람들을 코디네이터로 고용을 해서 '이건 있습니까, 없습니까?' 미주알고주알 캐내어 어떻게든 붙여서 하려고 해요. 섭외도 미리 해놓으려 하고.

그런데 특히나 여행 프로그램이란 일정 부분 여행자의 눈으로 세상을 바라볼 수밖에 없어요. 그리고 현지에서 보석 같은 장소를 발굴해 내야 하는 숙명이 있는 프로그램의 경우에는, 그렇게 누구를 섭외를 하느니 차라리 한 2일 일찍 가서 현지 가이드를 통해 돌아다니는 게 제일 빨라요. 현지 여행사 돌아다니고 '이런 게 있어, 없어? 가이드북에 나와 있는데 이거 진짜야? 그러면 너만 알고 있는 뭐는 없어? 가이드북에 나와 있는 것보다 좋은 거 없어?' 이렇게 수도에 있는 여행사 몇 개 돌아다니는 게 훨씬 속 편하고 빠르고 구체적인 것들을 손에 쥘 수 있어요.

그러니까 여행이라는 것도 그렇고 여러분의 삶에서 닥쳐오는 결정의 문제들에서도 우연을 두려워할 필요가 없어요. 사실 필연적으로 감내할 수밖에 없는 거고. 여러분이 아무리 계획을 멋있게 짠다고 한들 거기서 우연적인 요소들을 배제할 수는 없어요. 그렇다면 그 우연적으로 끼어드는 것들에 대해서 냉정하게 바라보고 그것들을 가지고 다시 한번 가치평가를 해볼 필요가 있는 것 같아요. 그러다 보면 오히려 처음에 의도했던 것보다 훨씬 더 재미있고 박진감 넘치는 것들이 걸려들 수도 있거든요.

저도 지금 팟캐스트를 7년째 하고 있는데 저희 팟캐스트가 그래도 한국에서 가장 오래된 팟캐스트 중 하나예요. 그런데 그것도 처음부터 '방송의 미래가 이럴 거 같으니까, 점점 유튜브가 급성장하면서 공중파방송의 판도가 바뀌고 그러면 나는….' 이렇게 시작한 거 아니에요. 그냥 우연히 하게 됐어요. 정말 우연히 하게 됐는데 '어? 방송에 없는 재미가 있네?' 그리고 '나'라는 인간이 사람들 앞에서 이렇게 직접 마이크 잡고 이야기하고 수다 떨고 하는 걸 굉장히 즐기고 재밌어 하는 사람이구나라는 것을 재발견하게 된 거죠.

그러면서 방송 판에서는 남들이 하길 원하는 이야기를 듣고 남들이 나에게 의뢰하는 이야기를 했다면, 이번에는 순수하게 내가 주체가 돼서 내가 하고 싶은 얘기를 해보자. 그럼 내가 가장 안 지치고 떠들 수 있는 얘기가 뭘까? 그게 여행 얘기였던 거거든요. 그걸 골랐기 때문에 7년째 해올 수 있었던 거고.

사실 그 많은 부분들이 어느 순간 우연에 의해 오게 되거든요. 우연의 다른 이름은 기회예요. 다른 인연을 만날 수 있는 기회, 다른 삶을 살아볼 수 있는 기회. 또한 남들이 시도하지 않았던 어떤 새로운 것을 할 수 있는 기회.

그런데 여러분이 의연하게 주체적으로 허리를 꼿꼿하게 펴고 두 눈을 똑바로 뜨고 '아, 지금 나에게 닥쳐오는 우연이란 것은 이런 정도의 리스크와 이런 정도의 의미를 가지고 있구나. 그러니까 나는 그것을 가지고 내 스스로 이런 걸로 만들 수 있지 않을까?'라는 정도의 판단력을 평상시에 갖춰놓지 않으면, 많은 경우 그 우연한 기회를 놓치게 되는 거죠.

제가 네팔에서 그분들이 춤추면서 왔을 때 '아, 저게 뭐야. 정신 사나워. 딴데 가. 난 어떻게 하든 '사두'를 만나고 싶단 말이야. '사두' 그 '사두'를 만날 수 있게 고민해 보자.' 이러지 않았던 게 저에게는 새로운 가족을 가지게 되고 심심하면 '거기서 또 뭘 한다던데 한번 가볼까?' 그런 삶을 누리게 된 하나의 기회가 되었던 거잖아요. 그래서 이것이야말로 전에 없던 여행을 해볼 수 있는 기회다, 그렇게 생각해 볼 필요도 있고 그다음에 오히려 '오늘은 오로지 그 우연이 이끄는 대로 한번 여행을 해볼까?' 하고 여행에서 하루를 아예 그렇게 할애를 해버리는 거죠. 그러면서 자기가 몰랐던 취향들을 재발견하게 된다는 거죠. 우리 집에 가면 뭐 잡다하게 많아요. 나름 질서 있지만 굉장히 잡다하죠. 그런 것들도 여행을 통해 습득된 취향인 거죠. 전 집에서 아직도 아이팟으로 음악을 들어요. 제 친한 친구 중 음악평론을 하는 김 작가라고 있습니다. 그 김 작가가 평가한 한국에서 가장 맥락 없는 플레이리스트가 제 아이팟에 들어 있는 플레이리스트거든요. 그걸 켜면 아랍의 기도시간을 알리는 그런 명상 음악부터, 소설 같은 대사만 한 20분 동안 반복되는 그런 티베트의 명상 음악, 그러다가 갑자기 헤비메탈이 나왔다가 EDM이 나왔다가 정말 왔다 갔다 합니다. 장르의 경계선이 없는 거죠.

제가 여러 나라를 돌아다니다 보니까 별 이상한 음악도 다 듣게 됐어요. 저는 보통 명상 음악들을 술 마실 때 들어요. 그거 들으면서 술 마시면 장난 아닙니다. 아주 입에 짝짝 붙어요.

'NO'라고 말할 수 없는 고통

PD할 때 가장 큰 스트레스는 'NO'라고 할 수 없는 것이었어요. 팀에서 모든 사람들이 다 'NO'라고 할 수 있어요. 이를테면 출연자가 "아니! 어쩜 PD라는 사람이 생각이 이렇게 얕을 수가 있어!" 제가 직접 중견 여배우한테 들었던 대사입니다. 정말 이상한 분이었어요. 호주에서 한우 찾고, 술 먹고. 그러면서 도도한 척은 다 하죠. "어우. 탁 PD. 내 이미지상 이런 걸 나에게 시키는 건 조금 아니지 않아?" 이러다가 "우리 한우 언제 먹으러 가? 한우! 한우!", "선생님 여기는 호주…", "그러니까 내말이 청. 정. 우." 이러는 이상한 분이었는데 혹시나 그런 분이 "나 출연 못 하겠어!" 그럴 수 있죠.

아니면 카메라맨이 "참다 참다 이건 너무하다, 야." 비행기표랑 여권이랑 내놓고 "너 카메라 찍을 줄 알 테니까 네가 찍고 마지막 날 저기 공항에서 보자." 이런 말도 들어봤어요. 코디도 "대표님! 진짜 너무하십니다. 전 여기서 그만 빠지겠습니다" 해요. 자기가 다 섭외해 놓고 지금 연락처도 자기가 다 가지고 있는데. 그럼 어떡하겠어요. "아이 형님! 왜 그러십니까. 형님 또 이러신다" 하면서 그때도 결국 촬영 다 했습니다. 조연출도 "저는 적성에 안 맞나봐요. 으엉 집에 가고 싶어요" 할 수 있어요. 그래도 어찌어찌 만들 수 있어요. 그런데

PD라는 사람이 "야, 접자" 하는 순간에는 정말 모든 게 끝나요.

이 모든 상황들은 제가 어떻게든 설득을 해야 돼요. "아, 선생님. 제발", "아, 이 형 또 왜 그래", "아이, 야. 우리 그렇게 끝낼 거야? 나 안 볼 거야?", "야. 내가 더 챙겨줄게", "아이, 좀. 안 그래도 되잖아." 아니면 "우리 조연출. 일로 와 봐. 요새 많이 힘들지? 얘, 내가 감정이 조금 격했어." 그러면서 어떻게든 상황을 해결해요. PD만 'NO'라고 안 하면 그 프로그램은 어떻게든 굴러가요. 근데 PD가 'NO'라고 하는 순간 "나 못 해먹겠어!!!" 하는 순간, 그거는 끝난 거예요. 정말 끝난 거예요. 그래서 정말 그 'NO'라고 할 수 없는 스트레스가 너무 너무 컸어요.

그런 순간이 되면 정말 심장에서 내 혈관으로 액체가 공급이 되는 게 느껴져요. 근데 액체가 피가 아니라 아스팔트 깔기 전에 도로에다 미리 뿌리는 '타르'라는 끈적끈적한 거 있어요. 그런 게 내 혈관으로 퍼져나가는 느낌이에요. 수명이 줄고 있는 게 막 느껴져. 느껴지는 게 아니라 지금 수명이 줄고 있는 게 팩트야.

그런데 거기서부터가 나 자신과의 승부인 거죠. '좋아. 이 이상한 사람을 데리고 이 방송 2부작을 끝까지 촬영을 해내면 내 승리다.' 정말 이 정도로 이를 박박 갈면서 하지 않으면 저 스스로를 추스를 수 없는 거예요. "누군 성질 없어? 안 할래. 안 한다고. 뭐? 선생님은 개뿔." 앞에 대놓고 그 말하고 싶죠. 이미 머릿속에서 이 대사를 하고 있어. 머릿속으로 하면서. 그러나 '오케이, 좋아. 내가 이 촬영만 마치면 내 승리야'라고 되뇌는 거죠.

그래서 그 촬영은 제가 이겼죠. 그리고 마지막 인터뷰를 따고, 끝낸 다음 인천공항 도착할 때까지 한 이틀 반 정도의 시간이 있었는데 말 한마디도 안 했어요. "야. 식사해야 하니까 나오라 그래." 할 말 있으면 조연출 시켜서 전하고. 철저하게 배제하고 따돌리고. 시드니로 한식 먹으러 갔는데 그분만 뺀 단 톡방을 만들어서 연락했어요. 그분이랑 정말 간에 붙었다가 쓸개에 붙었다가 하는 사람이 하나 있었는데 그 둘이서 우중충한 비즈니스호텔 로비에서 우울하게 싸구려 와인 먹는 걸 보고, 우리끼리 다 도망가서 고기 먹고 왔어요.

제가 그분의 만행을 글자 포인트 10으로 해서 A4 용지 두 장에 빽빽하게 적어놨거든요. 언젠가 책에 쓸 거예요. 거의 이니셜을 유추할 수 있을 정도로. 이니셜을 어차피 유추하지 않더라도 몇 년도에 어디 촬영, 이 성도만 써두면 다 나오기 때문에 누구나 알 수 있죠. 제가 책에 쓸 겁니다. 어쨌든 이 정도로 하지 않으면 제 스스로 버틸 수가 없으니까. 그렇게 제 자존감이 무너지고 도대체 밑도 끝도 없이 이렇게 굽신굽신해야 하는 이 상황을 언제까지 할 것인가, 하는 때가 있어요. 그럴 때는 정말 자기 스스로에게 던지는 승부욕과 마지막의 달콤함, '그래. 책에 쓸 거야', '다 따돌리고 고기 먹으러 가야지' 이런 걸 떠올리면서 견디는 수밖에 없어요. 이게 책임의 무게라는 거고. 지금도 저랑 같이 여행하시는 분들을 모객을 해서 함께 여행하는 것이 일인지라 제가 일정 부분 책임을 지는 부분이 있지요. 안전사고 같은 것도 책임져야 하고 그분들이 그래도 만족감을 느끼실 수 있도록 책임져 드려야 하죠. 그러나 저의 존재 전부를 걸고 그걸 해야 하는 건 아니잖아요. 그러니까 그때에 비하면 스트레스가 많이 없다는 이야기죠. 그분들도 여행에 경험이 많은 사람으로서 인정하고, 저에 대해 어느 정도 존중감이 바탕이 된 상태에서 오시는 분들이기 때문에 저한테 갑자기 '아니, 탁 PD님. 여기 앉아 봐요. 어쩜 나에게 이럴 수가 있어?' 이러지는 않을 거 아니에요, 최소한. 그렇기 때문에 과거에 비하면 굉장히 행복한 여행을 하고 있는 거죠.

PD의 본질은 이야기꾼

저는 PD의 본질은 이야기꾼이라고 생각해요. 그러니까 어떤 사람이 PD가 될 소질이 보이느냐, 자질이 보이느냐. 같은 이야기를 들어도 옮기는 능력은 다르잖아요. 세상 재미없게 못 살리는 친구가 있는가 하면, 원래 이야기보다 살을 붙이고 거기다가 연기까지 더하면서 재미있게 표현하는 친구들이 있어요. 그런 친구들이 PD를 하면 잘할 확률이 높아요.

그러니까 일단 재미난 이야기에 대한 감각이 있어야겠죠. 그다음에 그 이야기의 어떤 부분이 재밌는가가 분석되어야 합니다. 이구아수폭포를 갔다고 쳐요. 그럼 보통 여행자는 그냥 '와, 쩐다.' 한마디면 끝이에요. 그냥 그걸로 여행자의 할 몫은 다 했죠. 그런데 거기에 뭘 더 갖다 붙이려고 하면 그때부터는 온전히 즐길 수가 없어요. PD가 가서 '와, 와' 그것만 계속하고 있다면 그렇게는 프로그램이 만들어질 수 없죠. PD는 첫 순간은 '와와' 할 수 있어도 그다음에는 객관적이 되어야 해요. "진짜 와야? 다들 와~ 한다는 거 맞아? 오케이. 다들 와 하는 거 같아. 그러면 왜 그러지? 이게 A는 뭐야? B는 뭐야? C는 뭐야? D는 뭐야?" 이렇게 분석적으로 들어가야 해요. 그러고는 "A는 어떻게 하면 보여줄 수 있지? B는 어떻게 하면 보여줄 수 있지?" 이에 대한 솔루션을 찾아야죠. 거기에 입각해 현장을 말하는 거예요. 여기서 '말하고 있다'가 중요해요. 그런 다음 그것들을 재조립

● 방송 프로그램 PD의 현장 작업은 재미있는 이야깃거리를 발견하고, 그 재미 요소를 파악해 영상으로 채집하는 과정이다.

하죠. 군더더기를 덜어내고 가장 재미있는 방법으로 그것들을 재조립해야죠. 그렇게 해서 시청자에게 보여주는 거예요. 그래서 이야기를 보는 눈, 이야기의 재미있는 요소를 분석해낼 수 있는 분석력, 그 재미요소들을 채집할 수 있는 실행력, 그다음에 그것들을 가지고 와서 다시 조합할 수 있는 구성력. 이런 것들을 가지고 있는 사람들 그리고 그것들을 해내는 사람들이 저는 PD라고 생각해요.

콘셉트는 한 문장으로

PD가 되면 제일 먼저 배우게 되고, 오랫동안 배워야 하고, 그것 때문에 괴로워하고, 당혹스러워지고, 곤혹스러워하는 게 콘셉트죠, 프로그램의 콘셉트. 보통은 프로그램을 어디에 제안할 때 그 프로그램에 대한 제안서가 이만한 두께가 되는 때도 있어요. 그렇지만 그 앞에는 늘 한 장짜리 기획서가 있어요. 그것만 보면 '아, 이걸 하고 싶구나'가 보이는 거죠. 프로그램 기획안에 제목 쓰는 칸이 있고 그다음에 기획 의도라는 칸이 있어요. 그 기획 의도가 콘셉트예요.

제가 2014년에 〈홈볼트 로드, 왜 탐험하는가?〉라는 다큐멘터리를 만들었는데 4부작 프로그램 기획안을 썼어요. 만일 그 조그만 틀에다 글자 포인트 7로 해서 '본 프로그램은 200년 전에 살았던 독일의 과학자이자 탐험가인 알렉산더 홈볼트가…' 하다 보면 칸이 점점 커져서 A4 한 장을 넘어가요. 그러면 그건 기획 의도가 아니에요. PD 초년생한테 써보라고 하면 백발백중 그런 식으로 써요.

이 프로그램을 통해 이걸 본 사람들이 이걸 느꼈으면 하는 거. 그러니까 나의 메시지. 그게 함축되어 있는 하나의 문장, 그게 콘셉트예요. 그래서 그 4부작 다큐멘터리를 할 때 그 콘셉트를 하나 만들려고 회의만 석 달 하죠. 전체 프로덕션 1년 가운데 석 달은 회의로 보내는데 회의 시간 대부분은 콘셉트가 뭐냐, 그래서 이게 설득이 되겠냐, 이 콘셉트를 가지고 프로그램을 만들었을 때 재미가 있겠냐, 이러면서 보내는 거죠. 그래서 나온 콘셉트가 "우리도 이제 탐험해야 한다"라는 하나의 문장이었어요. 우리도 이제 탐험해야 한다. 썩 괜찮은 콘셉트였어요. 괜찮은 콘셉트는 그 하나의 문장 안에 굉장히 많은 말이 들어가 있어요.

우리도 이제 탐험해야 한다. 그럼 지금까지 탐험을 제대로 안 했다는 이야기잖아요. 한국은, 한국 과학자들은, 아니면 우리 세대는 우리 스스로가 그 로 머티리얼raw material, 원료부터 가공을 해서 그걸로 체계를 만들어내는 작업들을 해보지 않은 거예요. 그렇기 때문에 학문적 권위를 인정받으려면 유학을 가죠. 왜? 원전이, 오리지널이, 오리진이 다 거기 있으니까. 로 머티리얼은 다 거기 있으니까. 그 프로그램은 그걸 그대로 뒤집어서 제목을 만들어버린 거예요. '왜 탐험하는가.'

그냥 간단하게 훔볼트라는 사람이 산에도 오르고, 화산에도 가고, 배도 타고, 해류도 측정했다고 나열식으로 빠질 뻔했던 프로그램을 '이 사람이 했던 동인은 탐험이라는 거였고, 그 탐험이라는 게 서구의 사회를 이렇게 다 바꿔놨다'라는 프로그램으로 쭉 편 거예요. 그러면 콘셉트를 내가 손에 쥐었잖아요. 현장에서는 여러 가지 위기들이 닥쳐와요. 판단을 내려야 하고, 한정된 시간과 돈을 어디에 써야 하나 선택해야 하는데 이때 콘셉트를 내가 쥐고 있으면 모든 우선순위가 다 정해져요. 고민이 들 때마다 "잠깐만. 말이 길어졌는데 콘셉트로 돌아가자, 우리 콘셉트가 뭐였어? 탐험해야 한다잖아. 그러면 A 교수, B 교수, C 교수, D 교수 중에 누구를 만나야 거기에 가장 딱 들어맞는 말을 해줄 거야. 훔볼트라는 사람이 다녔던 그 무수히 많은 장소들 중 어디를 가야 이 사람이 나중에 탐험을 통해 세상을 바꾼 이야기가 딱 맞아떨어지는 거지?" 이것들의 우선순위가 정해지는 거죠.

삶의 핵심 가치, 재미

비단 방송이 아니라도 좋아요. 여러분의 삶을 살아감에 있어서 여러분의 삶을 하나로 꿰는 하나의 문장 또는 단어, 그런 것들이 하나쯤 있어야 되지 않을까 하는 생각을 해요. 그것이 저는 콘셉트라 생각해요. 콘셉트라는 말이 조금 생경하면, 핵심 가치라는 말로 바꿀 수 있어요. 여러분 삶의 핵심 가치. 저는 천만다행인 게 그게 있었어요. 저의 핵심 가치는 재미예요.

대학 때 이후로 한 번도 변해본 적이 없어요. 방송 일을 하게 된 것도 그게 세상에서 가장 재미있는 일이었기 때문이었어요. 원래 전 방송사 PD가 아니라 외주 제작사에 있었던 PD거든요. 지금은 사실 외주 PD도 방송 PD 못지않게, 어떻게 보면 더 가치를 인정받는 시대가 됐지만 그때만 해도 특히나 사회 초년생 때는 굉장히 궁핍했어요. 그런 시절을 겪어내면서 그래도 계속했던 건 그 일이 가장 재미있었기 때문이에요. 그런데 어느 순간 방송 일이 재미없어지기 시작한 시기가 있었어요. 그 시기에 쉬었어야 돼요. 그래야 제가 그 일을 오래할 에너지를 다시 충족했을 거예요. 다시 충전이 됐으면 어쩌면 지금은 팟캐스트를 안 하고 더 다른 대형 프로젝트들을 가지고 다른 형식으로 방송을 만들고 있을지도 모르겠어요.

저는 마음의 소리에 귀를 기울이지 않고 재미가 떨어져 가는데도 '사실 나의 키워드는 재미가 아니라 의미가 될 수 있을지도 몰라', '이제 재미만 찾지 말고 의미로 치환을 해보면 뭔가 길이 있지 않을까?' 했는데 그게 아니었어요. 저는 그런 사람이 아니었던 거예요. 재미를 충족시켜 주지 않으면 스텝 자체가 꼬이는 사람이었던 거예요. 그때 발견했던 다른 재미가 바로 2013년부터 시작한 〈탁PD의 여행수다〉란 팟캐스트였어요. 지금 방송을 완전히 놓은 건 아니지만 그래도 어느 정도는 이쪽에 더 비중을 두는 전업 팟캐스터로서 계속해 오고 있는 거고. 이 재미에 취해서 쭉 가고 있어요.

그러니까 여러분도 대학시절을 통해서 여러분의 삶을 관통할 수 있는 콘셉트를 찾기 바라요. 직업이 아니라, 어떤 직업을 가지든 간에 내가 이 일을 하는 이상 '난 그 길에서 한 번도 벗어난 적이 없어!'라고 말할 수 있게끔 해주는 그런 핵심 가치, 키워드를 발견할 수 있으면 여러분의 대학생활은 무조건 성공이라고 생각해요. 고시에 붙었든 취업을 했든 말든 여러분의 대학생활을 통해서 그거 하나 발견할 수 있고 그걸 하나의 문장으로 하나의 단어로 표현할 수 있다면 말이죠. 이 대학 캠퍼스 크기만 한 은박지를 구기고, 구기고 뭉쳐서 굴리기 시작해요. 거기에 여러분의 모든 무게를 실어 굴려서 그게 하나의 매끈한 은구슬이 될 때까지 굴리는 거예요. 콘셉트를 만든다는 것은 그런 거예요. 그런 식의 작업이에요. 그렇게 해서 여러분의 핵심 가치를 발견해 낼 수 있다면, 여러분의 대학생활에서 그 이상의 성취는 없을 것이라고 감히 말할 수 있습니다.

여행이라는 비일상

여러분이 '여행'이라는 '비일상非日常'을 계속 경험했으면 좋겠어요. 저는 위기관리를 잘 못했기 때문에, 결국에는 에너지를 잃고 다른 곳에서 출구를 찾을 수밖에 없었어요. '워크 앤 라이프 밸런스Work-life balance', '워라밸'이라는 그 개념어가 좀 더 일찍 나오고 '내가 겪고 있는 것이 이런 거구나. 내가 여기에서 당장 회사를 놓더라도, 지금 당장 프로젝트를 놓더라도, 쉬어주지 않으면 이 밸런스가 무너지는구나' 하는 자각이 있었다면 그 국면을 다른 방향으로 헤쳐 갈 수도 있었을 것 같아요. 워라밸이라는 게 결국엔 일상과 비일상의 균형이라는 말로도 바꿀 수 있어요.

제가 생각하는 일상이라는 건 우리가 공동체의 일원으로 존재하기 위해서 반복적으로 살아내야만 하는 것. 그런 삶의 형태. 우리가 사회구성원으로서 살아가기 위해서 반복적으로 겪어내야 하고 반복적으로 수행해야만 하는 것. 이것들이 일상인 거죠. 그래서 영어로 일상을 구글링해 보면 딱 맞는 단어는 없고 '데일리 루틴daily routine'이라고 해요.

그런데 혹시 죽을 뻔한 사람 있어요? '나 그때 죽을 고비를 넘겼어.' 저는 거기에 근접한 체험이 몇 번 있었어요. 일단 큰 사고를 당해봤죠. 밤에 오토바이 타다가 과속방지턱을 못 발견해서 그걸 타넘으면서 날아 어깨로 착지했죠. 그 것보다 좀 더 공포에 질렸던 적도 있어요. 에콰도르 정글 지역에 '시리푸노'라는 강이 있어요. 그 시리푸노 강은 아마존이랑 만나요. 정말 오지에 들어가 촬영을 했어요. 아직도 옷을 입는 분과 안 입는 분들이 섞여 있는 그런 곳이었어요. 카누에 모터를 달아놓은 배가 있어요. 좁은 것은 한 사람이 쪼그려 앉을 수 있고, 조금 넓은 것은 두 사람이 앉는 정도 크기의 배. 그걸 타고 12시간을

• 에콰도르 야수니 정글의 와오라니 부족은 자연에 순응해 살아지만, 그들의 삶 역시 문명에 의해 변화를 맞이하고 있다.

달려야 도착할 수 있는 곳이에요. 나올 때도 12시간을 나와야죠. 12시간을 나와 거기에서 세워둔 차를 타고 또 비포장 길을 4시간 달려야 문명세계가 나옵니다. 밤에 전등 들어오는 곳이 나와요. 그러니까 그 차 있는 데까지 그래도 오후 4시 정도에는 도착을 해야 그때부터 차 타고 4시간 걸려 오후 8시에 마을에 도착할 수 있죠. 그쯤이면 식당 문이 열려 있을 거 아니에요? 나는 밥을 굶어도 스태프들은 밥을 먹여야죠. 그게 PD의 소명이에요.

그래서 오후 4시에 차 있는 나루터에 도착하려면 그 마을에선 새벽 4시 이전에 출발을 해야 돼요. 새벽 4시에 아마존 강 유역은 내가 어둠을 이렇게 만지면, 만질 수 있을 것처럼 어두워요. 어둠에 질감이 있어요. 그리고 거기가 강가잖아요. 엄청난 물안개가 있어요. 그때 랜턴을 켜면 바로 앞에만 뿌옇게 돼요. 안개 때문에 전혀 불빛이 뻗어나가질 못해요. 그때 너무 겁에 질렸어요.

우리 가이드가 그 마을 출신이었어요. 원주민 출신인데 정말 어쩔 줄을 모르더라고요. 배를 여기다 박고 저기다 박고. 그러니까 저는 완전히 패닉이 와서 '망했다. 난 여기서 죽는구나. 이제 촬영이고 뭐고 난 이제 죽는 거야. 끝!' 이런 생각을 하면서 '다음 생에 태어나면 뭐가 될까?' 이러고 있었어요. 완전 공황 상태였죠.

다행히 그래도 똑똑한 마을 청년 하나가 자기가 배를 운전하겠다고 했어요. 그러더니 첫 마디가 "불 다 꺼"였어요. 랜턴을 다 *끄*라고. 그래서 "바보가 가니까 이상한 놈이 왔구나. 어디 가서 더 큰 서치라이트를 구해와도 모자랄 판에 왜 불을 다 *끄*라는 거지?" 그런데 다 *끄*고 나서 이 친구가 한 5분 동안 뭘 기다려요. 그러더니 갑자기 시동을 부르릉 걸더니 낮과 거의 차이가 없는 속도로 배를 몰기 시작했어요. 거기가 사행천이거든요? 구불구불해서 빨리 갈 수 있는 하천이 아니에요. 계속된 커브로 이루어진 그런 강이에요. 거기를 낮과 거의 차이가 없는 속도로 배를 몰기 시작했다는 거예요. 어둠에 눈이 완벽히 적응될 때까지 기다린 거예요. 강이잖아요? 보이는 건 이쪽 나무들의 *끄*트머리, 저쪽 나무들의 *끄*트머리, 그리고 하늘이에요. 하늘은 아무리 어두워도 그래도 조금은 밝고 나무꼭대기들은 더 까맣고. 그 차이가 눈에 보일 때까지 기다린 거예요. 한번 생각해 보세요. 우리가 배를 몰기 위해 수면을 바라봐야 할 이유는 하나도 없어요. 오로지 필요한 정보는 '이 배를 강 가운데 위치시킬 수 있도록 하는 정보'예요. 그래서 그 친구는 그 정보를 알 수 있을 때까지 기다리고 그 정보에 의존해 배를 모니까 낮과 거의 차이 없는 속도로 배를 몰게 된 거예요.

이때 깨달은 게, 우리가 어떤 것을 판단할 때 습관적으로 뭘 쌓아요. "야 잠깐만. 보고서 좀 가져와 봐. 뭐야 데이터 더 없어?" 이러면서 뭘 더 쌓아, 그걸 통해서 결론을 내리려고 하는데, 그런 방법도 있지만 비본질적인 걸 하나하나 없애는 방법도 있어요. "이건 필요 없네", "이거 필요 없어", "본질이 아니잖아. 치워버려. 다 없애." 그런 다음 마지막에 남은 그 하나를 가지고 판단을 내리는 방법도 있거든요. 자료의 양이 너무 많거나 아니면 너무 비본질적인 것에 의해서 진실이 드러나지 않을 때는 이 방법이 훨씬 쓸모가 있다는 걸 그때 알았어요.

그런데 그 상황에 대입해 놓고 상상을 해보세요. 그런 상황에서 어떤 생각이 날까. '그래. 나는 영어공부를 열심히 했었지. 괜찮은 삶이었어', '그래. 나는 시사상식 문제지를 열심히 풀고, 그러면서 조별 과제를 열심히 준비하는 괜찮은 삶을 살았구나.' 그런 게 생각날 것 같으세요? 아니죠. 그때가 되면 '그래도 그때 누구 손을 잡고 어디에 서서 어떤 풍경을 바라보면서 바람이 불고 석양이 지고 길고 긴 키스를 나눴지. 그 순간은 너무 아름다웠어.' 뭐 이런 것들이 생각날 거 아니에요? 비일상적인 것들.

결국 여러분 삶에서 기억되는 순간들, 여러분한테 소중한 것처럼 남게 되는 순간들은 아마도 '비일상적인 순간들이 훨씬 많을 것이다'라는 얘기거든요. 우리는 일상만 가지고는 살 수 없어요. 일상 밖으로 나가서 에너지를 얻어오고 인연을 얻어오고 취향을 얻어와야 다시 일상으로 돌아왔을 때, 이 일상을 살아낼 힘이 생겨요. 그래야 일상도 거리감 있게 유지가 돼요. 이 일상 안에만 침잠해 있어서는 행복해질 수도 없고, 일상 자체도 어느 순간 에너지가 고갈돼서 붕괴된다고 저는 생각해요.

스스로가 만들어가는 축제, 여행

'축제'라는 말 있잖아요. 그 축제에 제사할 때 '제(祭)'자가 들어가요. 원래 일본식 한자거든요. 저는 정말 마음에 들지 않아요. 뭔가 엄숙하게 기려야 될 것 같고, 공경해야 될 것 같고, 축제라는 한자말이 그런 의미를 주잖아요. 정작 일본에서도 그 축제를 그냥 마츠리祭り라고 표현을 하죠. '祭'라는 한자를 쓰지만 그냥 마츠리라는 일본말로 훈독을 해요.

축제라는 것의 연원을 따져보죠. 영어로는 카니발Carnival이죠. 카니발이 어디서 온지 아세요? 남미에 가면 카르나발Carnaval이라고 그러죠. 이 말이 어디서 왔는가? 이탈리아어가 어원이에요. 이탈리아어는 라틴어에 뿌리가 닿아 있을 거고. 뜻을 살펴보면 'Carne, Levare'. 'Carne=고기, Levare='안녕~' 또는 없애버린다, 들어낸다' 즉, '고기를 들어낸다'는 의미가 있어요. 기독교에는 사순절이라는 기간이 있죠. 부활절 이전에 예수님이 고난 받으신 기간이 있잖아요. 예수님이 빌라도에게 심판을 받고 갖은 고문을 당하고 그러다 결국에는 십자가에 못 박혀서 돌아가시고 사흘 만에 부활하시는 거 아니에요? 그래서 기독교 신자들은 그 기간에 예수님의 아픔을 함께해야 하는 의무가 있어요. 그게 40일 동안 지속되는 사순절이에요. 그 기간 동안에는 고기를 먹을 수 없고 매일매일 기도하고 참회하고 재를 이마에 바르기도 해요. 그게 사실 너무 고통스럽잖아요. 그러니까 그 전에 일주일 동안 고기도 마음껏 먹고 술도 마음껏 마시고, 일상에서 안 해보던 헛짓도 하고. 그래야 그 기억을 가지고 사순절에 돌입했을 때 '고기가 먹고 싶지만 그때 맛있게 먹었지. 그 정도면 많이 먹었어. 참을 수 있어' 하는 에너지를 얻기 위해 축제라는 걸 하는 거예요. 세계 3대 카니발 하면, 베네치아 카니발 그리고 리우 카니발, 그다음 세 번째는 여기저기서 자기네가 세 번째라 우기고 있죠.

하여간 베네치아 카니발 하면 가면이 떠오르죠? 베네치아 카니발은 가면을 쓰고 축제에 참가해요. 베네치아에 가면 공방들이 많아요. 가면이 예술 작품이에요. 가면을 왜 쓰죠? 내가 아닌 존재가 되는 거예요. 축제할 때만큼은 내가 아니라 이 〈여행수다〉를 진행하는 PD 탁재형이 아니라 뭔가 다른 존재가 되는 거예요. 다른 세계로 로그인하는 것과 같아요. 이 많은 부분이 MMORPG와 굉장히 비슷한 서사를 가지고 있어요. 내가 지금 교수님, 부장님, 이게 아니라 그 세계에 로그인하는 순간 나는 현실과 전혀 다른 그 안의 캐릭터가 되는 거예요. 그런 게 축제예요.

그리고 또 히우 카니발. 리우라고 하지요. R을 이 브라질식으로 발음하면 'ㅎ'이니까 원래 발음은 히우지자네이루죠. 거기에는 백인 농장주들이 대규모 플랜테이션들을 만들어 사탕수수며 커피며 이런 것들을 재배했잖아요. 그래서 노예들을 부리죠. 노예들은 곧 노동력이니까 이들의 삶을 철저하게 통제하죠. 심지어는 음주며 섹스까지 통제해요. 노예들이 맨날 밤마다 술 먹고 있고 어디 가서 성행위하고 이러면 일이 안 될 거 아니에요. 일의 능률이 떨어지잖아요. 그러니까 그런 걸 허락받지 않고 하다 걸리면 채찍으로 다스리는 거예요. 그런데 1년 365일 그러면 폭동이 나죠. 그러다 보니 그들의 억압되어 있는 에너지를 한 번쯤은 분출시켜 줄 숨구멍이 필요하죠. 그래서 서양의 카니발 시기에 모든 것을 허용해 주고 자유롭게 해주는 게 그게 히우 카니발의 시작이 되는 거예요. 그때 되면 심지어 성행위까지 허용해요.

거기에서 '비일상성'이라는 게 극명하게 보이는 거죠. 모든 한계가 해체된 상태에서 어떤 일탈 같은 것들이 나타나는데 그 일탈은 우연 또는 비일상 이런 거와 동일해요. 사람들은 많은 경우에 그걸 너무너무 겁내요. 그런 거 하면 사회가 망해버릴 것처럼 겁을 내는데, 그게 없으면 사회가 죽어요. 지금 보세요. 대한민국이 2016년 촛불집회를 통해서 새로운 국면으로 접어들었어요. 물론 촛불집회에 대해 다르게 생각하는 입장도 있겠지만 그 촛불집회가 세계에서도 유례를 찾아볼 수 없게 평화적으로 건전하게 이루어졌고 그걸 통해서 한국 사회가 새로운 국면으로 접어들게 되었다는 것에는 다들 동의하실 거예요.

저는 그 에너지가 2002년 월드컵에서 잉태되었다고 생각해요. 그 이전에는 우리에게 진정한 축제가 없었어요. 대학생들끼리 한정된 장소에서 일탈을 경험하고 분출하고 이런 건 있을 수도 있었으나 온 국민이 진정으로 다 함께 광장으로 모여서 소리 높여 노래를 부르고 얼굴에 칠도 하고 집단적으로 보면 광기를 부렸는데, 다시 일상으로 돌아왔어요. 세계에서 한국을 보는 눈이 달라졌고, 우리 스스로도 '우리 이렇게 스스로 잘 노는 사람들이었어? 그리고 그 기간에 여러 가지 룰을 깼는데 더 잘돼!' 이런 집단적 기억을 그때부터 공유하게 되었다고 생각해요. 그전까지의 축제는 다 관제, 관에서 만들어 '언제부터 언제까지 뭐 합니다' 그렇게 하는 먹거리 장터, 그런 거밖에 없었는데 그때 진짜 축제를 맛보면서 에너지를 느낀 거죠.

여행에 대한 이야기로 돌아오면, 무슨 축제위원회 같은 걸 꾸리고 갑자기 조 짜고 이러지 않아도 여러분 스스로가 계획하고 스스로가 준비위원장이 돼서 기획하고 실행에 옮겨 여러분 스스로에게 헌정할 수 있는 축제가 있어요. 그게 여행이에요. 그렇게 비일상 속으로 나가는 경험. 여러분 스스로가 기획하고 실행하고 즐길 수 있는 1인 축제. 스스로의 축제. 그게 바로 여행이라는 거예요.

인간은 본능적으로 익숙하지 않은 것을 회피하고 두려워하도록 되어 있어요. '비일상'이라는 건 속박을 벗어나고 탈출하는 건데 그게 에너지가 엄청나게 필요하죠. 하지만 그걸 해본 사람들은 그 이전으로 돌아갈 수 없고 그 에너지에 의해 삶이 바뀌고 그것이 집단이 되면 여러분의 세대가 바뀌고 우리 대한민국이 바뀌지 않을까 생각해요. 여행 많이 하시면 좋겠습니다.

남미에 가야 여행일까요? 남극, 북극, 에베레스트에 가야 멀리 떠나 온 여행일까요? 그건 아니라고 생각해요. 얼마나 내가 일상에서 안 하던 짓을 하고 있느냐. 일상에서 안 하던 생각을 하고 일상에서 보지 못하던 것을 보고 일상에서 먹지 못하던 것들을 먹으면서 그걸로 하여금 내 감각들을 깨우고 있는가? 그것만 이루어진다면 여기에서 목동만 가도 엄청나게 멀리 떠나온 여행을 할 수가 있어요.

10

로컬에
미래가
있다

한종호

대학 졸업 후 주간지와 일간지를 두루 거치며 기자 생활을 했다. 이후 네이버에 입사해 10년간 일했고 2015년부터 아무 연고도 없는 춘천에서 강원창조경제혁신센터 센터장으로 일하고 있다. 주로 강원도 지역을 기반으로 청년들의 창업을 지원하고 지역경제와 문화를 활성화시키는 데 보람을 느낀다. 이 사회의 미래는 서울과 수도권이 아니라 지역에 있다는 믿음을 갖고 있다.

"남보다 더 우위에 서고 싶고 남보다 더 돈 많이 벌고 싶고
더 좋은 차를 사고 싶고 더 좋은 집에 살고 싶고.
그러다 보니 절대 만족이 없죠. 그 경지에 올랐나 싶으면 더 잘난
놈이 있거든요. 자기가 그 욕망을 채우기 위해 취업이든 창업을
생각한다면, 그건 죽음의 길이에요. 아무것도 없죠. 그니까 그런 걸
버렸으면 좋겠어요. 가져야 할 것은 결국 '내가 하고 싶었던 것은
뭐였더라', '내가 무슨 색을 좋아하더라', '내가 어떨 때
행복하더라', '친구들과 무슨 얘기를 할 때 즐겁더라' 그런
질문이에요. 자기 주변의 나를 행복하고 편안하고 즐겁게 해주는
것, 나를 뭔가에 몰입하게 해주는 것. 그것이 뭘까 고민한다면
100퍼센트 성공한다고 봅니다."

강원도에서 창조경제를 일으킨다는 것

제가 준비한 이야기는 2015년부터 강원도 춘천에서 제가 했던 일들입니다. 내용은 주로 강원도에 있는 청년들하고 어떤 일을 했는지, 창업이라는 키워드로 집약할 수 있겠네요.

강원도의 면적을 보면 우리나라 국토의 1/6이에요. 그런데 거기 사는 사람들은 전 국민의 3퍼센트가 조금 안 돼요. 2.8퍼센트 정도? 강원도 인구가 얼마나 될 것 같아요? 지금 150만 명 조금 넘어요. 그러니까 굉장히 넓은 면적에 굉장히 적은 인구가 살고 있는 거예요. 강원도에 18개 시, 군이 있는데 그중 하나가 홍천군이거든요? 이 홍천군의 면적이 제주도 면적하고 똑같아요. 제주도를 기준으로 생각해 보면 강원도가 어느 정도 크기인지 대략 짐작해 볼 수 있죠. 강원도는 전체 면적 중 82퍼센트가 산으로 되어 있어요. 그리고 강원도에서 흘러내려오는 한강물을 여러분이 마시고 있기 때문에 상수원 보호구역이라고 해서 공장 혹은 축사 같은 것을 못 짓게 해요. 이런 상황들을 따져보면 강원도는 90퍼센트의 땅을 경제적으로 활용할 수가 없는 곳이에요. 그러다 보니 큰 공장은 만들기 힘들죠. 어제 통계를 보니까 전 직원이 50명 미만인, 서울 기준으로 보면 중견기업도 안 되는 작은 기업의 회사가 강원도 전체 기업의 99.2퍼센트예요. 그러니까 거의 100퍼센트인 거죠. 큰 기업은 거의 없다는 것입니다. 지난 정부가 이런 강원도라는 지역에서 신사업을 일으켜보라는 취지로 창조경제혁신센터를 만들게 된 거예요. 그래서 제가 2015년 1월에 강원창조경제혁신센터장으로 오게 되었어요.

참고로 제 소개를 잠깐하자면, 저는 사회생활을 언론사에서 했어요. 기자생활을 17년 정도 했고요. 네이버에서 10년 동안 일하고 2015년부터 현재까지 춘천에 위치한 강원창조경제혁신센터에서 일하고 있습니다. 처음 이 일을 하게 되었을 때, 강원도가 어떤 땅인지 보니까 모든 산업 지표들이 거의 바닥을 깔아주는 수준이더라고요. 또 대학을 포함한 여러 가지 창업기관들이 수도권에만 몰려 있고 강원도는 텅 비어 있었어요. 그러다 보니 강원도에서 창업을 해보려는 청년이 있어도 도에서 지원을 해줄 수 없으니, 수도권으로 몰리게 되었던 거죠. 지원해 줄 기관이나 사람이 있어야 무언가를 해볼 수 있는 거잖아요. 너무나 당연한 이야기지만 스타트업을 하기에 가장 좋은 지역은 서울, 경기이죠. 나머지는 뒤에서부터 세종, 제주, 전라, 강원이고요. 수도권을 선호하는 이유는 투자가 많고 입주할 수 있는 공간, 전문 멘토 등이 수도권에 몰려 있기 때문이죠. 이런 상황이니 강원 지역에서 어떤 창업을 일으키고 누구를 지원해야 될지도 모르겠는 거예요. 지역 소멸이라는 얘기 들어보셨죠? 강원도에 있는 학교를 통틀어 봤을 때, 향후 20년 안에 폐교될 곳이 85퍼센트가 넘어요. 그리고 강원도의 북쪽, 북한 접경지역 쪽은 산부인과가 하나도 없어요. 군 단위이지만 인구가 간신히 2만 명을 유지하고 있는 상태예요. 그래서 '젊은 사람들은 다 빠져나갈 것이고 노인들만 남다가 결국 지역이 소멸되는 상태가 될 것'이라는 패배의식, 절망감이 이 지역 전체에 가득 차 있어요.

일본의 사례에서 답을 찾다 : 로컬 속, 숨은 미래

이러한 상황 속에서 저는 일을 하러 갔기 때문에 모든 걸 버리고 뛰쳐나갈 수가 없었어요. 그래서 이것저것 다른 나라 사례들을 찾아보다가 일본을 보게 되었어요. 일본은 고령화, 인구 절벽 등에서 우리보다 10년, 20년 빨리 시작했죠. 우리나라에는 소개되지 않았지만, 일본 사회 내에서 이와 관련해 굉장히 많은 실험들이 있었어요. 특히 이런 실험이 일본 전국으로 확산한 게 2011년 이에요. 당시 동북지방에서 큰 지진과 쓰나미가 있었는데, 그때 이후로 일본 사회 내에서 '기존 시스템에 기대할 수 없겠다. 우리 식으로 찾아나가자. 우리 지역의 운명은 우리가 찾아나가자'라는 방향성으로 집약되는 굉장히 많은 움직임들이 본격적으로 생겨났어요. 서점에 가보면 지난 20년간 일본이 했던 다양한 실험 사례를 소개하는 책들이 많이 있어요. 제가 책 몇 권을 소개해 줄게요. 예를 들면 요즘 도시재생과 지역재생에 관심이 있는 사람들이 바이블처럼 읽는 책 중 하나가 『로컬 지향의 시대』인데 몇 구절을 인용해 봤어요.

"지역의 풍요로운 자연 자원과 문화 자원, 역사가 깃든 건물 등을 매개체로 지역과 외부 사람들이 연결되면서 고유한 스토리가 태어난다. 이는 생태계 그 자체다. 사람들의 가치관이 다양화된 지금이야말로 지방에서 유연한 발상으로 독자적인 시도를 해나가야 할 때다."

일본과 마찬가지로 한국도 대부분 기업들의 행정 본사는 수도인 서울에 있고 경제 생산에 필요한 재료, 자본, 인프라, 노동력 등을 배분하는 역할을 수도권이 하죠. 그리고 지방이 하청 기지 역할을 해왔던 것이죠. 즉 서울이 중심이고 나머지 지역은 변방이었어요. 그래서 다들 서울로 가려 했고요. 제가 인용한 구절은 밑줄 친 부분인데, 사실 이 한마디가 나오기까지 여러 가지 이야기가 있었어요. 지난 50년간 개발의 역사 속에서 우리가 무의식 속에 받아들이고 있는 사회의 시스템이 있죠. 즉 서울은 중심이고 나머지는 취약한 변방인 것. 그러나 이런 큰 사회구조가 경제 트렌드의 변화와 함께 무력해지고 있어요. 효율성이 떨어지고 있는 것이죠. 천천히 무너져가고 있기 때문에 우리가 잘 모르고 있는 것이에요. 언젠가는 와르르 다 무너지겠지만, 조금씩 무너지고 있는 그 한가운데에 우리가 서 있는 거죠. 그러나 이를 일찍 경험했던 일본은, 전통적인 시스템에 가장 약한 지역에서 새로운 것을 모색해 볼 수 있을 것이라고 생각했어요. 저희가 일본을 참조해 보기로 했던 것은, 단순 가설이 아니라 실제 굉장히 많은 성과 사례가 있기 때문이었어요. 이 책에 그 사례들이 나와 있죠.

일본에서 대학 졸업한 사람한테 제일 가고 싶은 기업을 물으면 도요타자동차 회사를 말해요. 우리나라로 치면 삼성전자를 말하는 것처럼 말이죠. 『우리는 섬에서 미래를 보았다』라는 책은 도요타자동차를 다니는 26세의 젊은 친구가 회사를 관두고 일본의 낙후한 섬 '아마'에 들어가 그 섬을 뒤바꾸는 기록이에요. 그 친구가 쓴 책이고요. 이런 말을 했어요. "50년 후 미래의 일본에 도착했다!"

인구 절벽, 고령화, 지역 소멸. 여러분은 서울에 살기 때문에 이를 잘 느끼지 못해요. 왜냐면 어딜 가나 젊은 사람들 천지잖아요. 그런데 지방에 가보면 노인들이 정말 많거든요. 인구가 줄어드니 버스 노선도 끊어져요. 춘천도 명색이 강원도 도청 소재지인데, 인구가 줄어드니 시 외곽을 도는 버스 노선들이 수지가 안 맞아 점점 사라지고 있어요. 외곽에 사시는 할아버지, 할머니들이 보건소에 가야 하는데 차가 없는 상황인 거예요. 이런 교통 문제, 보건 문제, 복지 문제, 문화적 향유 문제 등이 고령화가 심해지거나 지역 소멸 단계에 오면 나타나는 사회시스템 문제예요. 대도시를 제외한 나머지 지역에서 일어나는 문제이기에, 대도시 중심의 삶을 사는 사람들은 잘 모르죠. 이 책을 쓴 친구의 놀라운 점은, '이런 세상에서 계속 가다 보면 도쿄조차 그 문제에 부딪힐 것'이라는 생각, 고민을 했다는 거예요. 엘리트로 살 수 있었는데 회사를 관두고 고민을 해결하러 나섰던 거죠.

일본 내 낙후한 지역에서 솔루션을 찾는다면 나머지 대도시들이 같은 문제를 겪게 될 미래의 일을 앞당겨 해결할 수 있는 거잖아요. 그래서 이 친구는 직접 실천을 해요. 지금 '아마' 섬은 대기업 신입사원이나 일본 공무원들 연수가 이루어지는 곳이고, 연수를 하려면 1년 전에 예약을 해야 하는 정도로 변했어요. 나중에 서점에 가서 읽어보세요.

『이토록 멋진 마을』이라는 책도 소개해 드릴게요. 한국은 광역 행정기관이 '도'잖아요. 일본은 그 단위가 '현'이에요. 그 현 중에 후쿠이현이 있어요. 도쿄 건너편에 있는 현인데 일본의 전체 현 중에서 주민들 대상으로 우리 지역이 살기 좋다는 여론 조사를 하면 지난 10여 년간 항상 1등을 한 곳이에요. 실제로 자연조건은 강원도와 같은 곳이죠. 산간지역이 많고 굉장히 외졌고 수도권으로부터 멀리 떨어져 있죠. 그래서 '왜 후쿠이현이 살기 좋을까?'라는 의문이 많았어요. ≪포브스≫라는 미국에서 나온 경영 잡지 아시죠? ≪포브스 재팬≫ 부편집장이라는 사람이 쓴 책인데 그분이 후쿠이현을 2년간 취재하고 이런 말을 했어요. "지역은 이제 끝났다가 아니라 지역에서 시작해야 한다. 지역은 새로운 기회가 많은 곳이다." 이것은 제가 주장하는 것이 아니라 일본에서 벌어지고 있는 내용이고, 실제로 쓰여 있는 내용이에요.

『숲에서 자본주의를 껴안다』라는 책은 일본 방송사 NHK가 제작한 2014년 신년 특집 시리즈 방송 내용을 옮긴 책이에요. 강원도처럼 지역 소멸을 앞두고 있는 일본의 산간지역 사람들이 '우리도 잘해보자. 우리끼리 한번 잘해보자'라며 공동체 실험을 해요. 우리 지역에서 자급자족할 수 있는 우리만의 경제를 만들어보자. 그래서 지역 화폐도 만들어보고 식량과 인력을 자급하는 과정을 기록한 책인데 너무너무 감동적이에요. NHK에서는 이 모델을 산촌자본주의라고 불렀어요. 지역에 관심이 있는 학생이라면 꼭 읽어봤으면 좋겠어요. 『골목길에서 자본주의의 대안을 찾다』. 히라카와 가쓰미平川克美라는 사람이 쓴 이 책도 접근법이 비슷해요. 우리나라에서 나온 책으로는 연세대학교 모종린 교수의 주장으로 '골목 상권'에서 새로운 지역 발전의 길을 찾는 책이 있습니다.

재작년 KBS에서 특집으로 만든 프로그램이 있어요. 〈일본을 다시 본다〉라는 프로그램인데 일본의 로컬에서 무슨 일이 벌어졌는지 이 프로그램을 통해서 한국에 소개되었어요. 여러분, 서울에 있는 학교에 다니면 솔직히 지방에 관심이 없잖아요. 저기서 무슨 일이 벌어지는지, 지방 학생들은 무슨 고민을 하고 무슨 희망이 있는지 말이에요. 그런데 찾아보시면 알겠지만 일본에는 정말 깜짝 놀랄 만한 재미난 실험들이 많이 존재해요. 그리고 이런 이야기들이 최근 한국에서도 나오기 시작했어요. 예를 들면 '홍대 앞이 왜 이렇게 번성하지? 경리단길은? 서촌과 북촌은? 연남동은? 왜 이렇게 새로운 상권으로 등장하지?'

로컬의 단위 : 도시부터 골목길까지

이런 것들을 하나의 로컬 관점에서 보면 이렇게 설명될 수 있구나, 라는 걸 연세대학교 모종린 교수님이 재미있게 글로 썼어요. 『골목길 자본론』이라는 책이에요. 이분의 주장을 볼까요? 우리는 어렸을 때부터 무엇이든 주로 국가 단위로 배워왔어요. 민족국가라는 것을 우리 삶의 기본단위로 생각하죠. 그것을 쪼개면 내가 살고 있는 지역, 서울 또는 지방. 어느 동에 살고 있는 사람 등이 로컬이 돼요. 서울에 산다고 모두 내 집이 아니잖아요. 좀 더 로컬에 집중하면서 로컬 단위에 최적화된 생산과 소비의 체제를 생각해 볼 필요가 있어요. 예를 들어 식당에서 밥을 먹더라도 프랜차이즈 식당에서 먹는 게 아니라 로컬푸드를 소비하는 거죠. 그 집의 식재료는 어디서 가져온 것이고 그 요리는 아무개 씨가 한 것이라는 생각을 하면서 말이죠. 로컬푸드를 소비하는 것뿐만 아니라 누가 만들었는지 아는 액세서리를 착용한다든지 등의 방법도 있어요. 우리 대부분은 공장 대량 생산품을 소비하는 것에 익숙해져 있고 해외의 명품에 가치를 더 부여하는 소비생활을 하며 살아왔지만, 이제는 이런 것이 서서히 무너져가고 있다는 거예요. 이를 대체하는 새로운 형태가 나오고 있다는 것이죠. 그것을 지역 로컬이라는 키워드로 불러요.

이 이야기를 하는 이유는 이렇습니다. 제가 강원창조혁신센터장을 맡게 되었을 때, 강원도라는 로컬에 희망이 없다고 생각했지만 다시 보니 각 지역마다 다양한 가능성이 존재했어요. 이룬 성과, 사례들이 보면 볼수록 너무 많고 오히려 수도권보다 많은 기회가 있다고 생각하게 되었죠. 물론 굉장히 단순한 생각일 수 있는데, 큰 방향성에 대해 이야기해 보려고 했던 것입니다.

로컬 지향의 경제와 그 미래 : 멀티로컬리즘

『로컬의 미래』라는 책은 헬레나 노르베리 호지Helena Norberg-Hodge라는 스웨덴 분이 쓴 책인데요, 40년 동안 환경운동을 한 사람입니다. 이분이 '지역화localization'라는 용어의 전 세계 원조예요. 이분은 이렇게 주장해요. "세계화.

즉, 전 세계가 하나의 시장으로 통합되어 있기 때문에 이러한 국제적 체계 속 가장 값싼 물건을 사거나 가장 값싼 음식을 먹는 소비 환경이 인간의 삶을 망가뜨린다."

그러니까 오로지 1등만 흥하고 나머지를 도태시키는 분업 체계를 경계할 필요가 있다는 것이죠. 요즘 식으로 말하면 '마켓 컬리' 같은 것을 지향하자는 겁니다. 이 주장이 나온 지는 꽤 되었어요. 40년 전부터 이런 주장을 한 거예요. 즉, 원천을 아는 음식물, 식재료, 이니면 누가 만들었는지 아는 물건을 소비하는 겁니다. 그런 자족적인 경제를 만들어야 행복한 경제가 되는 거예요. 'Economics of happiness' 우리말로 '행복 경제'라고 검색해 보면 나옵니다. 더 많은 이윤과 더 많은 재화를 얻기 위한 경제가 아니라, 지금의 경제가 행복을 주고 있는가, 라는 질문을 던져봐야 한다는 것이죠. 결국 인간의 삶의 최종적인 목표는 행복인 거잖아요. 우리는 경쟁사회 속에 살고 있죠. 계속 무한 경쟁을 시키잖아요. 여러분도 계속 옆 사람을 제치고, 학점 더 잘 받아야 되고, 또 취직을 하려면 누군가를 떨어뜨려야 하고, 항상 그렇게 살잖아요. 직장에 가도 마찬가지예요. 저도 직장생활을 30년 했는데, 과연 그렇게 해서 행복한가? 그런 상황에 근본적인 문제 제기를 해서 지역이라는 키워드를 쓰고 있는 것입니다.

요약을 해보면, 점점 중앙 집중적인 이 자본주의 사회경제 구조는 서서히 무너져 가고 있고 그걸 무너지게 만든 원천은 인터넷이에요. 『노동의 종말』을 쓰신 제러미 리프킨Jeremy Rifkin 아시나요? 요즘은 『4차 산업혁명』이라는 책이 유행이잖아요. 그런데 그전에 2011년인가 『3차 산업혁명』이라는 책을 이미 썼어요. 그 책에서는 2차 산업혁명, 대량생산 체제가 인터넷이라는 신기술이 도래하면서 근본적으로 무너져가고 있다고 주장했어요. 지금 우리가 이야기하고 있는 로컬리즘localism을 경제학적으로 주장한 원조인 셈이죠. 그러니까 서로 인터넷을 통해서 연결을 잘해간다면, 집중적인 체제에만 의존할 필요 없이 굉장히 분산된 새로운 경제를 만들 수 있다는 겁니다. 그래서 '분산 자본주의Dispersive Capitalism'라는 용어가 나왔는데, 이는 로컬이라 하는 게 중앙에 종속되어 있는 변방이 아니라 그 자체가 각각 하나의 중심이 될 수 있다는 거예요. 그래서 로컬리즘이 확대되면, 글로벌리즘Globalism이 아니라 멀티로컬리즘Multi Localism, 그러니까 수많은 로컬들이 서로 협업하는 세계 체제가 되는 거죠. 그리고 그런 체제가 어쩌면 우리가 지향해야 될 경제 모델일 수 있다는 겁니다.

이런 멀티로컬리즘에 대해 '그래, 네 말이 맞아'라고 인정하진 않아도, 점점 서서히 생각이 변해가고 있는 것 같아요. 제가 말씀드린 것처럼 우리는 오랫동안 국가 단위 GDP, 이렇게 서열을 매겨왔는데 요즘 굉장히 많은 통계에서 도시 단위로 통계를 매기고 있어요. '어느 도시가 가장 살기 좋은가?', '어느 도시가 가장 창업하기 좋은가?' 등의 통계 주제를 보면 알 수 있죠. 그래서 국가도 도시 단위로 투자를 하려고 도시 단위로 여러 가지 경제 전략을 짜요.

≪애틀랜틱≫이라는 미국 잡지가 있습니다. 다들 '중앙만, 중앙만', '서울만, 서울만' 바라보는 오래된 시각에서 벗어나 '왜 자신의 로컬에 집중해야 되는가?' 그리고 '어떤 로컬이 좋은가?' ≪애틀랜틱≫에서 이런 기사를 썼는데 정말 재밌어요. 예를 들어 '어떤 로컬이 좋은가? - 11번 항목'을 보시면 '그 도시 자체의 수제 맥주craft beer 브랜드가 있는가?'입니다. 예를 들자면, 미국 포틀랜드라는 도시에 대해 혹시 아시나요? 요즘 굉장히 많이 뜨는 도시예요. 이 항목을 만족하는 도시 중 하나죠. 이 기사에서 주장하는 건, 작은 도시에 80개 이상이 수제 맥주가 있다는 겁니다. 그리고 '어떤 로컬이 좋은가? - 1번 항목'을 보실까요? '중앙 정치에 관심이 없다'입니다. 우리나라 대부분 지방 도시들이

> **■ 성공한 소도시의 공통점 11개**
>
> 1. 중앙 정치에 관심이 없다.
> 2. 지역 지도자를 쉽게 찾을 수 있다.
> 3. 민관 협력이 활발하다.
> 4. 지역 역사에 밝다.
> 5. 시내(downtown)가 활발하다.
> 6. 연구 중심 대학이 있다.
> 7. 전문대학을 적극적으로 지원한다.
> 8. 학교가 평범하지 않다.
> 9. 외부 인재에 개방적이다.
> 10. 장기계획을 수립한다.
> 11. 크래프트 비어를 생산하다.

자료: "Eleven Sings a City will Succeed", The Atlantic, march, 2016.

중앙 정치에 관심이 엄청 많아요. 왜냐하면 중앙 정치에 관심을 두어야 중앙
으로부터 지원금을 많이 받을 수 있거든요. 그러니까 우리나라 시스템상 지방
도시들의 경제가 중앙 지원금에 철저하게 의존하고 있다, 의존하게 되어 있다
는 거죠. 그다음에 '어떤 로컬이 좋은가? - 7번 항목', '전문대학을 적극적으로
지원한다.' 이건 뭐냐면 '그 지역에 필요한 기술들. 즉, 그 지역에 특화된 산업
을 키울 수 있는 기반이 잘 갖춰져 있는가?'입니다. 예를 들어 어느 지역에 포
도 농사가 잘된다면 와인 기술을 가르치는 대학이 필요한 거잖아요. 꼭 종합
대학에 있는 식품 무슨 공학과 이런 데 가서 공부할 필요 없이, 그냥 자기 지역
에 있는 와인 전문대학에 들어가 와인을 공부해서, 그 지역에서 와인 창업을
하는 거죠. 아무튼 우리만 빼놓고 외국에선 저런 논의를 하고 있다는 거죠.

글로벌 기업들의 특징 : 로컬의 특성을 비즈니스 모델로

'이케아'라는 회사 아시죠? 여러분은 이케아라는 회사가 '글로벌한 가구 회사', 이렇게만 생각할지 모르겠지만, 이케아는 로컬 비즈니스 모델을 철저하게 겸비하고 있는 회사예요. 로컬에서 시작을 했고요. 외곽에 가구 만드는 장인들의 가게가 띄엄띄엄 있었는데, 도시에 있는 사람들이 가구를 사려면 먼길을 가야 하잖아요. 그러다 보니 이케아라는 회사가 처음에는 카탈로그를 만드는 것부터 시작했어요. 가구 장인들의 공장을 다니면서 "당신은 문 만들죠?", "넌 식탁을 잘 만들어", "넌 의자를 잘 만들어" 이런 정보를 모아 카탈로그를 만든 거죠. 이걸 도시에 뿌리는 거예요. 그러고는 사람들의 요구에 따라 주문 제작해서 판매하는 거예요. 그렇게 시작해서 입소문이 났죠. 그러다가 그 지역 장인들의 가구를 한 군데에 모아 팔기 시작했어요. 도시에서는 장거리로 운전해서 오잖아요. 그러다 보니 가구점 옆에 식당을 만들었죠. 광명에 있는 이케아에 가면 볼 수 있는 모습이죠? 이케아는 로컬에 쓰이는 근본 활동들을 따라 만들어진 최초의 브랜드라 볼 수 있죠. 뒷이야기지만, 우리가 알고 있는 수많은 세계적 브랜드들이 출발점은 로컬이라는 조건에서 시작했다는 거예요. 태생부터 글로벌 기업이었던 게 아니고요.

그다음 하나만 소개해 드리면, '테라로사'라는 커피집 아시죠? 테라로사가 프랜차이즈라고 생각하실 수 있는데, 그게 강릉에서 시작을 했어요. 원래 강릉은 커피콩이 하나도 생산되지 않아요. 강릉에 안목 해변이라는 곳이 있는데 거기가 바다를 바라보기 좋은 곳이에요. 연인들도 많이 찾아오고 혹은 속상한 사람들이 바다를 찾아올 때 안목 해변으로 많이 오는데, 커피를 먹고 싶을 수 있잖아요. 그러다 보니 자판기가 굉장히 많이 놓이기 시작했어요. 그냥 믹스

커피만 하는 게 아니라 카푸치노도 팔고. 그러면서 강릉이 서서히 자판기 커피로 유명하다는 소문이 나기 시작하다가 커피를 좋아하는 몇몇 사람들이 강릉에서 원두를 로스팅해 파는 비즈니스 가게를 시작했어요. 그중 하나가 테라로사였죠. 테라로사가 점점 유명해지기 시작하면서 로스팅 공장을 강릉에 지었고, 그 콩을 지금 전국에 있는 테라로사 매장에 보급하고 있는 거예요. 그런데 이 모델은 여러분이 잘 알고 있는 스타벅스가 했던 거예요. 스타벅스는 시애틀에서 시작해 그곳에 로스팅 공장을 누었죠. 그러니까 공통점이 뭐냐면, 스타벅스는 누가 봐도 논란의 여지가 없는 글로벌 기업이잖아요. 하지만 그 기업의 조직문화나 비즈니스 모델은 지금도 철저하게 로컬 비즈니스 모델로 추구하고 있죠. 그래서 스타벅스에서 파는 텀블러 있잖아요. 요즘 많이 볼 수 있는데, '내가 여기에 왔었어'라는 영어가 쓰인 텀블러가 있어요. 예를 들어, 벚꽃이 많이 피는 계절에 도쿄에 가면 벚꽃 무늬가 그려져 있는 텀블러를 살 수 있죠.

이 지역별 라이프스타일 산업 자료는 지역 로컬의 특성을 비즈니스 모델을 반영해 선정한 굉장히 많은 사례들을 정리한 거고요.

《뉴욕타임스》가 1년에 한 번씩 전 세계에 가볼 만한 관광지 50개를 선정해서 발표를 해요. 재작년엔 48등에 부산이 들어갔어요. 부산하면 해운대인가, 광안리인가, 이렇게 생각을 할 수 있잖아요. 그런데 뜻밖에도 부산 전포동 카페거리를 소개했어요. 제가 이 기사를 가지고 부산 출신 혹은 부산에 사는 지인들에게 이야기했어요. "너 전포동 알아?" 그러면 정말 절반도 몰라요. 그러니까 이게 무슨 의미냐면, 우리 세대는 어디 여행을 간다 하면 대개 명승지 관광, 어느 산, 무슨 폭포, 무슨 다리, 무슨 섬, 무슨 절 이런 것을 보러 다녔는데, 여러분들은 안 그러잖아요? 요즘은 여행이라는 게 도시의 콘텐츠를 소비

■ 지역별 라이프스타일 산업(예시)

	지역	주제	방향	벤치마크 도시
1	강릉(강원)	커피	대형화 · 프랜차이즈화	미국 시애틀
2	부산	신발	독립 브랜드 육성	미국 포틀랜드
3	부산	해양스포츠	학교와 주민 참여 사업 개발	뉴질랜드 오클랜드
4	제주	화장품	R&D 허브화	프랑스 비쉬
5	제주	녹차	중소상공인 중심의 녹차 재배	일본 시즈오카
6	경주(경북)	불교산업	채식 파인다이닝 개발 명상원 · 선원 등 마인드 비즈니스	미국 세도나
7	안동(경북)	유교산업	한국형 경영철학 · 인재관리 교육 사업화	싱가포르
8	군산(전북)	사케	도심 양조단지 조성	일본 교토 후시미
9	세종	로컬푸드	로컬푸드 요리학교, 식당, 유통	미국 버클리
10	인천	차이나타운	문화산업 아이템의 고급화 중국 이민자 창업 지원	일본 요코하마
11	홍대(서울)	K-POP	라이브뮤직 공연 중심지화	미국 내슈빌
12	포항	스틸건축	신소재 레저용품 산업 중심지화 스틸하우스와 스틸인테리어 산업 육성	미국 산타페

하는 쪽으로 많이 변화하고 있죠. 꼭 단체 관람이 아니라 자기 혼자, 혹은 마음 맞는 친구랑 같이 취향에 맞는 카페를 간다든지, 청바지를 사러 간다든지 말이죠. 그런 여행의 새로운 트렌드를 《뉴욕타임스》는 이미 이 기획에서 보여주고 있는 거죠. 이것 역시 그 지역이 갖는 로컬의 가치에 집중한 경우죠. 이 기사가 나오기 1년 전, 〈다큐 3일〉이란 방송 프로그램에서 전포동 카페거리를 소개한 적이 있어요. 다시보기를 통해 볼 수 있어요. 우리는 그냥 "전포동 거리? 그게 뭔데?"라고 하는데, 벌써 해외에서는 저런 것들에 가치를 부여하는 흐름이 나오고 있어요. 어디를 가더라도 그냥 큰 도시를 구경한다. 이게 아

니라는 거죠. 지방에서 서울 올라오면 남산타워를 구경하고, 경복궁 가고 그런 흐름이 아니라 요즘 뭔가 힙해지는 도시 있잖아요. 그런 도시들을 점점 사람들이 좋아해요. "살아보고 싶은 데 어디야?" "제주에서 살아보고 싶어. 나 이효리처럼 살아볼래." 요새 이영자가 엄마랑 같이 살겠다고 제주에 있는 집들 뒤지는 예능 프로그램 아시죠? 이런 흐름으로 가고 있다는 거죠. 요즘 강릉이 인기가 많아지고 있어요. 그다음에 양양, 고성 이쪽으로도 좋은 카페가 많이 생기고 있고요. 여러분이 모르는 사이에 말이죠.

강원도가 지닌 로컬의 가치를 찾아서

제가 처음에 하려던 이야기를 중간 요약하자면, 제가 이런 가설을 가지고 일을 하기 시작했다는 거예요. "강원도라는 땅이 제조업 중심의 경제 개발시대에는 꼴등이었어. 로컬이 가진 가치, 그게 뭔지 나도 모르겠지만 그것을 잘 끄집어내면 거기에 새로운 기회가 있을지 몰라." 그러려면 그것을 할 사람이

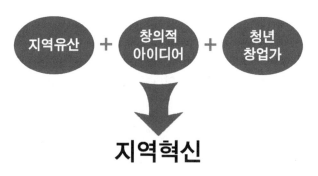

지역유산 + 창의적 아이디어 + 청년 창업가

↓

지역혁신

• 지역 혁신 포맷

필요하잖아요. 이것은 기계가 할 수 있는 일이 아니잖아요. 결국 그 지역이 갖고 있는 가치를 발견하고, 그것을 콘텐츠로 만들고, 그것을 브랜드로 만들어 기존에 없던 새로운 시장을 만들어낼 수 있는 사람을 찾아내겠다 이거죠. 그래서 지역이 갖고 있는 가치를 창의적인 아이디어로 뭔가를 만들어내서…. 행정적인 포맷인데 이런 식으로 제가 일을 하기 시작했어요.

속초 : 칠성조선소

• 속초 칠성조선소

혹시 '칠성 조선소' 가보신 적 있으세요? 여기 두 분은 홍대 미대에서 조각을 공부한 부부예요. 속초에 가면 청초호라고 속초 한가운데에 있는 큰 호수가 있어요. 육지에는 차가 다니니까 자동차 정비소가 있죠? 저기는 물이 있으니까 배를 고치는 배 선박 수리소가 있는데 거기를 조선소라 불러요. 호숫가에 있는 레일로 배를 끌어올려 수리를 해서 다시 호수로 밀어내는 거예요. 그런 조선소 중 하나가 칠성조선소인데, 이게 60년 정도 된 오래된 곳이에요. 저 친구들의 할아버지 때부터 시작한 조선소예요. 그런데 점점 사업이 잘 안되다 보니 적자가 났어요. 가족 사업으로 운영이 되었었는데, 접기로 거의 결정을 했어요. 사진에 보이는 이 친구가 그

집의 손자예요. 홍대를 나와 보스턴에 있는 디자인 학교에 유학을 다녀왔어요. 이 친구가 여자친구랑 함께 카누 만드는 걸 공부를 했대요. 그런데 자기 집에서 조선소를 하고 있으니까 한 게 아니라 그냥 좋아서 한 것이었어요. 그러고는 집으로 돌아왔어요. 돌아와 작업실이 필요하니까 칠성조선소 한 귀퉁이에다가 공간을 만들었죠. 거기서 둘이서 배를 만들고 있던 시점에 저희하고 만나게 되었어요.

당시 가족들은 조선소를 닫을지 말지 고민하고 있었죠. 그런데 여러분이 나중에 조선소에 가보시면 금방 느낄 수 있는데, 조선소라는 것이 어떻게 보면 쇠락한 시설인데, 그 자체가 갖고 있는 산업유산적인 가치가 훌륭해요. 그래서 가족들을 설득해서 이 공간을 잘 활용해 보자 이야기했죠.

그렇게 해서 조선소로서의 기능은 중단하지만, 그 공간을 활용해서 새로운 관광의 명소, 속초의 가볼 만한 곳으로 만들게 되었어요. 내부의 큰 장비들을 끄집어내 별도로 전시를 하는 갤러리로 만들었고 그다음, 살림집은 카페로 만들었어요. 저도 주말에 갔다 왔는데, 현재 주말에는 하루에 3000명씩도 와요. 속초 검색해 보세요. '속초 가볼 만한 곳' 그럼 칠성조선소가 나와요.

강릉 : 버드나무 브루어리

예전에는 소주를 각 시도별로 별도의 브랜드를 만들어 그 지역에서만 팔게 했어요. 서울은 진로, 전남은 보해, 대구는 금복주 그런 식으로. 그때 강원도 소주가 경월 소주였어요. 그 경월소주를 생산하던 공장이 있어요. 그전에는 강릉 탁주를 만들던 막걸리 공장이었지요. 충무로에 있는 경기대학교에 양주

• 강릉 버드나무 브루어리

학과가 있어요. 거기를 졸업한 청년들 몇 명이서 '우리가 나가서 수제 맥주공장 한번 차려보자'며 전국의 빈 공간을 찾아다니기 시작한 거죠. 제주도에도 가보고 하다가 강릉에 있는 이 공장을 발견한 거예요. 내부를 리모델링했는데 그게 강릉에 있는 '버드나무 브루어리'예요. 〈알쓸신잡〉 강릉 편 녹화를 여기서 했어요. 강릉의 핫플레이스입니다. 지난 평창동계올림픽 때 강릉에서 빙상경기를 했잖아요. 당시 빙상경기에 온 외국인들이 마땅히 갈 데가 없었어요. 강릉에 사시는 분들은 '횟집 정말 대박 나겠다'라고 생각했는데, 서양 사람들은 회를 안 먹어요. 그러다 보니 횟집들은 완전히 파리 날리고 이 집만 정말 초초 대박이 났죠. 이 집 셰프가 덴마크 친구거든요. 여행하다가 버드나무 브루어리가 너무 마음에 들어서, '피자 만들 테니까 여기서 일하게 해줘' 해서 셰프로 일하게 되었대요. 여행 좀 하세요. 공부만 하지 말고. (웃음)

양양 : 서피비치

이건 양양 이야기입니다. 오른쪽에 있는 친구가 이형주라는 친구인데요, 양양 출신이에요. 양양은 인구가 2만 명 조금 넘는 도시예요. 이 친구가 아

서피비치의 박준규(왼쪽), 이형주(오른쪽)

● 서피비치의 코로나 맥주 축제

버지를 따라서 필리핀 세부에 살면서 서핑 강사를 했대요. 어느 날 고향 양양의 바닷가에 앉아 있다가 "어, 우리 집 고향 앞바다에도 파도가 있네? 서핑 숍을 한 번 열어봐야겠어"라는 생각을 하게 되었죠. 현재 양양에 굉장히 많은 서핑 숍들이 있는데, 이 친구는 2007년쯤에 시작했으니 굉장히 빨리 시작한 거죠. 옆에는 박준규라는 친구인데, 매니저 역할입니다. 이 둘이 같이 서핑 숍을 만들어보고 싶어 할 즈음 저희랑 만나게 되었어요. 여러 가지 창업 과정을 함께했었죠. 작년 한 해만 50만 명이 다녀갔어요.

코로나 맥주 아시죠? 코로나 맥

주가 전 세계 휴양지를 다니면서 대형 페스티벌을 해요. 그날 모든 데커레이션 장비들을 한꺼번에 다 가져와요. 댄싱 걸 이런 사람들까지 다 데려와서 화려한 페스티벌을 하죠. 작년에 코로나 맥주 축제를 여기에서 했어요. 한국에선 여기 양양 서피비치를 찍은 거죠. 그러니 50만 명이 달려가게 된 거예요. 이 사진은 이미지 샷이 아니고 실제 거기 사진이에요.

태백 : 무브노드

이것은 폐광 지역, 강원도 태백의 폐광 지역에서 코워킹스페이스를 만든 소녀의 이야기입니다. 이 친구는 태백의 장성여고를 졸업하고, 서울에서 학교를 나오고, 봉천동에 원룸을 구해서 게임 개발자로 살던 친구예요. 그렇게 살다가 '내가 언제까지 이러고 있어야 되나' 답답한 마음이 들었어요. 그러다 회사를 그만두고 '제주다움'이란 걸 지원했어요. 제주에도 '제주창조경제혁신센터'가 있어요. 여기에 제주에 한 달 동안 살게 해주는 '제주다움'이라는 프로그램이 있는데 목적, 사업, 계획 이런 거 필요 없어요. "제주에서 그냥 앞으로 뭐하고 살아야 할지 여행하면서 고민해 보고 싶어." "그래? 와." 이런 거예요. 숙소를 제공해 주고 그 프로그램에 참여한 사람들끼리 일주일에 한 번씩만 모여요. 그동안 누굴 만났고, 무슨 생각을 했고 이런 걸 공유한 뒤, 한 달 후 딱 흩어지는 프로그램이죠.

이 친구가 제주에 한 달 있다가 고향으로 돌아가야겠단 결심을 하고 태백으로 왔어요. 그때 저희를 만나 같이 코워킹스페이스란 공간을 만들게 된 거죠.

● 태백 무브노드

지금 속으로 '태백에 있는 코워킹스페이스에서 뭘 한단 말이야!' 싶죠? 그런데
엄청나게 많은 사람들이 와요. 저희가 장난을 섞어 '자발적 고립, 선택적 연결'
이라고 하는데, 서울은 항상 굉장히 복잡한 관계망에 속해 있잖아요. 술 먹어
야 되고, 가족들이 잔소리하고, 친구 만나야 되고…. 그 모든 것으로부터 분리
되어 뭔가에 몰두하고 싶을 때 이곳을 찾는 거죠. 개인적인 일로 올 수도 있고,
회사에서 뭔가 신제품을 개발해야 할 때 오기도 하고요. 그냥 어디 해병대 훈
련 가듯이, 그런 콘셉트가 코워킹스페이스인데, 광팬들이 정말 많아요. 현재
이 코워킹스페이스를 중심으로 이런 공간을 더 넓혀가려는 계획을 저희랑 같
이 만들고 있어요. 앞서 얘기한 소도시들이 갖는 강점 기억나시죠? 그런 것들
을 키워나가 발전시키다보면, 저렇게 살고 싶어 하는 사람들을 계속 유입시킬
수 있어요. 그게 소도시가 새롭게 생존하는 길이 될 수 있다는 생각이에요. 그
래서 만들어 본, 일종의 맵입니다. 다음 사진은 비포, 애프터 사진. 이렇게 공
사를 해서 간판도 달았어요. 밤이 되면 2층짜리 집이지만 이렇게 옥상에서 파
티도 해요.

끝나지 않은, 계속될 이야기

아무튼 저희가 이렇게 지역 청년들하고 로컬의 특성, 자원을 활용한 창업을 서서히 찾아가다 보니까, 2019년 말까지 합해보면 총 150팀까지 늘어날 것 같아요. 지금 60팀 이상이 저희랑 같이 프로젝트를 진행하고 있어요.

이런 사례들은 지역신문에도 여러번 자세히 소개되었습니다. '신관광상품 만든 청년창업'이라는 제목으로 소개되었지요. 수도권만이 아니라, 어느 로컬 속에서도 길을 찾을 수 있는 방법을 자꾸 들여다보자는 거죠. 그렇게 점점 파면 팔수록 더 많은 기회가 있을 것이고, 실제로 많은 사람들이 성공하고 있다는 이야기를 지금껏 하고 있는 겁니다.

먼저 이야기했던 속초 칠성조선소는 문화체육관광부가 작년에 선정한 10대 테마여행지에 뽑혔어요. 여러분이 멍 때리고 있는 사이에 이런 일이 벌어지고 있었답니다. (웃음)

〈후쿠이 리포트〉에 나온 내용을 마지막으로 들려드리고 싶습니다.

"여기서 시각을 바꿔보면 어떨까. 위기를 먼저 느낀 지역에 한 발 앞선 사회적 힌트가 있지는 않을까. 그러니까 지방은 '이미 끝났다'가 아니라 '먼저 시작했다'고 생각하는 것이다. 지방이야말로 2025년의 미래를 알 수 있는 기회가 넘쳐나고 있다."

질의응답

서울에서 가장 뜰 것 같은 동네는 어딘가요? 로컬색이 뚜렷한 동네를 추천해 주시면 감사하겠습니다.

그건 분명한 답이 있어요. 지역의 특성이라는 건, 유형이나 무형의 것, 여러 가지가 있죠. 유형의 것이나 무형의 것이든 간에 그런 특성이 생기려면 시간이 필요해요. 시간의 두께가 있는 거죠. 오랜 시간에 걸쳐 차곡차곡 쌓이는 것. 예를 들면 이런 거예요. 서울역 앞에 후암동이라는 동네 아세요? 서울역 건너편, 남산 근처에 있어요. 예전에 한국이 1905년 이후 일본의 식민지가 되어가던 시절, 일본에서 온 사람들이 살던 데예요. 그래서 옛날 일본식 주택들이 남아 있어요. 그곳에서 요즘 젊은 건축가들이 옛날 일본식 가옥들을 활용해 재미난 건축 프로젝트를 하고 있어요. 이렇게 시간의 두께가 겹겹이 쌓여 있는 곳. 이런 곳이 뜰 수 있는 곳이라 생각해요. 지금 당장은 아니더라도 반드시 떠요. 그러니까 아직 유명하지 않지만 오래된 동네 있잖아요, 그런 데를 찾아가 보세요. 요즘은 을지로가 뜨죠. 근대 이후 청계천 세운상가, 세운상가에 가면 탱크도 만들 수 있다고 할 정도로 모든 재료와 장인이 함께 있었던 곳이에요. 그 세운상가 주변의 을지로가 생태계를 만들게 된 거죠. 저도 요즘 서울에 약속 있으면 을지로에서 잡아요. 너무 좋은 데가 많아서.

그다음 창신동, 옛날 봉제 공장 있던 데. 지금 동대문 밀리오레라든지 의류상가들 있잖아요. 동대문 의류상가가 뜰 수 있었던 이유는 창신동이 있었기 때문이에요. 예를 들면 중국 사업가가 동대문에 와서 '이거 내일 아침까지 100벌 만들어 주세요' 하면 그것을 카피해서 다음 날 아침까지 100벌 만든 곳이 어딘 줄 아세요? 바로 옆에 있는 창신동이에요. 그 골목골목 원단을 싣고 다니는 동네 말이죠. 그러다 보니까 거기에 국밥집도 생겨나고, 불고기 백반 하는 데도 생겨나고 그런 거죠. 창신동의 봉제 생태계라는 것은 정말 멋지고 이제 시작인 것 같아요. 그외의 곳들도 여러분이 정말 조금만 발품 팔면 찾을 수 있어요. 이 질문에 덧붙여 말씀드리고 싶은 건, 지역에 대한 질문을 많이 해야 해요. 자기가 살고 있는 지역. 그러니까 우리가 학교 다닐 때 지리 공부 있잖아요. 인문지리 공부를 많이 해야 해요. 여러분이 만약 온수동 이쪽에서 뭔가 해보고 싶다 하면, 온수라는 지역의 역사부터 깊이 파보세요. 그러면 뜻밖에도 재미난 스토리들을 발견할 수 있을 거예요. 일단 온수라는 이름은 어디서 유래된 걸까. 가까이서부터 파보면 굉장히 많은 힌트들을 얻을 수 있어요. 강원대학교 같은 경우는 학교 총장님이 그런 데에 굉장히 관심이 많으셔서, 아예 지난 학기부터 '춘천학'이라는 교양과목을 개설해 모든 학생들이 듣게 만들었어요. '춘천에서 학교를 다닌다면 적어도 네가 다니는 학교 지역의 역사는 알아야 하지 않냐. 여기에 어떤 산과 강이 있고 어떤 특성이 있는지 알아야 하지 않겠냐'는 거죠. 저 역시도 그런 과정을 통해 지역을 이해하면서 살아요. 지역의 특성을 여러 관점에서 보는 거죠. 그러면 거기서부터 비즈니스 기회가 생긴다고 봐요.

센터장님께서 소개해 주신 장소 외에도 강원도에서 가볼 만한 곳이 있나요?

추천할 곳은 많아요. 소개해 드린 사례 같은 친구들이 100명 넘게 저희랑 같이 일하고 있어요. 그런 장소들이 100군데 넘게 있다는 뜻이에요. 제가 만들어 놓은 책도 있고 하니까, 검색해 보면 금방 찾을 수 있어요. 그런데 저는 어떤 게 힙한 곳이냐, 어떤 곳이 핫하냐, 그러니까 이걸 판단하는 기준이 아주 중요하다고 생각해요. 밀레니엄세대가 그 앞 세대인 저희 세대와 다른 특징이, 저희 세대만 하더라도 누가 명품 백을 들고 다니면 똑같은 걸 들고 다니는 경우가 많았어요. 정말 말도 안 되는 것 아니에요? 오늘 내가 정말 엄선해서 고른 셔츠를 입었는데 거리에 사람들이 똑같은 옷을 입고 다니면 기분 나쁘잖아요. 그런데 명품 백은 안 그래요? 똑같은 걸 들고 다니면 '어, 나도 저거 사고 싶어', 이런 생각을 하곤 하죠. 그러니까 자기 취향이 담긴 나만의 것이 아니라 사람들이 가치 있다 여기는 것에 내 취향을 맞추는 꼴인 거죠. 그런데 저희 세대와는 많이 달라도, 실상 들여다보면 크게 다를 바는 없는 것 같아요. 우리는 어렸을 때부터 스스로 질문하는 법을 배우지 않아요. 어른들은, 선생님들은 자신들이 원하는 질문이 아니면 혼을 내죠. "야, 그런 쓸데없는 소리 하지 말고 공부나 해." 그리고 자꾸 답을 맞게 만들어요. 심지어 주관식 시험에도 답이 있어요. 이게 정말 이상한 거거든요. 자신에게 다가오는 어떤 것들에 대해 궁금해하고 스스로 질문을 던져보고 만져보고 하면서 나의 취향이 만들어지는 것인데, 그게 없으니까 남들이 하는 것, 많은 사람들이 하는 것, 똑똑하고 돈 많고 공부 많이 한 사람들이 하는 건 나도 하고 싶어지는 거죠. 즉 셀럽들이 하는 것을 따르는 팬덤 정도의 소비문화에 우리가 딱 사로잡혀 있다는 거예요. 그러다 보니 핫플레이스도 그런 쏠림 현상이 아주 심해요. 누가 어디를 갔어, 인스타그램에 사진을 올렸어. 그럼 거길 가봐야 하는 거죠. 안 가보면 열등감 생기고 뭔가 뒤처지는 것 같고. 그건 정말 바보 같은 거라 생각해요. 남이 가는 유명한 데 찾아가지 마시고요. 많이 다니시고, 스스로 발품을 팔면서 다녀보시고 느껴보세요. '아, 여기다. 여기 오면 내가 필이 딱 통하는 것 같아. 케미가 맞아.' 그게 나의 길, 나의 힙한 공간이고 나의 핫플레이스인 거죠.

창업을 할 때 가장 중요한 마음가짐은 뭐라고 생각하시나요?

창업의 문제로 돌아오면 똑같은 얘기를 반복하게 될 것 같으니 다른 예를 들어드릴게요. 취업을 할 때도 '야 어디를 들어가야 정말 있어 보이지?' '여길 가면 친구들에게 자랑하기 좋을 텐데', 사실 이런 생각을 안 갖기란 힘들죠. 어쩌면 여러분 학과 들어올 때도 '신문방송학과 이거 아니면 나 죽을 것 같아. 재수, 삼수해서라도 나 여기 꼭 들어올 거야.' 이건 아니었을지도 몰라요. 그냥 선택이 이거니까, 내가 갈 수 있는 데가 여기니까 온 걸지도 모르죠. 취업을 할 때도 이럴 수 있어요. '나 정말 이 일하고 싶어 저 자리에 내가 앉고 싶어' 이게 아니라 '나 삼성전자 들어갔어' 하면 '와' 하잖아요. 집안에서 폭죽 터뜨리고 친구들이 파티해 줄 거고 결혼할 때도 절대 우위에 서게 될 것이고 그런 것들 때문에 지향하는데, 막상 '너 정말 반도체 만드는 데 인생 걸 거야?'는 질문에 답할 수 있는지, 그런 생각을 하고 가냐는 거죠.

창업도 마찬가지인 것 같아요. '업(業)'을 하는 거잖아요. 취업은 남이 만들어놓은 일에 자기가 뛰어드는 거고 창업은 '맘에 드는 게 없어' 내가 하고 싶은 걸 만드는 거잖아요. 창업의 길은 두 가지가 있는 것 같아요. 하나는 '내가 좋은 것, 좋아하는 것을 하는 길'이 있고 또 하나는 '남이 못 하는 것을 하는 길'이죠. 그러니까 이것은 뭐 학문적인 정의가 아니고, 주변에 창업하는 친구들을 보면 창업의 유형, 특히 성공한 창업의 유형을 봤을 때 대개 둘 중 하나인 것 같아요.

이런 사례도 있어요. 어떤 친구가 책 읽기를 좋아해요. 근데 책을 같이 읽었으면 좋겠어. 그래서 책 읽기 동아리를 만들었어요. 그런데 이걸 하면서 심지어 돈을 받아요. 주변에서 미쳤다고 하죠. "야, 책 사주면서 같이 책 읽자 해도 할까 말까인데, 자기 돈 내면서 책 동아리를 할 사람이 어디 있어" 했지만, 어떤 친구가 해냈어요. 대성공을 해서 이번에 50억 원 투자도 유치했어요. '트레바리'라는. 한 분기에 삼십만 원 가까이 내는 독서 동아리를 만들었는데 그게 대성공을 해서 지금은 독서클럽 하나가 아니라 계속 넓혀 300개 정도까지 되었어요. 그 정도로 성공했어요. 이 친구는 책 읽기를 너무나 좋아했고 그러다 보니 이렇게 하나의 비즈니스가 만들어진 거죠. 이런 식으로 자기가 좋아하는 일을 하거나 남들이 풀지 못한 문제에 대한 비즈니스 기술을 생각해 보면 돼요.

여러분 알다시피, 아파트에 사는 사람들 층간 소음 때문에 칼부림도 나고 그런 경우 있잖아요. 또 주차 문제, 저녁시간 되면 소방차도 못 들어오는 그런 경우 있죠. 이런 부분에 대해 '층간 소음 해결할 수 없을까', '주차 문제를 어떻게 해결할 수 있을까' 질문을 던져보는 거예요. 만약 솔루션을 찾아낸다면 정말 전 세계적으로 대박을 터뜨릴 수 있는 창업 아이디어가 될 것 같아요. 아까 질문이 '창업을 시작할 때 가장 중요한 마음가짐'에 관한 것이었는데, 창업에 대해서 '요즘 세계 기술 트렌드가

로 미래를 연습하다

2021

창남
상규·박상준·박해영·백승권·유수훈·이슬아·장준환·정진영·탁재형·한중호
종수
울엠플러스(주)
조수임

인쇄 | 2021년 10월 5일
발행 | 2021년 10월 25일

381 경기도 파주시 광인사길 153 한울시소빌딩 3층
1-955-0655
1-955-0656
www.hanulmplus.kr
제406-2015-000143호

Korea.
8-89-460-8129-1 03040

지에 표시되어 있습니다.

어떻고 뜨는 모델이 뭐고' 정말 아무짝에도 쓸모없는 정보예요. 그건 남들이 이미 성공한 이야기를 따라가는 것이에요. 그 사람들도 자기가 좋아하는 것을 했거나 남들이 못하는 솔루션을 찾았기 때문에 성공한 것이고, 사람들이 그것을 찾으니까 트렌드가 된 것이거든요. 그러니까 멀리서 찾지 마시고 내가 좋아하는 게 뭐냐, 그걸 찾으면 그것만큼 좋은 솔루션이 없을 것 같아요. 혹은 내가, 남들이 해결하지 못하는 문제에 대한 솔루션을 줄 수 있다면 거기에서 창업을 시작하면 돼요. 사실 그거 아닌 창업은 저는 다 거짓말이라고 생각해요. 반드시 망해요.

청년들이 지역으로 진출하기 위해 고려해야 할 점과 포기해야 하는 부분이 있을까요?

포기해야 할 것은 남들과 같아지고 싶은 그런 욕심, 정말 허위의식 같은 거예요. '비교 지옥'이라는 말 들어보셨어요? 남하고 비교하는 거예요. 엄친아, 그런 말이 나오는 것 자체가 부모님이 우리를 비교해서잖아요. '너는 매일 이 모양이냐.' 항상 비교당해요. 자기 삶의 준거가 내가 아니고 엄마 친구 아들이 된단 말이죠. 아마 누구도 자유롭지 않을 거예요, 저도 마찬가지고요. '이번에 누가 어디 들어갔대', '누가 여행을 갔대.' 그러면 시샘과 복잡한 감정 때문에 죽겠죠? 자기가 공허하니까, 자기 속이 텅 비어 있으니까 남하고 비교하는 데에서 만족하게 되는 거예요. 남보다 더 우위에 서고 싶고 남보다 더 돈 많이 벌고 싶고 더 좋은 차를 사고 싶고 더 좋은 집에 살고 싶고. 그러다 보니 절대 만족이 없죠. 그 경지에 올랐나 싶으면 더 잘난 놈이 있거든요. 자기가 그 욕망을 채우

기 위해 취업이든 창업을 생각한다면, 그건 죽음의 길이에요. 아무것도 없죠. 그니까 그런 걸 버렸으면 좋겠어요.

가져야 할 것은 결국 '내가 하고 싶었던 것은 뭐였더라', '내가 무슨 색을 좋아하더라', '내가 어떨 때 행복하더라', '친구들과 무슨 얘기를 할 때 즐겁더라' 그런 질문이에요. 자기 주변의 나를 행복하고 편안하고 즐겁게 해주는 것, 나를 뭔가에 몰입하게 해주는 것. 그것이 뭘까 고민한다면 100퍼센트 성공한다고 봅니다. 내가 하나 추천해 주고 싶은 책이 있어요. 어느 서점에 가나 있을 텐데 『연필 깎기의 정석』이라는 책이에요. 어떤 사람이 있는데, 그 사람은 연필을 삐뚤빼뚤 대충 깎는 걸 못 참아요. 심도 엄청나게 잘 깎고 싶어서 그걸 연습했어요. 연필 깎을 때 준비운동도 개발해요. 손목운동, 그리고 스쿼트도 하고. (웃음) 스쿼트가 연필 깎을 때 도움이 된대요. 근육을 부드럽게 한다나. 그래서 이 사람의 비즈니스 모델이 '연필을 깎아드립니다'예요. 어이없죠, 연필을 깎아준다니. 그런데 가격이 얼마냐면 한 자루에 15만 원. 그 사람이 자기가 어떻게 그걸 하게 됐고 비즈니스를 시작하게 되었는지 책을 썼는데 그게 베스트셀러예요. 『연필 깎기의 정석』이라는 책을 한번 보세요. 와 저런 미친놈도 저렇게 성공하는데, 여러분이 정말 좋아하는 것, 바로 거기에 길이 있어요. 창업전도사니 그런 데에 시간 낭비할 거 하나도 없어요. 하고 싶은 거 찾아서 하면 돼요.

308

엮은이 소개

김창남

서울대학교 경영학과를 졸업하고, 서울대학교에서 석사 및 박사 과정을 마쳤다. 1980년대 ≪말≫, ≪사회평론≫ 편집위원, ≪씨네21≫ 성공회대학교 신문방송학과와 문화대학원 교정위원장, (사)더불어숲 이사장 등으로 활동저서로 『삶의 문화 희망의 노래』, 『대중문화의 있고, 편저로 『김민기』, 『대중음악과 노래운동의 승부사들』 등이 있다.

그는 성공회대 교수로 재직하면서 주어진 틀을 적인 길을 제시하는 강사들을 섭외해 10년 넘학생들의 사전 인터뷰와 영상 제작, 홍보 등 기내용은 매년 책으로 출간된다. 학생들은 강의를 기까지 큰 역할을 한다.

상상력의

ⓒ 김창남,

엮은이 | 김
지은이 | 박
펴낸이 | 김
펴낸곳 | 한
책임편집 |

초판 1쇄 인
초판 1쇄 발

주소 | 10
전화 | 03
팩스 | 03
홈페이지 |
등록번호

Printed in
ISBN 97

* 책값은 겉표